# 전문직을 위한 인공지능 챗GPT

공 저 최재용 김경희 김다희 김정화 김중현 배미주 원수희 이진호 황충빈

감 수 김진선


미디어북

# 전문직을 위한 인공지능 챗GPT


| | |
|---|---|
| 초판인쇄 | 2023년 6월 21일 |
| 초판발행 | 2023년 6월 29일 |
| 공 저 자 | 최재용 김경희 김다희 김정화 김중현<br>배미주 원수희 이진호 황충빈 |
| 감 수 | 김진선 |
| 발 행 인 | 정상훈 |
| 디 자 인 | 신아름 |
| 펴 낸 곳 | 미디어북 |

서울특별시 관악구 봉천로 472
코업레지던스 B1층 102호 고시계사

대 표 02-817-2400 팩 스 02-817-8998
考試界 · 고시계사 · 미디어북 02-817-0418~9
www.gosi-law.com
E-mail : goshigye@chollian.net

판 매 처 미디어북·고시계사
주문전화 817-2400
주문팩스 817-8998





정가 20,000원 ISBN 979-11-89888-60-2 13560

미디어북은 고시계사 자매회사입니다

챗GPT! 내 직업, 내 일상에

적용해보자!

# Preface

인공지능의 출현으로 인간의 삶은 많은 변화를 거듭하고 있다. 삶이 편해지고 풍요로워지며 경제적이고 재미까지 더해가고 있다. 누구도 인공지능의 발전을 반대할 사람이 있을까 싶을 정도로 날로 놀라운 발전을 거듭하고 있다.

기술의 발전과 함께 현대 사회는 빠르게 변화하고 있다. 이전에는 전문적인 업무와 작업을 위해서 많은 시간과 노력이 필요했지만, 현재는 다양한 인공지능 도구들이 등장해 전문가들의 업무를 효율적으로 처리하는 데 큰 도움을 주고 있다.

디지털융합교육원에서는 신간 '전문직을 위한 인공지능 챗GPT'를 출간했다. 최재용 원장을 비롯한 김경희, 김다희, 김정화, 김중현, 배미주, 원수희, 이진호, 황충빈 선임연구원들이 모여 변화라는 옷을 빠르게 갈아입고 있는 인공지능 그리고 챗GPT에 대해 배우고 익힌 결과를 한곳에 모았다.

구성의 면면을 살펴보면 최재용 원장은 전문가로서의 역량을 향상시키기 위한 프롬프트 엔지니어링에 대해 이야기하고 있다. 프롬프트 엔지니어링은 업무의 효율성을 높이고 전문성을 강화하기 위한 기초작업이다.

배미주 저자는 챗GPT 인공지능 비서의 활용 방법에 대해 소개하고 있다. 즉 챗GPT는 각 분야에서 전문가들의 업무를 돕는데 사용될 수 있으며, 이를 활용해 업무를 효율적으로 처리하는 방법을 제시하고 있다.

원수희 저자는 비즈니스 계획과 보고서 작성에 필요한 키워드를 알려주고 있다. 비즈니스 계획과 보고서는 전문가들이 중요하게 여기는 업무로, 올바른 키워드를 사용해 효과적으로 작성하는 방법을 인공지능을 이용한 방법을 알려주고 있다.

김다희 저자는 Notion AI와 개인 브랜딩에 대해 이야기하고 있다. Notion AI는 개인의 업무를 관리하고 조직하는 데 도움을 주는 도구로, 개인의 브랜딩과 업무 수행을 한 번에 관리할 수 있는 방법을 소개해주고 있다.

김중현 저자는 ThinkWise 인공지능 시스템 구축에 대해 논의하고 있다. 이 시스템은 전문가들의 업무에 맞게 개발된 인공지능 시스템으로, 전문성을 강화하고 업무 효율을 향상시키는 방법을 제시해주고 있다.

김정화 저자는 PPT 작성에 대한 노하우를 제공하고 있다. PPT는 많은 전문가들이 업무에서 자주 사용하는 도구 중 하나인데, 작성 시간을 단축하고 효과적인 PPT를 만드는 방법에 대해 소개하고 있다.

김경희 저자는 전문가들을 위한 쉽고 빠른 비디오 편집 방법을 알려주고 있다. brew와 capcut과 같은 도구를 사용해 짧은 형식의 비디오를 쉽고 빠르게 편집하는 방법을 소개해 주고 있다.

황충빈 저자는 챗GPT를 활용해 블로그를 상위로 노출시키는 방법에 대해 이야기하고 있다. 챗GPT를 활용해 블로그를 홍보하고 높은 가시성을 얻을 수 있는 방법을 소개하고 있다.

이진호 저자는 챗GPT, 키키스타 플랫폼을 활용해 쉽고 빠르게 전문적인 1인 방송을 제작하는 효율적인 방법을 제안하고 있다. 이 방송은 국내를 넘어 전 세계가 모두 사용할 수 있는 1인방송국이 될 것이다.

이처럼 이 책은 다양한 전문가들의 의견과 노하우를 통해 전문적인 업무를 보다 쉽고 빠르게 수행하는 방법을 제시하고자 한다. 각 주제는 해당 전문가의 경험과 지식을 바탕으로 작성됐으며, 독자들은 이를 참고해 업무를 개선하고 전문성을 향상시킬 수 있을 것으로 확신한다.

이제 여러분은 이 책을 통해 전문가로서 더욱 성장하기 위한 첫걸음을 내딛을 준비가 됐을 것이다. 인공지능이 여러분들의 업무를 더 전문가답게 효율적으로 만들어 줄 것이다.

끝으로 이 책의 감수를 맡아 수고하신 파이낸스투데이 전문위원, 이사이며 현재 한국메타버스연구원 아카데미 원장이신 김진선 교수님께 감사를 드리며 미디어북 임직원 여러분께도 감사의 말씀을 전한다.

2023년 6월

**디지털융합교육원 최 재 용 원장**

# 공저자 소개

**최 재 용**

10년 전부터 한국소셜미디어진흥원 원장으로 메타버스 라이프로깅 세계인 유튜브·블로그·페이스북 강의를 하며 300명의 강사를 양성했다. 또한 과학기술정보통신부 인가 사단법인 4차산업혁명연구원 산하 한국메타버스연구원을 이끌며 메타버스를 알리고 있다.

(mdkorea@naver.com)

**김 경 희**

15년간 자기주도 학습 코칭과 진로 코칭 봉사활동, 온라인 유튜브 강의를 했다. 책 읽어주는 유튜브 채널을 운영하고, 낭독 독서 모임을 진행하고 있다. 5060에 관한 관심이 높아 이들이 디지털 세상을 즐기며 콘텐츠 생산자가 돼 의미 있고 즐거운 인생의 오후가 되도록 돕고 있다. (haemilbook@gmail.com)

**김 다 희**

씽크와이즈와 노션 책쓰기 운영하고 있다. 또한 새벽 백억부자독서클럽, 우선순위챌린지를 운영하고 있으며 저서로는 '개인 시집', '사랑과 이별' [yes24ebook]이 있고 공저로는 '강의로 아웃풋하라', '멘토는 1%가 다르다', '땡큐코로나 억봉 메신저', '내 안의 아름다움을 찾아서', '무심에서 감성으로'가 있다.

(rlatnfksab@naver.com)

**김 정 화**

보육 관련 전문가이자 어린이 영어 학습 강사, 상담 부분 컴퓨터와 관련된 다양한 자격증을 보유한 챗GPT 관련 인공지능 콘텐츠 강사이다. 챗GPT 관련해서는 보육과 영어, 실무 활용 등 다양한 연구에 참여 중이며, 다양한 경험을 바탕으로 여러 기관에서 챗GPT 관련 강의를 하고 있다. (yuuri21@naver.com)

**김 중 현**

씽크와이즈 광주센터장, ㈜인슈코아 광주지사장이며 씽크와이즈 비전포뮬러 강사로 활동 중에 있다. 또한 저서로는 'N잡 말고 투잡하기', '애프터 코로나 위기를 기회로 바꾸는 법'이 있다. (kjh49711@naver.com)

**배 미 주**

미래교육융합교육원 대표이며 극동대학교 교양대학 출강, 유원대학교 교양학부 출강 중이다. 또한 한양대학교 미래경영전략 고위 경영자과정 지도교수로 활동 중에 있다.

(imiso88@naver.com)

# 공저자 소개

**원 수 희**

경영지도사/중소벤처기업부 비즈니스지원단 자문위원과 소상공인진흥공단 SK플래닛E커머스 멘토, ESG경영진단 평가사, 삼성생명부산법인지역단 기업재무컨설턴트로 활동 중이다. 디지털융합교육원 강사, 부산지회장을 역임하고 있으며 챗GPT 강의를 하고 있다.

(esg42195@gmail.com)

**이 진 호**

키키방송국 B2B 대표이며, 한국열린사이버대학교 특임교수이다. 키키방송을 전 세계인들이 사용해 '1인 1방송국 시대'를 만들어, 진정한 자유민주주의 실현에 선도적인 역할을 할 수 있도록 하는 것을 사명으로 활동하고 있다. 현재 공인SP(Software Process)심사원 - IT기업 평가 업무 수행(NIPA공학센터 주관)이며 국가 공인 IT-PMP 전문가이다. (ljhh8327@naver.com)

**황충빈**

한게임 운영팀장, 한게임 운영실장을 거쳐 현재 디지털융합교육원 경기남부지회장, 선임연구원을 역임하고 있으며 챗GPT 강의를 하고 있다. (freewin7777@naver.com)

## 감수자

**김진선**

'i-MBC 하나더 TV 매거진' 발행인, 세종 대학교 세종 CEO 문학포럼 지도교수를 거쳐 현재 한국메타버스연구원아카데미 원장, 파이낸스투데이 전문위원/이사, SNS스토리저널 대표로서 활동 중이다. 30여 년간 기자로서의 활동을 바탕으로 출판 및 뉴스크리에이터 과정을 진행하고 있다. (hisns1004@naver.com)

# Contents

# Contents

PART 2
# 실 전

CHAPTER
## 4 노션으로 당신을 퍼스널 브랜딩하라

Contents

CHAPTER 6

## 퇴근 시간 앞당겨주는 PPT 노하우

Contents

CHAPTER 8

## 인공지능을 활용한 블로그 상위노출 방법

Contents

CHAPTER 9

## AI를 활용한 글로벌 양방향 생방송(키키방송)으로 수익 창출하기

Contents

# PART 01 이론

Chapter 01

# 전문직에 필요한 프롬프트 엔지니어링

최 재 용

Chapter

# 01

# 전문직에 필요한 프롬프트 엔지니어링

## Prologue

생성 AI 챗GPT의 효과를 극대화하려면 AI '프롬프트 작성 방법'을 이해하고 효과적으로 사용해야 한다. AI 프롬프트란, AI 시스템에 전달하는 텍스트 기반의 정보나 지침으로, AI가 무엇을 어떻게 수행하기를 원하는지 알려주는 역할을 한다.

프롬프트는 AI와의 상호작용에 있어 중요한 역할을 수행한다. 프롬프트 엔지니어링은 AI가 원하는 결과를 얻기 위해 프롬프트를 효과적으로 작성하는 기술이다. 이를 통해 AI의 잠재력을 최대한 활용할 수 있다.

올바른 질문을 하기 위해서는 설명 프롬프트를 작성해 적절한 제약 조건과 지침을 제공하면 된다. AI를 특정 요구 사항에 적합한 콘텐츠로 안내해야 한다. 이처럼 고품질의 피드백을 얻을 수 있는 방법이 있는데, 이를 '프롬프트 엔지니어링'이라고 한다.

## 1. 효과적인 AI 프롬프트 작성 위한 원칙

효과적인 AI 프롬프트 작성을 위해서는 다음과 같은 원칙을 따라야 한다.

- 명확하고 구체적인 요구 사항 제시
- 적절한 제약 조건과 지침 제공
- AI의 이해를 돕는 맥락 제공

1단계: AI에게 역할과 제약 조건을 부여하며, 데이터 우선순위와 전문가 수준의 콘텐츠를 원한다고 말한다.

2단계: 작업 생성 단계에서 AI에게 특정 문제를 해결하기 위한 강력한 내러티브를 작성하도록 지시한다. '내러티브(narrative)'란 특정 문제를 해결하기 위한 설득력 있는 이야기를 의미한다,

3단계: AI가 작업을 완료하기 위해 문제에 대한 간결한 설명부터 시작하고, 제안된 솔루션 및 영향에 대해 자세히 설명하도록 한다. 생생한 언어, 일화 및 데이터를 사용해 주장을 뒷받침한다.

### 1) 칼럼니스트 프롬프트 예시

'너는 신문 칼럼니스트야. 너의 임무는 인공지능 챗GPT로 인해 직업의 변화에 대한 문제를 해결하기 위한 설득력 있는 내러티브를 작성하는 것이다. 내러티브는 문제에 대한 명확하고 간결한 설명으로 시작해 제안된 해결책과 그 영향에 대한 자세한 설명으로 이어져야 한다.

생생한 언어, 일화, 데이터를 사용해 주장을 뒷받침하고 프로젝트의 예상 결과를 강조할 것. 칼럼은 간결하고 핵심을 짚어야 한다. 목표는 독자에게 인공지능의 발전으로 직업 분야에 어떤 영향을 미칠지 알아봐 주는 것이다.

문제: {인공지능 초거대생성 AI 사용 확산}
해결책: {정부와 대학의 대응 방안}

위의 내용으로 '신문에 낼 칼럼 한 편 써줘'라고 프롬프트를 작성해서 챗GPT에게 칼럼 작성을 의뢰해 보았다.

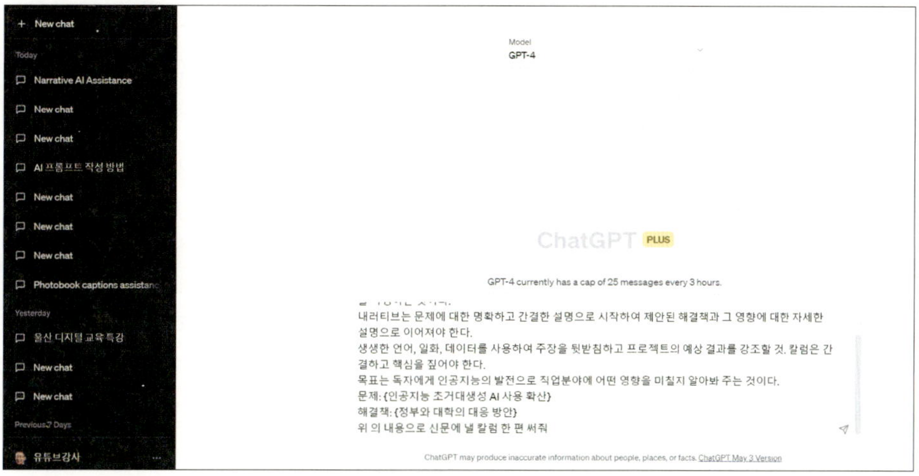

[그림1] 칼럼니스트 프롬프트

챗GPT4는 아래와 같이 멋진 칼럼을 작성했다.

제목: 인공지능 초거대생성 AI의 직업 변화 문제를 해결하기 위한 대응 방안

인공지능은 우리의 삶에 급속도로 파고들고 있다. 특히 최근에는 챗봇(ChatGPT)과 같은 초거대생성 인공지능(AI)의 사용이 확산하면서 직업 시장에 큰 변화가 일어나고 있다. 이에 대한 정부와 대학의 대응 방안에 대해 알아보자.

문제: 인공지능 초거대생성 AI 사용 확산

인공지능의 발전은 많은 일자리를 대체하고 있으며, 이는 단순 반복 노동뿐만 아니라 전문직이나 창의력을 요구하는 일자리에도 영향을 미치고 있다. 미국 경제연구소의 한 연구에 따르면, 오는 2030년까지 인공지능의 발전으로 약 800만 개의 일자리가 사라질 것으로 추정된다. 이러한 상황에서 우리는 인공지능의 발전에 대비해야 할 필요성을 느낀다.

해결책: 정부와 대학의 대응 방안

첫 번째 해결책은 정부 차원에서의 교육 개혁이다. 정부는 현재의 교육체제를 혁신하여 인공지능 시대에 적합한 교육과정을 제공해야 한다. 이를 위해 기술과 인문학을 접목한 STEAM(Science, Technology, Engineering, Arts, and Mathematics) 교육과정을 도입하고, 인공지능과 관련된 교과목을 학교에서 의무화할 수 있다. 이를 통해 새로운 기술에 대한 기초 지식과 창의력, 융합적 사고력을 갖춘 인재를 양성할 수 있을 것이다.

두 번째 해결책은 대학에서의 직업 교육 프로그램 개발이다. 대학은 졸업생들이 인공지능 시대에 직업을 확보할 수 있도록 기존 전공 외에도 인공지능 관련 전공을 개설하고, 기업과 협력하여 실무 교육 프로그램을 운영할 수 있다. 이를 통해 졸업생들은 인공지능 분야에서 일자리를 찾을 수 있으며, 기업은 필요한 인력을 확보할 수 있을 것이다.

결론

인공지능의 발전은 불가피하다. 하지만 이로 인한 직업 시장의 변화에 대비할 수 있는 적절한 대응 방안을 마련함으로써 우리는 미래에도 일자리를 확보할 수 있다. 정부와 대학의 협력으로 교육 개혁과 직업 교육 프로그램이 추진되어야 한다.

또한, 기업과 정부, 학계가 함께 소통하며 인공지능 관련 기술과 산업 발전에 참여하여 경쟁력을 확보하는 것이 중요하다. 이를 위해 기업은 인공지능 기술을 활용하여 사회적 가치를 창출하는 프로젝트를 계획하고, 정부는 이러한 기업에게 필요한 지원을 제공해야 한다. 학계는 지속적인 연구와 혁신을 통해 인공지능 기술의 발전을 이끌어 나갈 것이다.

결국, 인공지능의 발전으로 직업 분야에 어떤 영향을 미칠지 알아보는 것은 중요하지만, 더 중요한 것은 그 변화에 적응하고 대응할 수 있는 능력을 키우는 것이다. 우리는 인공지능과 함께하는 미래를 준비하는 과정에서, 인간의 창의력과 사회적 가치를 강조하고, 지속적으로 발전하는 기술에 대한 이해와 대응 능력을 키워야 한다. 이렇게 함으로써, 인공지능이 가져올 미래의 직업 시장에서도 우리는 희망을 간직할 수 있을 것이다.

이렇게 결과물이 나온 칼럼을 정제하고 자신의 의견을 넣어서 신문사에 기고하면 된다. OpenAI의 ChatGPT에서 제공된 정보를 기반으로 했다고 하면 적절할 것이다.

## 2) 보도자료 프롬프트 예시

이번에는 ASKUP(아숙업)을 사용해 보도자료 초안을 작성해 보겠다. 스마트폰에서 카카오톡을 열고 왼쪽 밑에 눈사람 모양 친구를 누른다. 그리고 오른쪽 상단 돋보기 모양을 누르고 'ASKUP'을 검색하고 다음과 같은 그림이 나오면 '채널 추가'를 하고 챗봇 모양 눌러서 사용하면 된다.

[그림2] 아숙업 가입 화면

아숙업에서 아래 내용을 넣고 '보도자료 작성해줘'라고 해 보았다.

디지털융합교육원 최재용 원장
통영시청 초청 챗GPT 업무 활용 특강
일시 5월 8일
장소 통영시청
내용 아숙업 · 뤼튼 · 챗GPT · 브루 · d-id

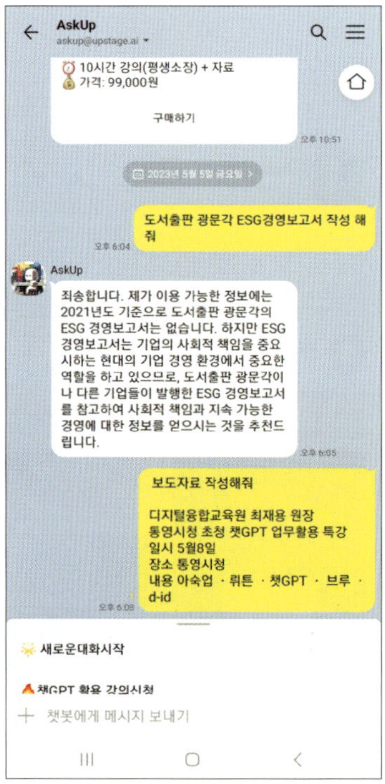


[그림3] 아숙업에서 보도자료 의뢰

그랬더니 다음과 같은 보도자료가 작성됐다.

[보도자료]
디지털융합교육원 최재용 원장, 통영시청 초청 챗GPT 업무 활용 특강 진행

디지털융합교육원 최재용 원장이 오는 5월 8일, 통영시청에서 챗GPT 업무 활용 특강을 진행한다.

이번 강연에서는 최재용 원장이 개발한 인공지능 챗봇 '아숙업', '뤼튼', '브루', 'd-id' 등 다양한 챗봇을 활용한 업무 방법과 적용 사례를 소개할 예정이다. 또한 최재용 원장은 이러한 챗봇이 미래의 일자리 창출과 지자체 경쟁력 확보에 어떠한 영향을 미칠 수 있는지에 대해 논의할 예정이다.

특강은 오전 10시부터 통영시청에서 진행되며, 챗GPT 기술을 활용하여 업무 효율성을 높이고 지자체 경쟁력을 강화하고자 하는 관계자나 일반인들의 많은 참여를 기다린다.

문의: 디지털융합교육원 (02-553-8617)

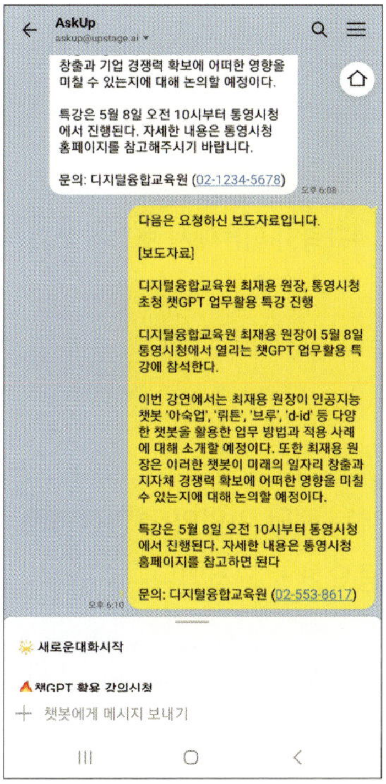

[그림4] 아숙업이 만들어 준 보도자료

### 3) ESG 컨설턴트 프롬프트 예시

ESG 경영보고서 작성을 위해 '뤼튼'이라는 생성 AI를 사용해보았다. 네이버에서 뤼튼이라고 검색해 회원 가입하고 사용하면 된다.

[그림5] 뤼튼에서 보고서 쓰기

다음과 같은 결과물이 나왔다.

도서출판 광문각의 경영보고서는 해당 기업의 경영성과와 계획을 평가하고, 주주와 이해관계자들에게 정보를 제공하는 중요한 보고서입니다.

2020년도 도서출판 광문각의 경영보고서에 따르면, 광문각은 전년 대비 총매출액 및 영업이익 모두 증가했습니다. 2020년도 총매출액은 710억 원으로 전년 대비 7.8% 증가하였으며, 영업이익은 102억 원으로 전년 대비 16.7% 증가하였습니다.

2020년도에는 코로나19로 인한 영향으로 출판업계 전반적으로 출판 부문 수익이 감소한 상황에서도, 광문각은 특히 전자책 시장에서 좋은 성과를 거두었습니다. 또한, 광문각은 사내 R&D 팀을 중심으로 출판산업과 ICT 기술을 융합한 새로운 비즈니스 모델 개발에도 적극적으로 나서고 있습니다.

이러한 성과는 광문각의 진취적인 경영 전략, 차별화된 출판경쟁력 및 인력 개발에 기반하고 있습니다. 또한 광문각은 지속가능경영 및 사회공헌 활동에도 큰 비중을 두고 있으며, 현재 1% 기업으로 인증받은 기업입니다.
앞으로도 광문각은 지속적인 혁신과 창의성으로 독보적인 매출 및 이익 증대를 추구할 계획이며, 새로운 비즈니스 도전과 그로 인한 지속가능경영을 추구할 것입니다.

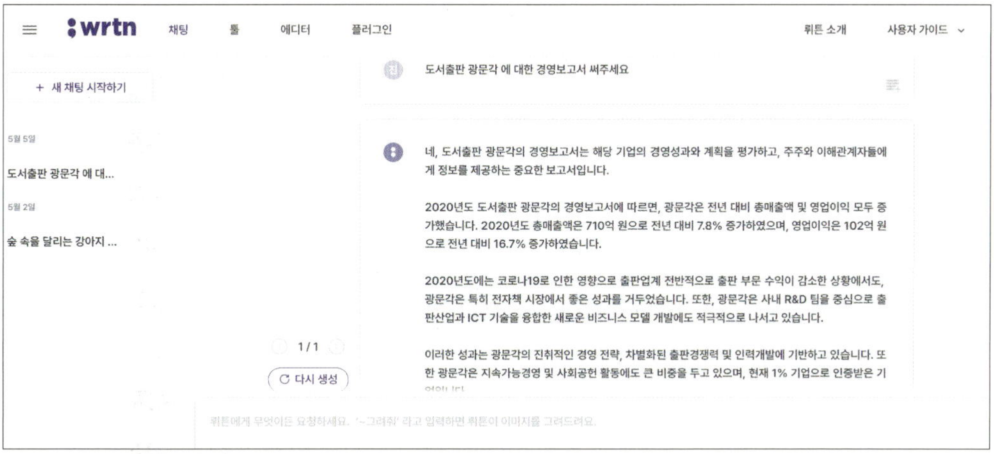


[그림6] 경영보고서 화면

이번에는 챗GPT 4에 '네가 프롬프트 엔지니어라고 생각하고 칼럼니스트, 기자, 컨설턴트들이 사용하면 좋을 프롬프트 10개 추천해주라'라고 물어보았다.

다음은 뚝딱하니 내어놓은 답변이다.

프롬프트 엔지니어로서, 칼럼니스트, 기자, 컨설턴트들에게 도움이 될 만한 프롬프트를 10개 추천해 드립니다:

1. 현재 사회에서 가장 중요한 이슈들은 무엇이며, 그 이유는 무엇인가요?
2. 급변하는 기술 트렌드가 우리 삶과 일자리에 어떤 영향을 미치고 있는가요?
3. 세계화 시대에 각 나라의 문화를 보호하고 유지하기 위해 어떤 노력이 필요한가요?
4. 최근 경제 상황에 대한 분석과 그에 따른 투자 전략은 어떻게 되어야 할까요?

5. 기후변화와 환경 문제에 대해 어떻게 대응해야 하며, 미래 세대들에게 어떤 가치를 전달해야 할까요?
6. 인공지능과 로봇 기술의 발전이 미래의 직업 시장에 어떤 변화를 가져올 것인가요?
7. 현재의 교육 시스템 개선을 위해 어떤 점들을 고려해야 할까요? 또한, 어떤 방식으로 학습 방법을 혁신해야 할까요?
8. 다양한 이해관계를 가진 사람들 사이에서 합의를 이루기 위한 전략과 커뮤니케이션 방법은 무엇일까요?
9. 최근 코로나바이러스와 같은 전염병 대응에서 얻은 교훈은 무엇이며, 앞으로의 공중보건 대책은 어떻게 마련되어야 할까요?
10. 젠더 이슈와 다양성을 존중하는 사회를 만들기 위한 현실적인 방안과 추진 방향은 무엇일까요?

이러한 프롬프트들은 칼럼니스트, 기자, 컨설턴트들이 다양한 주제에 대해 논의하고 글을 작성하는 데 도움이 될 것입니다.

### 4) 인공지능 콘텐츠 강사의 강의개요 및 강의 계획서 작성

'인공지능과 로봇 기술의 발전이 미래의 직업 시장에 어떤 변화를 가져올 것인가? 라는 주제로 대학교에서 강의할 강의안 만들어 주세요'라고 질문했더니 다음과 같은 답변을 했다.

인공지능과 로봇 기술의 발전이 미래의 직업 시장에 어떤 변화를 가져올 것인가?

강의개요:
이 강의에서는 인공지능과 로봇 기술의 발전이 미래의 직업 시장에 미치는 영향에 대해 논의합니다. 기술의 발전과 변화가 어떤 직업에 영향을 주고, 어떤 새로운 직업이 생겨날 것인지, 그리고 우리가 어떻게 이 변화에 대응할 수 있는지 알아봅니다.

강의 목차:
1. 서론
   - 인공지능과 로봇 기술의 발전 소개

- 현재까지의 기술 변화와 미래 기술의 전망

2. 인공지능과 로봇 기술이 미치는 영향
   - 제조업: 자동화와 생산성 향상
   - 서비스업: 맞춤형 서비스와 효율적인 운영
   - 의료 분야: 진단, 치료 및 로봇 수술
   - 교육 분야: 개인화된 학습 및 스마트 튜터

3. 영향받는 직업과 사라지는 직업
   - 사라지는 직업 예시: 생산 라인 노동자, 물류 및 운송 기능
   - 변화하는 직업 예시: 의사, 교사, 기자 등

4. 새로운 직업의 출현
   - 인공지능 및 로봇 관련 직업: 데이터 분석가, 기계 학습 엔지니어 등
   - 인간 중심의 직업: 감성 지능, 창의력, 리더십 등을 필요로 하는 직업

5. 미래의 직업 시장에 대비하는 방법
   - 기술 습득 및 계속적인 학습
   - 유연성과 적응력 강화
   - 협업 및 상호 작용 능력 개발

6. 결론
   - 인공지능과 로봇 기술의 발전으로 미래의 직업 시장은 크게 변화할 것이지만, 적절한 대응과 준비를 통해 기회를 창출할 수 있다.

이 강의를 통해 학생들은 인공지능과 로봇 기술이 미래의 직업 시장에 어떤 변화를 가져올 것인지 이해하게 됩니다. 또한, 기술의 발전에 적응하고 미래의 직업 시장에서 경쟁력을 갖추는 데 필요한 역량과 준비 방법을 배우게 됩니다.

강의 활동 및 추가 자료:

1. 토론 활동
   - 학생들이 생각하는 기술의 발전이 미치는 긍정적/부정적 영향을 토론
   - 기술의 발전으로 변화할 직업과 새롭게 등장할 직업에 대한 의견 공유

2. 사례 연구
   - 인공지능과 로봇 기술이 이미 적용된 분야 및 기업들을 살펴보고, 그 영향과 결과를 분석

3. 역량 평가 및 개발 계획
   - 학생들이 자신의 강점과 약점을 평가하고, 미래의 직업 시장에서 필요한 역량을 개발하기 위한 계획을 세우도록 도움

4. 추가 독서 및 강의 자료
   - 인공지능, 로봇 기술, 그리고 미래의 직업 시장에 관한 최신 연구, 보고서 및 기사를 학생들에게 제공하여 깊이 있는 이해를 도모

이 강의안을 바탕으로 인공지능과 로봇 기술이 미래의 직업 시장에 어떤 변화를 가져올 것인지에 관한 토론과 학습을 진행할 수 있습니다. 학생들은 이를 통해 미래의 기술 변화와 직업 시장에 대비하여 적응력과 경쟁력을 높이는 방안을 찾아볼 수 있습니다.

이와 같은 답변을 받았다. 강사들이 강의개요나 강의 목차 작성 등에 큰 도움이 될 것이다.

## 2. 프롬프트 품질과 효과를 최적화할 수 있는 고급 기법

다음은 프롬프트를 설계하는 데 필요한 기본 지식을 바탕으로 프롬프트의 품질과 효과를 더욱 최적화할 수 있는 몇 가지 고급 기법이다.

프롬프트 작성의 영역으로 더 깊이 들어가면 프롬프트 작성의 수준을 한층 더 높일 수 있다. 이러한 보다 정교한 전략에 숙달하면 AI의 잠재력을 최대한 활용해 진정으로 매력적인 콘텐츠를 제작하는데 필요한 도구를 확보할 수 있다.

### 1) 반복하고 다듬기(Iterate and Refine)

초기 AI 프롬프트를 작성했다면, 다양한 공식과 접근 방식을 실험해 볼 수 있다. 다른 역할을 부여하거나 단계를 조정해 본다. 프롬프트를 지속적으로 테스트하고 개선하면 결과를 크게 개선할 수 있다.

### 2) 효과 평가(Evaluate Effectiveness)

관련성, 깊이, 창의성 등의 요소를 기준으로 생성된 콘텐츠의 품질을 평가한다. 이 평가는 프롬프트의 성공 여부를 판단하고 향후 개선 사항을 안내하는 데 도움이 된다.

### 3) 명확하게 할 것(Be Explicit)

프롬프트에 명확한 지침을 포함하면 AI 모델을 보다 효과적으로 안내하여 원하는 결과를 얻을 수 있는 가능성을 높일 수 있다. 명시적인 지침은 모호함을 줄이고 품질을 향상한다. 몇 가지 간단한 요령으로는 AI에게 "이 단계를 단계별로 진행할 것", "답변을 생성하기 전에 잠재적인 장단점을 고려할 것"이라고 말하는 것이다.

### 4) 피해야 할 것

그렇다면 피해야 할 것은 무엇일까?

### (1) AI가 말하는 모든 것을 믿기(Believing Everything The AI Says)

AI가 무에서 유를 창조하는 것을 완곡하게 표현해 'AI 환각'이라고 부른다. 모든 AI는 사용자의 질문에 답을 하도록 학습돼 있다. 필요한 컨텍스트가 없거나 정확한 답변에 필요한 데이터가 없는 경우, 챗GPT와 같은 AI는 단순히 무언가를 만들어내는 경우가 많다. AI를 사용할 때는 인용문, 통계, 백서, 책 등 검증할 수 있는 모든 데이터를 확인해야 한다. 사실 확인 가능한 것이라면, 반드시 사실 확인을 해야 한다.

### (2) 한 번의 프롬프트에 너무 많은 것을 요청(Asking Too Much In A Single Prompt)

인공 지능에게 모든 것을 한 번에 작성하도록 요청하고 싶지만, 긴 형식의 콘텐츠를 작성하라는 요청받으면 인공지능은 문맥을 잃고 중요한 세부 사항을 놓칠 수 있다.

이러한 일반적인 과제를 이해하면 프롬프트 제작의 세계에 더 잘 대처할 수 있다. 생성된 콘텐츠의 정확성, 관련성 및 잠재적 편향성을 평가하고, 필요한 경우 다른 출처의 정보를 확인하는 것을 고려해야 한다.

## Epilogue

아마도 앞으로는 AI를 활용할 수 있는 전문가와 AI를 활용하지 못하는 전문가로 나뉠 것이다. AI를 활용하면 고객 관계를 강화하고 참여도를 높이며 잠재 고객에게 지속적인 영향력을 남길 수 있다.

AI를 도입하면 마케팅 활동을 혁신하고, 콘텐츠 제작의 수준을 높이며, 괄목할 만한 성장을 이룰 수 있다. AI의 영역으로 모험을 떠날 때는 자신감, 열정, 창의성, 열린 마음과 적응력이 필요하다.

성공의 열쇠는 기술과 인간의 창의성 사이의 완벽한 균형을 맞추는 것이다.


[참고문헌]

- https://www.tailwindapp.com/
- 출처 : 매드타임스(MADTimes)(http://www.madtimes.org)
- 이 책의 내용은 “AI 프롬프트 작성 방법: 마케터를 위한 가이드”라는 제목의 기사에서 발췌하고 수정 보완했다.

Chapter
02

# 인공지능(AI) 국내외 분야별 활용사례 및 전망

배 미 주

Chapter

# 02

# 인공지능(AI) 국내외 분야별 활용사례 및 전망

## Prologue

4차혁명시대 인공지능(AI) 기술의 발전으로 세상은 더욱 혁신적인 변화를 겪고 있다. 그 중에서도 인공지능 기술은 매우 높은 활용도와 가능성을 보여주고 있다. 인공지능 기술은 일상에서 많이 사용되는 음성 인식 기술, 자연어 처리 기술, 대화형 인터페이스 기술 등을 결합해 인간의 언어와 상호작용해 업무나 생활에서 일어나는 다양한 문제를 해결하고 정보를 제공해 주는 기술이다.

본 장에서는 인공지능 기술의 다양한 활용사례와 전망을 살펴보며, 국내외에서 공공분야, 창작예술 등 다양한 분야에서 어떻게 활용되고 있는지에 대해 다양한 사례를 제시하고자 한다. 또한 인공지능 기술이 미래에 어떤 방향으로 발전할지에 대한 예측과 이에 따른 기술의 발전 가능성과 함께 인간의 삶에 미치는 영향에 대해 알아보려고 한다.

또한 인공지능 기술의 다양한 활용사례와 전망을 살펴보며, 더욱 높은 수준의 생활 편의와 경제 발전을 위한 인공지능 기술의 가능성을 함께 탐구해 보는 것을 목적으로 한다. 이 책을 통해 인공지능 기술을 이해하고자 하는 일반인부터, 인공지능 기술을 활용하려는 기업 및 관련 분야의 다양한 독자층에 좋은 정보제공의 기회가 됐으면 한다.

본 장을 통해 다양한 분야에서 인공지능 기술이 어떻게 활용되고 있는지 알아보면서, 인공지능 기술이 더욱 진화해 제공하는 서비스가 인간의 삶을 어떻게 변화시키고 발전시킬 수 있는지에 대한 흥미로운 아이디어를 얻을 수 있을 것이다.

## 1. 인공지능(AI)

일반적으로 AI라고 하는 인공지능은 데이터, 정보 및 인간 지능을 기계에 부여하는 프로세스다. 인공지능의 주요 목표는 인간처럼 생각하고 행동할 수 있는 자율적인 기계를 개발하는 것으로 이러한 기계는 인간 행동을 모방하고 학습 및 문제 해결을 통해 작업을 수행할 수 있다.

인공지능은 현대 사회에서 다양한 방식으로 활용되고 있다. 의료, 엔터테인먼트, 은행, 교육 등 다양한 분야의 복잡한 문제를 효율적으로 처리할 수 있기에 우리의 일상은 인공지능으로 인해 더욱 편리하고 효율적으로 변해가고 있다.

2016년 알파고와 이세돌 9단의 바둑 경기 이후, 인공지능의 발전 속도와 그 한계에 대한 대중의 관심 또한 높아졌다.

인공지능은 대부분 머신러닝, 딥러닝, 자연어 처리, 컴퓨터 비전 등의 다양한 기술들을 이용해 구현된다. 이러한 기술들을 통해 컴퓨터는 데이터를 학습하고, 패턴을 파악하며 문제를 해결하는 데 사용된다.

또한 인공지능은 현재는 음성인식, 언어번역, 이미지 인식, 추천 시스템 등과 같은 다양한 분야에서 활용되고 있으며 인공지능 기술은 더 나아가 자율주행차, 의료 진단, 로봇 등과 같은 산업 분야에서도 큰 관심을 받고 있다.

인공지능 개념은 1956년 다트머스 대학에서 개최된 회의에서 처음 등장했고, 컴퓨터가 생각할 수 있는가에 대한 질문에서 시작됐다. 인공지능 구현을 위해서는 컴퓨터 기술뿐만 아니라 수학과 통계 등의 다양한 지식이 필요하며, 이를 통해 머신러닝과 딥러닝 등의 방법이 발전됐다.

하지만 인공지능 기술이 발전하면서 함께 우려되는 문제들도 있다. 인공지능이 인간을 대신할 수 있는 수준에 이르게 되면서 일자리가 사라지고, 인공지능의 의사 결정 과정이 투명하지 않다는 우려도 있다.

인공지능은 현재도 계속해서 발전하고 있으며 앞으로도 인간의 삶과 사회 전반에 큰 영향을 미치는 기술 중 하나로 계속해서 발전할 것이다.

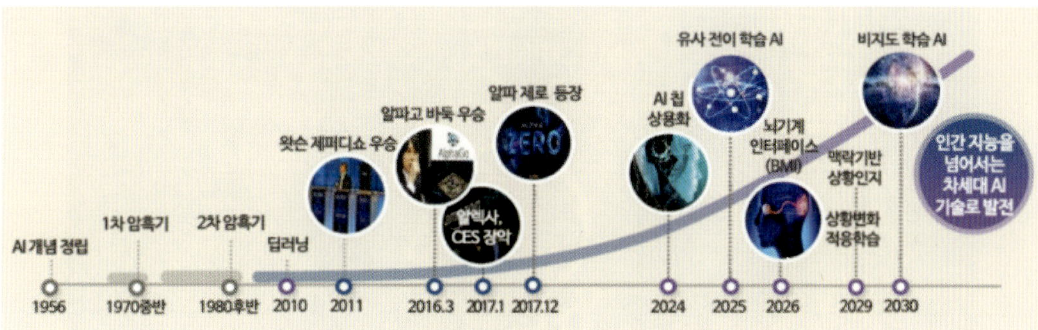


[그림1] 인공지능 역사(출처 : www.korea.kr)

## 1) 인공지능 〉 머신러닝 〉 딥 러닝

### (1) 인공지능

인공지능은 가장 큰 개념으로 머신러닝 개념을 포함한다. 인공지능(Artificial intelligence)은 인간의 학습 능력과 추론 능력, 지각 능력 등을 컴퓨터 프로그램으로 실현한 기술을 말하는데 그 연구 분야 중 하나가 머신러닝이다.

### (2) 머신러닝(Machine learning)

머신러닝은 데이터를 기반으로 기계를 학습시켜 미래를 예측하는 것이며, 개발자가 직접 코딩하지 않고 데이터와 알고리즘만 입력하면 기계가 스스로 학습한다. 현재 컴퓨터 비전 분야에서 큰 성과를 이루고 있지만 일부 한계점이 존재한다.

### (3) 딥러닝

딥러닝은 인공지능의 한 부분으로, 인간의 두뇌를 모방한 인공 신경망을 사용해 기계가 스스로 학습하고 성능을 향상하는 기술이다. 이 기술은 많은 양의 정형 및 비정형 데이터를 처리하며, 인공 신경망을 통해 작동한다. 대표적인 딥러닝 기반 인공지능으로는 구글의 알파고가 있으며, 학습 데이터를 수동으로 제공해야 하는 머신러닝과는 차이가 있다.

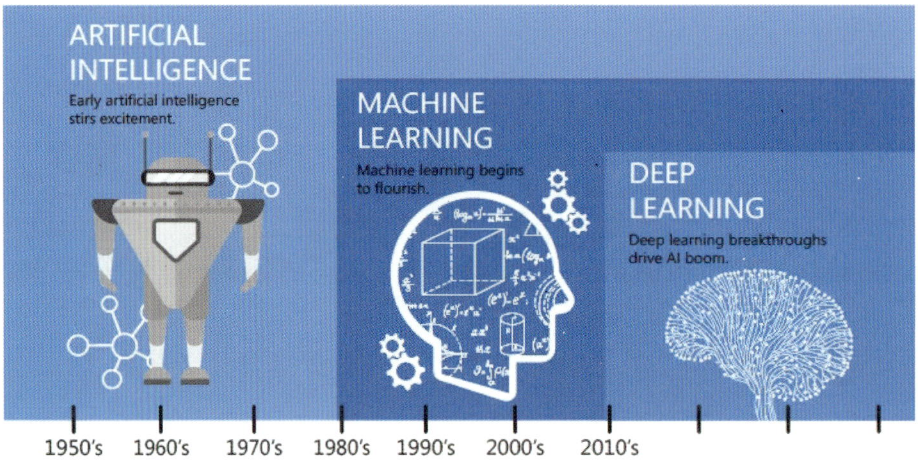


[그림2] AI vs ML vs DL(출처 : analyticsvidhya.com/blg)

## 2) 인공지능(AI)의 기반은 잘 만들어진 데이터

인공지능(AI)에 대한 오해가 많이 있다. 인공지능이 마법처럼 모든 데이터를 처리해 내놓을 것이라 생각하는 것은 오해이다. 데이터란 인공지능이 학습할 수 있는 입력값이나 정보로, 데이터는 다양한 형태와 종류가 있으며 텍스트, 이미지, 음성 등의 다양한 형식으로 구성할 수 있다.

빅데이터와 인공지능(AI)에 있어서는 데이터 수집과 가공, 데이터 정제와 라벨링이 매우 중요한 단계이다. 인공지능(AI)은 스스로 학습하는 것이 아니라, 인간이 사용 목적에 맞는 데이터를 선별하고 학습시켜야 하며, 그 데이터의 질이 중요하다.

### 3) 데이터 라벨링(Data Labeling)

데이터 라벨링(Data Labeling)은 인공지능 학습을 위해 원천 데이터에 값을 부여하는 작업이다. 데이터 라벨링을 통해 인공지능이 데이터를 분류하고 판단할 수 있도록 해주며, 이를 통해 더욱 정확하고 신뢰성 높은 예측과 분석을 할 수 있게 된다.

따라서 데이터 수집과 가공, 데이터 정제와 라벨링은 빅데이터와 인공지능(AI)의 성공적인 적용을 위해 꼭 필요한 작업이다. 예를 들어, 인공지능이 사람의 사진을 구분할 수 있도록 하기 위해서는 사진에 '사람'이라는 라벨을 부여해야 한다. 이러한 작업은 인간이 직접 수행해야 하는 꼭 필요한 작업이며, 정확성과 효율성을 위해서는 전문적인 라벨링 툴을 사용하는 것이 중요하다.

[그림3] 데이터 라벨링 학습(출처 : blog.naver.com)

## 2. 인공지능 활용 목적

인공지능 기술은 정부 정책 수립, 공공 안전관리, 공공 서비스 제공 등 다양한 분야에서 활용할 수 있다. 예를 들어, 인공지능을 활용한 정부 정책 분석과 예측 모델링은 효율적인 정책 수립과 예산 분배를 가능케 하며, CCTV 영상 분석을 통해 공공 안전 관리를 보다 효과적으로 수행할 수 있다.

공공분야의 AI 도입은 민간분야에 비해 다소 느리지만, 행정 효율성 증대와 경제적 이점 등으로 도입의 필요성이 계속해서 증가하고 있다. 공공분야는 행정 결정의 책임 소재 및 AI 신뢰성, 제도적 한계, 사회적 수용성 등의 문제로 민간분야보다 AI를 보수적으로 활용하고 있다. 그러나 공공분야에서의 AI 활용은 행정서비스의 비효율성 개선을 통한 경제적 효과를 가져오며 도입에 대한 요구도 점차 증가하고 있다.

학교에서는 학생들의 학습 분석 및 개인 맞춤형 학습 등을 위해 인공지능 기술을 활용할 수 있다. 예를 들어, 학생들의 학습 경험을 분석해 개인별 맞춤형 학습 계획을 수립할 수 있다. 또한 학생들의 학습 결과를 바탕으로 교육과정과 교재를 개선하는 데 활용할 수 있다.

기업에서 인공지능 기술은 제품 및 서비스 개발, 고객 관리, 생산 관리, 비즈니스 전략 수립 등 다양한 분야에 활용된다. 자동화된 고객 상담 시스템은 고객 서비스와 효율성 향상에 도움이 되며, 공정 품질 검사 자동화는 생산성 향상에 기여한다. 더불어 데이터 분석을 통한 시장 동향 분석은 비즈니스 전략 수립에 있어 인공지능 기술의 중요성을 부각하며 이를 통해 기업은 경쟁력을 강화하고 지속적인 성장을 추구할 수 있다.

인공지능 기술은 정부, 기업 교육, 의료, 예술 등 다양한 분야에서 활용되며 질병 진단, 치료 계획, 약물 개발, 예술 작품 생성, 음악 작곡 등 다양한 응용 분야가 있다. 인공지능과 빅데이터의 결합은 강력한 분석 및 예측 능력을 제공하며, 이를 통해 우리 삶이 편리하고 안전하며 효율적으로 변화하게 된다.

## 3. 인공지능(AI) 활용 분야

인공지능은 현대 사회에서 다양한 방식으로 활용되고 있다. 일반행정, 기상·재난 안전, 교통·운송, 보건·의료, 에너지·환경, 경제·금융, 교육, 산업·고용, 안보·국방 등 다양한 분야의 복잡한 문제는 물론 일상생활에서 간단한 일들을 효율적으로 처리할 수 있기 때문에 오늘날 세계에서 점점 더 중요해지고 있다. 우리의 일상은 인공지능으로 인해 더욱 편리하고 효율적으로 변해가며 라이프스타일에 많은 영향을 미치고 있다.

### 1) 교육에서의 인공지능 활용

인공지능이 교육 분야에 점차 뿌리를 내리고 있지만 현재 대부분의 AI 교육 서비스는 학생들의 학습 데이터 분석에 그친다. 예를 들어, 틀린 문제의 데이터를 분석해 비슷한 유형의 문제를 제공한다. 하지만 인공지능의 진정한 교육적 활용은 사람처럼 문제와 원인을 파악하고 솔루션을 제공하는 수준에 이르려면 아직 개선이 필요하다.

인공지능 교육은 학생의 문제점을 분석하고 개선 방안을 제시한다. 이를 통해 선생님의 업무 효율을 높이고, 자동 채점 및 챗봇을 통한 학생과의 소통이 가능하다. 더 나아가 언제 어디서나 이용할 수 있는 가상 튜터 역할을 하며, 다양한 환경에서도 학습을 지원하며, 가상 학습 환경에서는 학생들의 성공을 예측하고 교수진을 돕는다.

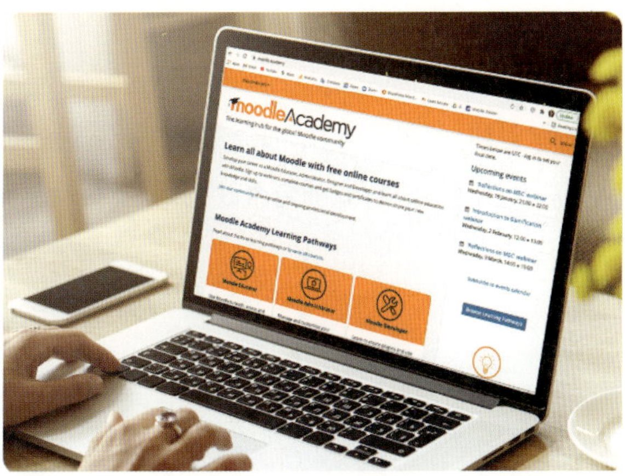


[그림4] 무들 아카데미(출처 : Moodle)

### (1) 스마트 콘텐츠 만들기

영상강의, 콘퍼런스, 교재안내서 등 콘텐츠의 디지털화는 인공지능을 활용해 이뤄질 수 있다. 다양한 학년의 학생들을 위한 맞춤화를 통해 애니메이션 및 학습 콘텐츠와 같은 다양한 인터페이스를 적용할 수 있다. 인공지능은 오디오 및 비디오 요약과 통합 수업 계획을 생성하고 제공해 풍부한 학습 경험을 만드는 데 도움을 준다.

### (2) 음성 어시스턴트에 활용

음성 어시스턴트를 통해 학생들은 교사 없이도 학습 자료와 답변을 얻을 수 있다. 이렇게 하면 임시 핸드북을 인쇄하는 비용을 절약할 수 있고, 자주 질문에 대한 답변도 쉽게 얻을 수 있다.

### (3) 맞춤형 학습에 활용

AI 기술을 사용해 학생들의 학습 데이터를 철저히 모니터링하고, 개인 맞춤형 학습을 제공할 수 있다. 이를 통해 학생들의 습관, 수업 계획, 알림, 학습 가이드, 플래시 노트, 빈도 또는 수정 사항 등을 쉽게 생성하고 제공할 수 있다.

### (4) 학술 분야

학술 분야에서는 인공지능 기술을 활용해 연구를 수행할 수 있다. 예를 들어, 인공지능 기술을 활용해 논문 검색 및 추천 시스템을 개발하거나, 연구 데이터 분석 등을 수행할 수 있다.

인공지능 기술의 발전으로 인해, 문화콘텐츠, 예술 분야, 학술 분야 등의 분야에서도 다양한 새로운 가능성이 열리고 있다. 이를 통해 예술적인 창작물과 학술적인 연구가 보다 효율적으로 이뤄질 수 있다.

## 2) 일상생활에서 인공지능 활용

### (1) 챗봇의 AI 애플리케이션

AI 챗봇은 자연어를 이해하고 기계 학습을 사용해 조직의 고객 서비스를 개선한다. 웹사이트와 애플리케이션에 통합돼 답변 데이터베이스를 구축하고 정보를 가져온다. 지속적인 개선으로 챗봇은 고객 문제 해결과 간단한 문의 처리에 능숙하고, 간단한 문의에 응답하며, 고객 서비스를 개선하고, 연중무휴 24시간 365일 지원을 제공할 수 있다. 이러한 이점은 고객 만족도를 높이고, 조직의 비용을 줄일 수 있다.

### (2) TIK TOK (틱톡), 스노우 등 APP

TikTok은 중국의 인터넷 기업인 바이트댄스가 출시한 15초짜리 짧은 비디오 앱으로, 반전 얼굴 챌린지와 같은 인공지능 기술을 활용해 전 세계적으로 인기를 끌고 있다. 초기에는 뮤지컬을 인수한 것이 출발점이었으며, 현재는 15초부터 3분까지 짧은 영상을 제작하고 유통하는 앱으로 성장했다.

### (3) 알렉사, 기가지니 등 음성인식 인공지능 비서

알렉사, 기가지니 등은 음성인식 인공지능 비서로, 딥러닝 알고리즘과 자연어 처리 기술을 활용해 빠르게 발전하고 있다. 하지만 여전히 소음이 많은 환경에서는 정확도가 떨어지는 등 개선점이 많이 있다. 나이, 건강 상태, 감정, 사투리 등 다양한 요인에 따라 발성이 달라지기 때문에 앞으로 더 스마트한 음성인식 서비스가 나올 것으로 예상된다.

## 3) 교통·운송 분야

### (1) 내비게이션의 AI 애플리케이션

MIT 연구에서는 GPS 기술과 인공지능을 결합해 도로 상황을 더욱 정확하게 파악하고, 이를 기반으로 사용자에게 안전하고 심층적인 정보를 제공하는 데 활용할 수 있다는 것을 보여주고 있다.

이를 활용해 Uber와 같은 물류 회사는 AI를 이용해 운영 효율성을 높이고 경로 최적화를 실시한다. 또한 Google 지도도 AI를 사용해 교통량과 공사를 계산해 현재 위치에서 가장 빠른 경로를 찾는다. 이러한 기술을 통해 사용자는 더욱 쉽고 안전하게 이동할 수 있으며, 운전 시간과 비용을 절감할 수 있다.

### (2) AI 기술과 비행기 운항

AI 기술은 비행기 운항에도 기여하며, 조종사가 비행기를 조종하는 비율이 줄어들고, AI가 비행기를 관리하는 비율이 늘어나고 있다. 특수 제트 여객기 같은 경우에는 AI를 기반으로 조종사 없이도 작동할 수 있게 됐다.

[그림5] AI 로봇 파일럿의 표현(출처 : electronicsforu.com)

### (3) 자율주행 자동차 '웨이모'

인공지능 기술은 자율 주행 자동차 분야에서 중요한 역할을 하고 있다. 차량 내에 장착된 다양한 센서와 데이터 분석을 통해 차량이 스스로 주행할 수 있도록 도와주며, 사용자 경험 개선 및 비상 대처 시스템도 제공한다. 또한 Tesla Bot과 같은 가상 도우미는 차량 이외의 다른 분야에서도 활용될 수 있다. 자율 주행 기술의 발전은 운전자나 승객의 자유로운 시간을 가능하게 하고, 더 나은 생활 편의성을 제공할 것으로 전망된다.

[그림6] Waymo의 자율 주행 자동차 시범 운행(출처 : Waymo)

### (4) Waymo의 택시 시범 운행

자율 주행의 핵심 기술은 사람의 눈을 대체하는 '라이더 센서'이다. 이 센서를 통해 자율주행 차량은 도로에서 물체들을 피할 수 있다. 레이저 스캐너 또는 레이저 레이더라고도 하는 Lidar는 물체를 감지하고 거리를 매핑하는 감지 방법이다.

광학 펄스를 사용해 대상을 비추고 반사된 신호의 특성을 측정한다. 일반적으로 라이다와 레이더는 모두 자율주행 차량에 설치돼 공간 인식, 거리 인식, 날씨 및 조명 조건에 관계 없이 우수한 성능을 낼 수 있게 된다.

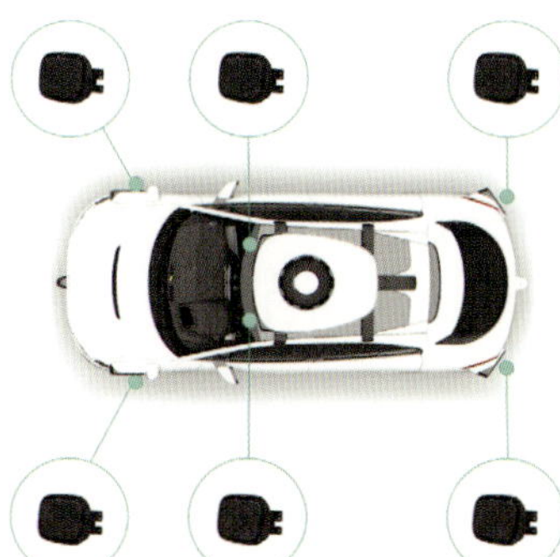

[그림7] 레이다 센서와 레이더의 장착(출처 : Waymo)

### (5) AI 여행 및 운송 분야

AI는 여행 산업에서 점점 더 요구되고 있다. 자율주행 차량과 같은 인공 지능 기술은 운전 중인 운전자의 안전성을 높이는 데 도움이 될 수 있다. 또한 AI는 공항에서 수많은 여행자를 관리하는 데 사용된다.

예를 들어, 얼굴 인식 기술을 사용해 공항 안전 검색 프로세스를 간소화하고 보안 위협을 식별하는 데 도움이 될 수 있다. 또한 공항이나 항공사에서 AI는 예측 분석 및 예측 유지 관리를 통해 여행자들의 여행 경험을 개선하는 데 사용된다.

## 4) 헬스케어(FEAT, 코로나맵)

코로나 팬데믹 이후 전 세계적으로 AI 기술이 의료 분야에서 크게 발전했다. 스마트 진단 키트 개발부터 원격 진단, 수술, 처방 등에 이르기까지 다양한 응용이 가능해졌다. AI는 의료 영상 기술을 정확하게 분석하고, 희귀 및 난치성 질병 연구를 지원하며, 환자의 회복률과 기대 수명을 예측할 수 있으며, AI 로봇이 복잡한 수술을 수행할 수 있다.

또한, AI 헬스케어 시장은 전 세계적으로 확대되고 있으며, 여러 나라가 이 분야의 기술 선도를 위해 큰 투자를 하고 있다. 고령화 사회가 급속하게 진행되는 상황에서, AI 기술은 인류에게 필수적인 요소로 자리를 잡고 있다.

## 5) 산업·고용 분야 인공지능(AI) 활용

### (1) 인적 자원 분야 인공지능 활용

AI 기술이 취업 시장에서 활용되면서 취업 프로세스가 간편해졌고, 이력서를 거부하는 엄격한 규칙과 알고리즘으로 구직 시장에서 사용하고 있다. 노동의 자동화로 인해 일부 역할은 대체되지만, AI는 사람들을 위해 더 많은 일자리와 기회를 제공하는 것으로 예상된다.

### (2) 로보틱스의 AI 응용

로봇 공학은 인공지능 분야 중에서도 중요한 응용 분야 중 하나이다. 인공지능으로 구동되는 로봇은 실시간 업데이트를 사용해 경로에 있는 장애물을 감지하고 즉시 여정을 미리 계획할 수 있다.

일반적으로 로봇은 반복적인 작업을 수행할 수 있도록 프로그래밍 되지만, 인공지능의 도움을 받으면 로봇이 스스로 경험을 바탕으로 작업을 수행할 수 있다. 휴머노이드 로봇은 인간의 형태와 움직임을 모방해 만들어진 로봇으로, 인간과 비슷한 작업을 수행하는 데 사용된다.

또한 로봇 공학 분야에서 인공지능 기술을 이용해 로봇의 자율성을 높이고 다양한 작업을 수행할 수 있도록 한다. 이를 통해 로봇은 물류 및 제조업무, 청소 및 보안 등 다양한 분야에서 사용되고 있다.

### (3) 우주 탐사에서 인공지능(AI) 활용

AI 기술은 우주 비행사의 생명 위험을 줄이기 위해 개발됐으며 우주 탐사와 천문학 연구에 매우 유용하다. AI는 외계 행성 발견, 태양 활동 예측, 중력파 천문학 등에 사용될 수 있으며, NASA는 이미지 분석, 자율 우주선 개발 등에 AI를 사용하고 있다. 이를 통해 무인 우주 탐사 임무가 가능해졌다. 이에 AI를 사용하고 있다.

## 6) 인공지능(AI) 재난·안전 및 기상 분야

AI를 사용한 감시 기술은 범죄 예방 및 수사, 안전 보장, 재난 대처 등 다양한 분야에서 사용될 수 있다. 예를 들어 CCTV 카메라를 사용해 안전 문제를 예방하거나 범죄를 추적하는 데 AI를 사용할 수 있다. 그러나 개인 정보 보호와 관련된 문제도 동반하며, 규제와 보호 기술 개발이 필요하다는 점이다. 또한 이러한 기술이 오용되거나 악용될 가능성도 있으므로, 적절한 규제와 감시가 필요하다.

## 7) 게임, 엔터테인먼트 인공지능(AI) 활용

### (1) 게임 분야의 AI 활용

게임 분야에서 AI 기술은 게임 내 NPC를 더 스마트하게 만들어 플레이어에게 더욱 흥미로운 게임 경험을 제공하는 데 사용되며, 게임 디자인과 테스트, 전략 게임에서도 사용된다. AI는 게임 분야에서 더욱 흥미롭고 재미있는 게임을 만드는 데 큰 역할을 한다.

### (2) 엔터테인먼트 AI 활용

인공지능은 엔터테인먼트 분야에서도 중요한 역할을 한다. 영화 및 TV 산업에서는 스토리보드 및 캐릭터 개발에 AI 기술을 사용한다. 음악 분야에서는 음악 생성, 추천, 분류 및 편집에 활용한다. AI 기술은 스토리와 관련된 데이터를 분석해 적절한 요소를 추천하며, 음악에서도 큰 역할을 하고 있다.

### (3) 소셜미디어의 AI 활용

AI는 소셜미디어 분야에서 다양하게 활용하고 있으며, Instagram에서는 게시물을 결정하고, Facebook에서는 대화를 이해하고, 언어번역을 수행하며, Twitter에서는 사기 탐지 및 혐오 콘텐츠 탐지 등에 사용된다. AI는 다양한 데이터를 처리하고 최신 트렌드와 요구사항을 파악하는 데 효과적이다.

[그림8] 소셜미디어 활용 (출처 : plxabay)

## 8) 인공지능(AI) 금융·데이터 분야

### (1) 금융 분야

AI는 금융 분야에서 개인화된 금융 조언, 포트폴리오 관리, 대출 승인 및 신용 스코어 예측 등에 사용될 수 있다. 블록체인 기술과 결합해 안전하고 효율적인 금융 서비스를 제공하는 데 중점을 두고 있다. 또한 AI는 금융 기관이 고객들의 대출 승인을 더 빠르게 처리하고 보안 문제를 해결하는 데에도 사용한다.

### (2) 데이터 보안의 AI

AI는 데이터 보안 분야에서 매우 중요한 역할을 한다. AI는 데이터를 보호하고 사이버 공격을 예방하고 탐지하기 위해 사용한다. 예를 들어, 기계 학습 알고리즘은 과거 사이버 공격의 패턴을 학습해 새로운 공격을 감지하고 방지하는 데 사용할 수 있다.

또한 AI는 네트워크와 시스템에서 비정상적인 활동을 감지하고 식별하는 데 사용한다. AI는 또한 데이터 보호를 위해 암호화 기술과 함께 사용돼 악의적인 해커로부터 데이터를 안전하게 보호할 수 있다.

### (3) 전자상거래에서의 AI 활용

AI 기술은 전자 상거래 산업에서 맞춤형 쇼핑 추천, 어시스턴트, 사기 예방, 가짜 리뷰 식별 등의 방법으로 경쟁력을 제공하고 있다. 맞춤형 추천을 통해 개인화된 상품 추천이 가능하며, 어시스턴트를 통해 사용자 경험을 개선할 수 있다. 또한 AI를 사용해 사기성 거래와 가짜 리뷰를 식별하고 처리함으로써 고객 정보 보호와 신뢰도 향상에도 기여한다.

### (4) 마케팅의 AI 활용

AI를 마케팅 분야에서 활용하는 방법은 다양하며, 대규모 데이터 분석을 통해 소비자 행동 패턴 파악 및 정확한 타겟 마케팅, 자동화된 캠페인 보고서 생성, 챗봇을 활용한 고객 상호작용 분석 등이 있다. 개인화 마케팅 제공 및 적절한 시기에 재마케팅 수행으로 소비자 만족도를 높일 수 있으며, AI를 활용한 지속적인 모니터링을 통해 캠페인을 최적화할 기회를 제공한다.

### 9) 안보·국방 분야 인공지능(AI) 활용

의사 결정을 지원하며, 위협에 대한 대응 능력을 향상하는 데 도움을 준다. 군사 분야에서 인공지능의 활용사례는 다음과 같다.

#### (1) 지능형 드론과 무인 항공기

AI를 사용하는 드론과 무인 항공기는 정찰, 감시, 대공 지원 및 공격 작전에 활용하며 이들은 빠르게 정보를 수집하고 위협을 식별하는 데 도움이 된다.

#### (2) 로봇 및 무인 지상 차량

AI 기반 로봇과 무인 지상 차량은 복잡한 환경에서의 이동, 수송, 폭발물 제거, 의료 지원 등 다양한 군사 작전에 사용한다.

#### (3) 사이버 보안

AI는 군사 네트워크의 사이버 위협을 감지하고 대응할 수 있는 능력을 개선하며, 공격자의 의도와 전략을 분석하는 데 도움을 준다.

#### (4) 전투 시뮬레이션 및 훈련

인공지능은 전투 시나리오와 가상훈련 환경을 생성하고, 군인들의 전투 능력을 향상하는 데 사용한다.

#### (5) 의사 결정 지원

AI는 빅데이터 분석을 통해 전략적 의사 결정을 지원하며, 전투 상황에서 효율적인 자원 배치와 효과적인 작전을 계획할 수 있다.

AI가 군사 분야에 미치는 영향은 막대하며 군사 연구 기관과 정부는 인공지능 기반 시스템의 개발과 적용을 위해 지속적인 투자를 하고 있다. 이를 통해 군사 작전의 효율성과 안전성이 향상되며, 미래의 군사 전략과 전술에 큰 영향을 미칠 것으로 예상된다.

군사 분야에서의 AI 적용은 군인의 안전을 보장하고 전쟁이나 군사 작전에서의 효율성을 높일 수 있다는 점에서 중요한 역할을 할 수 있다. 그러나 이를 위해서는 윤리적인 측면에서의 검토와 규제가 필요할 것이다.

## 10) 농축·수산 분야 인공지능(AI) 활용

### (1) 농업 분야의 AI 활용

AI를 활용한 농업 분야의 응용 사례로는 농작물 모니터링, 작물 예측, 농약 및 비료 관리, 작물 수확 등이 있다. 예를 들어, 농작물 모니터링을 위해서는 드론과 센서를 사용해 작물의 상태를 모니터링하고, 이를 분석해 작물의 성장 상태나 질병 발생 여부를 예측할 수 있다.

작물 예측을 위해서는 기상 데이터와 작물 생육 데이터를 활용해 수확 시기나 수확량을 예측할 수 있으며. 이를 통해 농부는 수확량과 수확 시기를 더욱 정확하게 예측해 생산성을 높일 수 있다.

AI를 활용한 농업 분야의 응용은 농작물 생산성을 높이고, 농작물의 품질을 향상하는 것은 물론, 농부들이 시간과 비용을 절약할 수 있도록 도와준다. 또한 AI를 통해 농약 및 비료의 사용량을 최적화하고 농작물의 품질을 향상하는 등의 효과도 기대할 수 있다.

### (2) 축산·수산 분야의 AI 활용

가축 사육 분야에서는 인공지능(AI)과 웨어러블 기술이 사용돼 농부들이 동물 관리를 더욱 쉽게 할 수 있도록 도와주고 있다. 가축에 대한 실시간 데이터 수집과 분석을 통해 번식에 대한 통찰력을 제공한다. 동물이 아플 때나 예방 접종 시기, 번식 준비 시기 등을 알리는 등 동물 복지를 개선하는 기술이 도입되고 있다. 이러한 기술의 적용은 전 세계적으로 인구 증가에 따른 식량 생산 증대와 동물 복지 개선에 기여할 것으로 기대된다.

[그림9] 동물 인터넷 (IoA)(출처 : ambia)

### ① 낙농업

낙농업은 식량 공급에 중요한 역할을 하며, 낙농가들은 탄소 발자국을 줄이면서 생산성을 유지해야 한다. AI 기술이 활용돼 각 젖소를 고유하게 식별하고 번식 준비가 된 젖소를 찾아내어 생산성을 향상시키고 농장 관리를 개선하는 데 활용된다.

Moocall과 mooON 같은 AI 기반 소프트웨어를 사용해, 소의 발정세션을 확인하고 소의 행동을 추적해 비용을 줄이면서 우유의 품질과 수량을 개선하고 농장 관리를 극대화하는 정보를 통해 생산성을 향상한다.

### ② 양돈업

SwineTech는 새끼 돼지의 고통을 감지하고 새끼 돼지의 압사율을 줄이는 자율 장치를 제공한다. 이 장치는 비명 파형과 빈도, 어미돼지의 행동 및 주변 환경을 분석해 새끼 돼지가 곤경에 처한 시기를 감지하고, 어미돼지가 움직이게 하려면 웨어러블과 통신하며 각 Smart Guard는 5일마다 2마리의 새끼 돼지를 보호한다.

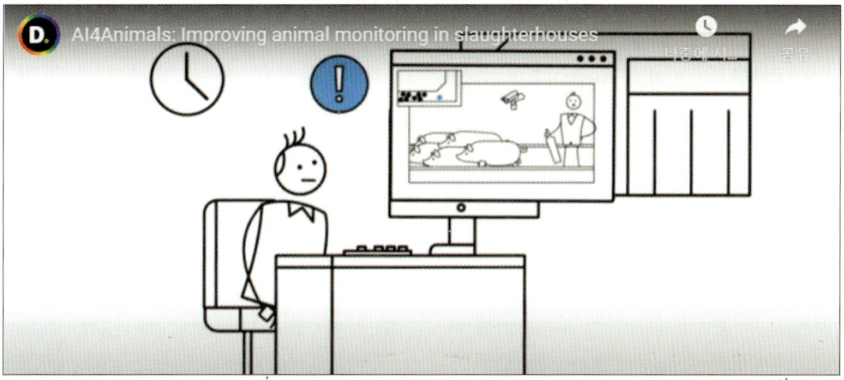


[그림10] Swine Tech 돼지 모니터링(출처 : Swine Tech)

### ③ 가금류 사육

가금류 드론과 로봇은 영양 결핍 및 질병 예방, 먹이 제공 및 알 수거 등에 도움을 주며, 소리 감지 기술과 AI 모니터링을 이용해 건강 상태를 감지하고 문제를 예방할 수 있다.

### ④ 양봉

꿀벌 개체 수의 급격한 감소를 억제하기 위한 노력의 하나로 Bee home과 같은 AI 센서는 정밀 로봇 공학, 컴퓨터 비전 및 AI를 사용해 지속적인 하이브 모니터링을 쉽게 한다. 이를 통해 양봉 농가는 원격으로 벌집을 치료하고 벌을 돌볼 수 있다.

[그림11] Bee Home에 있는 로봇(출처 : Beewise.ag)

### ⑤ 양식업

Reel Appetite AI와 Cage Reporter 로봇은 어류 양식장의 자동 공급 시스템과 상태 모니터링에 인공지능을 적용하고 있다. 드론은 환경 변화와 생식 서식지 모니터링을 위해 사용되며, 이러한 기술들은 어류 양식산업의 지속 가능성과 환경 보호를 위한 중요한 역할을 하고 있다.

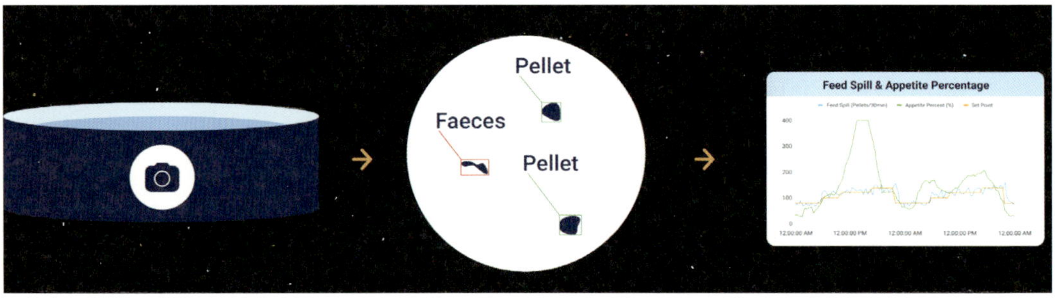


[그림12] Reel Appetite AI 자동 공급 시스템(출처 : ReelData.ai)

## 4. 인공지능(AI) 공공서비스 국가별 활용 현황

### 1) 국내 분야별 활용사례

인공지능 기술은 현재 가장 중요한 기술 중 하나이며, 공공부문과 기업에서 다양하게 활용하고 있다. 국내 공공부문에서도 AI 기술을 활용해 업무 생산성과 효율성을 개선하고 있으며, 주요 업무 영역에서 발생할 수 있는 오류 및 결함 등을 보완하는 목적으로 활용하고 있다. 이를 통해 국가 경제에 긍정적인 영향을 미치고 있다.

챗GPT에 공고문서 학습시켜 정부 전용 초거대 AI 만든다. (https://www.youtube.com/watch?v=71zKWjmJDiA)

### (1) 공공부문 AI 활용 분야

#### ① 정확한 분석과 예측으로 공정하고 신뢰받는 납세문화 조성

행정안전부는 체납징수를 위해 200여 종에 이르는 체납자의 과세정보를 확인하는 데는 약 3시간이 소요되고, 매년 40억 원 가량의 비용이 들어간다. 이런 비효율을 개선하기 위해 행정안전부는 빅데이터 분석으로 납부 가능성을 예측해 체납액을 징수하는 방안을 도입했다.

모델 개발 전

- 높은 체납률
- 과 체납자의 상황을 반영하지 않는 획일적인 징수 방법
- 사람이 직접 체납 징수하는 방식으로 많은 시간과 비용이 발생했음

모델 개발 후

- 체납유형과 등급 정도 등을 활용해 맞춤형 징세 활동 추진했음
- 연간 520시간과 17.4억 원의 비용 및 시간 절감 기대효과
- 지능형 지방 세정 실현을 통한 공정한 납세문화 조성됐음

#### ② 신속 정확한 민원 처리 서비스 제공

행정안전부는 대중적으로 발생하는 자동차 불법 주정차 문제를 해결하기 위해 개발된 생활불편 신고 앱을 개선해 민원 처리 효과를 높이고 있다. 이전에는 과태료 부과율이 낮아 만족도와 효과성 면에서 문제가 있었으나, 개선된 앱은 사용자 편의성을 강화해 신속하고 정확한 민원 처리 서비스를 제공하고 있다.

모델 개발 전

- 민원 유형을 수동으로 선택함
- 분류 체계 문제로 잘못 지정 가능성이 존재했음

모델 개발 후

- 민원 유형 자동 분류 및 지정

• 사용자 편의성 강화됨
• 데이터 기반 단속 차량 운행 경로 최적화함

### ③ AI로 제공하는 편리한 조달 서비스

최근 정보화(ICT) 사업과 같은 공공 발주 건이 매년 증가하고 있다. 그러나 발주기관의 경험이 없는 경우 제안요청서(RFP)를 검토하는 데만 건별 4~8시간이 소요되고 있다. 이에 조달청은 법규 위반 문장을 자동으로 판단하는 AI 기반한 진단모델을 개발·적용해 업무 효율성을 증가시켰다.

### ④ 교통 분류 : 똑똑한 인공지능으로 무단 국·공유지 점유 분석

우리나라는 국가 및 지방자치단체의 재산은 무단으로 사용할 수 없지만, 약 6.8%가 불법으로 점유되고 있으며, 보상도 이뤄지지 않고 있다. 이러한 문제를 해결하기 위해 여러 지자체에서 빅데이터와 인공지능을 활용한 국유재산 모니터링 시스템 구축 사업을 추진하고 있다.

모델 개발 전
• 국공유지 면적에 비해 적은 관리 인력
• 국공유지의 무단 점유 및 불법 활용에 대한 단속이 어려움

모델 개발 후
• 국공유지 관리 감독 업무의 효율성 및 효과성을 확보함
• 국공유지 불법 무단점유지에 대한 관리 업무 효율화됐음

## (2) 교육복지 부문 AI 활용

### ① 교육복지 : 신규 공동주택 내 초등돌봄 수요 예측 모델 개발

국토부, 교육부, 복지부는 신규 주택 내 초등돌봄 수요를 예측하는 모델을 개발해 전국적으로 확산시켜 적절한 규모의 돌봄센터 설치를 의무화하기로 했다. 새 아파트 단지에는 '다함께 돌봄센터' 설치가 의무화됐지만, 돌봄이 필요한 초등학생 수를 예측하는 것은 어려워 이를 위한 모델을 개발했다. 이 모델은 전국 신규 아파트에 대한 초등돌봄 수요를 예측해 적절한 돌봄센터 규모를 산정할 수 있도록 도와줄 것으로 예상된다.

모델 개발 전

- 돌봄 수요 예측을 위해 필요한 다양한 정보를 개별 담당자가 모두 확인하기 어려움이 있음
- 돌봄 아동 수 예측이 어려워 돌봄 시설 설치 여부의 사전 결정 곤란했음
- 학기 중이나 방학에 따라 달라지는 돌봄 수요에 대응하기 위한 적정 돌봄 시설 규모 산출 곤란했음

모델 개발 후

- 체계적인 알고리즘과 매뉴얼로 초보 분석자도 손쉽게 업무에 활용
- 신규 공동주택 준공 이전에 수요를 예측해 적절한 돌봄 시설 규모 산정
- 수요에 맞는 온종일 돌봄 시설 확충으로 돌봄 사각지대 해소

### ② 교육복지 : 장애인 이동 편의 증진을 위한 새로운 배차 알고리즘

장애인들은 이동이 어려워 콜택시를 이용하는 경우가 많은데, 이용 방법 등의 문제로 어려움이 있다. 이를 해결하기 위해 경희대학교 어셈블 팀은 공공데이터 분석과 앱 UI 구축을 통해 장애인 콜택시 배차 알고리즘을 개선하고, 장애인의 이동권을 보장하며 이동에 따른 불편함을 줄이기 위해 보다 효율적인 장애인 콜택시 서비스를 개발 제공하고 있다.

모델 개발 전

- 과도한 대기시간이 발생하는 배차 프로세스
- 수요량을 고려하지 않은 차고지별 배차

모델 개발 후

- 공차 운행 시간 및 최초 이동시간 단축을 통한 대기시간 감소
- 수요예측치를 반영한 시간대별/차고지별 차량 대수 배분

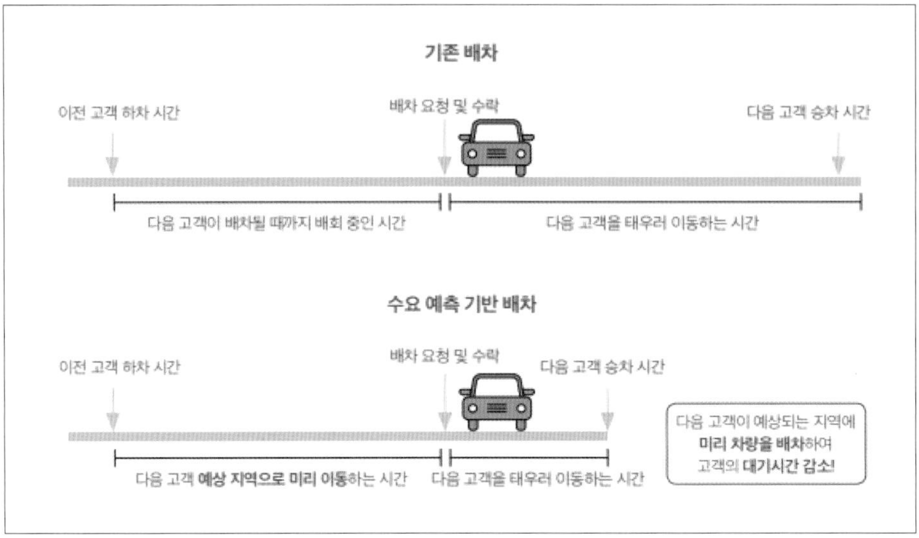


[그림13] 정확한 미래 수요 예측(출처 : 2021 공공부문 데이터 분석·활용우수사례집)

### ③ 교육복지 : 빅데이터 기반 '안성맞춤형 복지정책' 수립

복지 사각지대에 놓인 사람들을 위해 맞춤형 복지 서비스를 제공하는 것은 사회적인 역할이다. 경기도 안성시는 효율적인 사회복지 전달체계를 구축하고, 시민의 복지 요구를 수용하기 위해 빅데이터 기반의 복지행정을 구현했다.

모델 개발 전

- 복지 사각지대 존재
- 불가피하게 장기간 경제적 빈곤 상황 발생

모델 개발 후

- 시민 복지 체감도 향상
- 위기가정 선제 지원 가능
- 지속가능한 복지시스템 구축

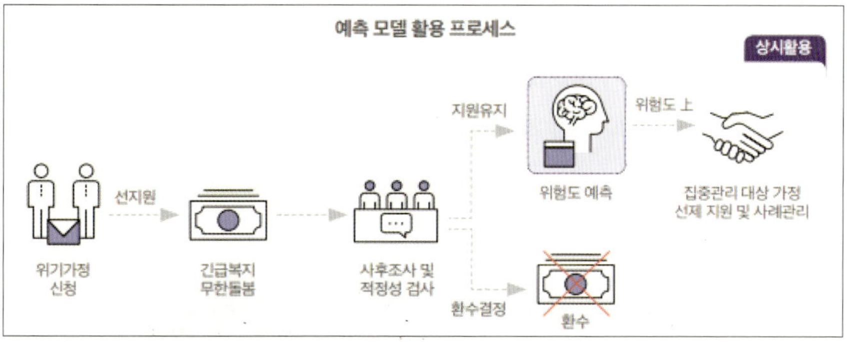


[그림14] 예측 모델 활용 프로세스(출처 : 2021 공공부문 데이터 분석·활용우수사례집)

### ④ 재난 안전 : 해양 안전 세이프존 확대를 위한 빅데이터 분석

해양경찰청은 행정안전부와 함께 공공 빅데이터를 활용한 데이터 기반 과학적 행정을 통해 연안 위험도를 예측했다. 또한 맞춤형 안전관리 방안을 마련하는 '해양 안전 세이프존 확대를 위한 빅데이터 분석'을 실시했다. 이를 통해 해양 안전을 보장하고, 해양사고를 예방하며, 대응할 수 있는 체계를 구축했다.

모델 개발 전

- 광활한 해양 지역 특성상 체계화된 데이터 기반의 해양정보 구축 현황 미흡
- 유동 인구 등 내·외부 정보를 융합한 연안 사고 대응체계의 객관적 근거 필요

모델 개발 후

- 구조거점 파출소 설치와 운영 최적화로 사고 대응 시간 개선과 위험도 기반 안전 시설물 설치
- 빅데이터 플랫폼 탑재와 지속적 활용으로 대국민 해양 안전 서비스 향상과 교육자료로 활용 가능
- 국민 여가 활동 패턴을 반영한 해양 안전 강화 활동 수행
- 지역별, 시기별 해양 안전 활동 강화 및 해양 안전인지도 구축 사업 추진

### (3) 지방자치 단체 AI 활용

#### ① 도봉구 AI 로봇이 쓰레기 58가지 분류…빛·바람도 선별작업

AI 선별 로봇 도입한 도봉구 자원 순환센터 딥러닝 기술로 학습…선별할수록 능력 올라
"진화하는 재활용 기술 효과 내려면 기업이 복합재질 포장재 생산 줄여야!"

[그림15] 서울 도봉구 자원 순환센터에서 폐기물 선별작업을 수행 중인 '닥터 비(B)로봇'(출처 : sbs뉴스)

컨베이어 벨트 위에 페트병과 비닐 등 각종 폐기물이 쌓여 있다. 그 위로 누군가 긴 팔을 뻗더니, 비닐을 골라 주운 뒤 컨베이어 벨트 밖으로 빼냈다. 선별 노동자의 작업 모습이 아니다. 딥러닝 기능이 장착된 로봇이 재활용 공정에 투입돼 폐기물을 솎아내는 장면이다.

#### ② 서울시 AI를 활용

서울시 빅데이터 분석으로 도시문제 해결을 위한 정책을 수립하고 있다. 예를 들어, 서울시 쓰레기 배출량 예측 모델을 개발해 효율적인 쓰레기 처리를 실시하고 있다.

#### ③ 대전광역시

'인공지능 CCTV 활용 역사 안전 시스템'을 활용해 도시철도 역사에서 일어날 수 있는 고객의 이상행동 감지하고 객체를 추적해 넘어짐 사고, 심정지 환자, 몰래카메라 촬영 등 역사에

서 사고나 범죄가 발생하면 인공지능 모니터링 시스템이 위험을 감지하고 역무원이 신속하게 대응하고 있다.

#### ④ 안양시 안전 귀가 서비스

안양시 스마트폰 안전 귀가 서비스는 늦은 밤길 스마트폰을 흔드는 것만으로도 경찰이 출동하는 서비스다. 16개의 CCTV 관제 센터의 집중 모니터링을 통해서 위급 상황에 신속하게 대응하고 있다.

## 2) 국외 나라별 인공지능 활용사례

미국, 영국, 캐나다 등 주요 국가들은 공공부문에서 AI 기술을 적극적으로 활용해 업무의 생산성, 대국민 서비스 품질 개선 및 비용 절감을 위해 효과적으로 활용하고 있다. 미국 정부는 공공부문 기관별로 다양한 공공 서비스 분야에 관한 AI 활용사례를 체계적으로 관리하고 공개해 신뢰할 수 있는 인공지능 사용을 촉진하고 있다. 미국 공공부문의 AI 도입은 비용 절감, 감독 강화, 효율성 제고, 서비스 품질 강화, 안전성 강화, 인력 훈련 등 미국인의 삶의 질 향상에 초점을 두고 있다.

### (1) 미국 공공부문 도입 주요 사례

#### ① 보건 의료

미국 국립암연구소(NCI, National Cancer Institute)는 AI 기술을 활용한 암 조기 발견, 암 검출 개선, 암 치료법 선택 도구를 개발했다. AI 모델은 전립선 MRI 스캔을 활용해 전립선암을 조기 발견하는 데 도움을 주며, 챗봇을 활용해 환자가 진료를 예약하고, 의료 정보에 액세스하는 데도 활용되고 있다. AI 기술은 미국 의료 부문에서 비용 절감과 환자 결과 개선을 위해 널리 활용하고 있다.

#### ② 납세자를 위한 음성 봇 및 챗봇

미국 국세청(IRS)은 납세 관련 전화 상담 폭주로 대기시간이 길어지는 문제를 해결하기 위해 AI 기반 음성 봇과 챗봇을 활용해 세금 납부 문제 및 통지서 이해에 관한 상담을 지원하고 있다. 이를 통해 간단한 질문에 대한 답변이 즉각적으로 제공됨으로써 납세자의 대기시간이 줄어들었고, 고객 서비스 담당자는 복잡한 문제에 집중할 수 있는 시간을 늘릴 수 있었다. AI 기술은 고객 서비스 분야에서도 유용하게 활용할 수 있다.

### ③ 법 집행

AI는 법 집행 기관에서 범죄 데이터를 분석하고 향후 범죄를 예방하는 데 도움이 될 수 있는 패턴을 식별하는 데 사용되고 있다. AI는 얼굴 인식 시스템을 개선하고 공공 안전을 향상하는 데에도 사용되고 있다.

### ④ 이민 분야

인공지능 공공 서비스 시스템 구축과 챗봇 서비스를 통해 1달에 100만 건이 넘는 문의를 하고 있다. 이는 응답 성공률 95%라는 뛰어난 수준으로 처리하고 있다. 또한 구호협회와 협의해 이민자들을 적절한 지방 정부에 배치하는데도 AI 솔루션을 활용하고 있다.

### ⑤ 교통

미국 교통부는 교통 관리를 개선하고 혼잡을 줄이기 위해 AI를 사용하고 있다. AI 기반 시스템을 자율주행차의 안전성을 향상하는 데에도 사용하고 있다.

### ⑥ 교육

AI는 미국 교육 부문에서 학생의 학습을 개인화하고 교수법을 개선하는 데 사용되고 있다. AI 기반 도구는 교사가 맞춤형 수업 계획을 만들고 학생에게 개인화된 피드백을 제공하는 데 도움이 된다.

### ⑦ 미국 우주항공국(이하 NASA)

IBM(NYSE: IBM)과 미국 우주항공국(이하 NASA)에는 기후 변화 영향 연구에 AI를 활용하기로 했다. 마셜우주비행센터(Marshall Space Flight Center)는 NASA의 방대한 지구 및 지형 공간 과학 데이터로부터 새로운 지식과 정보를 발견하는데 IBM의 인공지능(AI) 기술을 사용하기로 했다고 밝혔다. 이번 협업은 NASA의 지구 관측 위성 데이터에 AI 파운데이션 모델 기술을 적용하는 최초의 사례가 될 것이다.

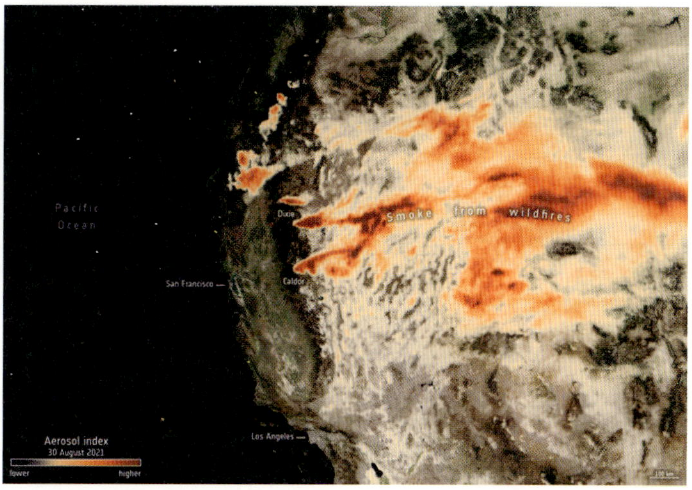


[그림16] 2021년, 캘리포니아 산불로 발생하는 에어로졸(출처 : 센티넬-5P 위성)

### ⑧ 화재 예측 분석 시스템 'Firebird'

미국 애틀랜타 소방 부와 조지아 공대가 협력해 개발한 AI 소프트웨어 '파이어버드(Firebird)'는 건물의 화재 위험 지수를 예측하는 데 사용된다. 사용자가 건물에 대한 다양한 정보를 입력하면, 파이어버드는 알고리즘을 통해 화재 위험 지수를 계산해 시각적으로 표시해 주며, 이를 통해 소방 검사 대상 건물을 쉽게 파악할 수 있다.

파이어버드는 AI 기술을 활용한 소프트웨어로, 소방 업무와 화재 예방 작업에 활용돼 화재 발생 위험이 큰 상업 건물을 중심으로 검사를 시행한다. 화재 예측 정확도가 73%로 높은 편이어서 대형 화재 예방에 도움이 된다. 이는 사람들의 생명을 보호하고 안전을 도모하는 데 기여할 것으로 예상된다.

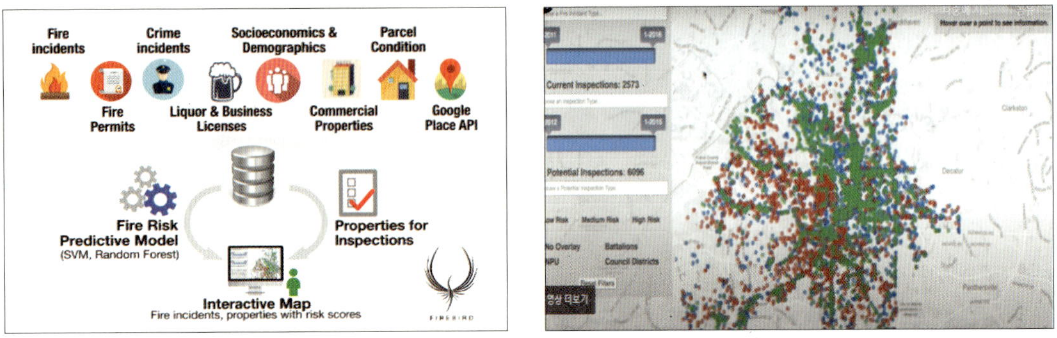


[그림17] Firebird 프레임 작동 원리(출처 : Firebird.gatech.edu)

### ⑨ 항공기 제조 과정 개선을 위한 'Deep Hyper'

미국 DOE 아르곤 국립연구소는 새로운 머신러닝 기반의 확장 가능한 자동화 패키지(DeepHyper)를 개발해, 비행기 부품 제조 과정에서의 시뮬레이션과 실험 횟수를 줄였다. 또한 더 높은 정확도의 모델을 생성해, 부품 제조에 대한 귀중한 정보를 더 적은 시간과 비용으로 제공하고 있다. 이러한 기술은 제조업 전반에 걸쳐 효율성과 경제성을 제공하며, 제품의 품질과 안정성을 높일 수 있다는 점에서 혁신적인 기술이다. 이는 비행기 부품 제조뿐만 아니라 다른 산업 분야에서도 머신러닝 기술의 활용이 기대된다.

### ⑩ '보스턴 311 call'

보스턴에서는 전화와 SNS와 관련된 데이터를 확보해 '보스턴 311 call' 전용 애플리케이션을 통해 민원에 대응하고 정보를 수집한다. 이 과정에서 분석팀을 설립하고 분석사를 기용했으며, IBN 사의 초고성능 인공지능 컴퓨터 Watson의 ANI가 활용된다. 낙서나 도로파손, 쓰레기, 주차 문제 등 간단한 민원을 해결한다.

## (2) 캐나다 공공부문 인공지능 활용사례

### ① 몬트리올 대학병원 전 업무에 AI 도입

퀘벡주 몬트리올 대학병원은 인력 부족 문제를 해결하기 위해 2018년 인공지능 유닛을 설치해 AI를 병원 업무에 도입하고 있다. 의료 데이터 통합·분석 센터와 인공지능 학교를 운영해 의료비 절감과 질병 예방 및 치료 강화를 목표로 하고 있다. AI를 활용해 병원 업무의 효율성과 정확성을 개선하고 의료 인력 부담을 완화해 전반적인 의료 서비스 품질을 향상시키고 있다.

### ② 비자 발급 업무 효율화를 위한 머신러닝 활용

캐나다는 비자 처리 시간이 길어지는 문제와 노동력 부족 문제 해결을 위해 23~25년에 50만 명의 이민자를 받아들이기로 했지만, 이에 따른 행정 부담이 예상된다.

따라서 캐나다는 비자 처리 시간 단축과 효율화를 위해 머신러닝 기반의 비자 신청서 평가 시스템을 도입했다. 이 시스템은 지원자의 체류 자격 여부를 판단하며, 최종 결정은 담당자가 내린다. 이에 따라 대기시간이 줄어들고 정확성이 향상됐으며, 알고리즘의 영향 평가 결과를 공유해 소통을 강화하고 있다.

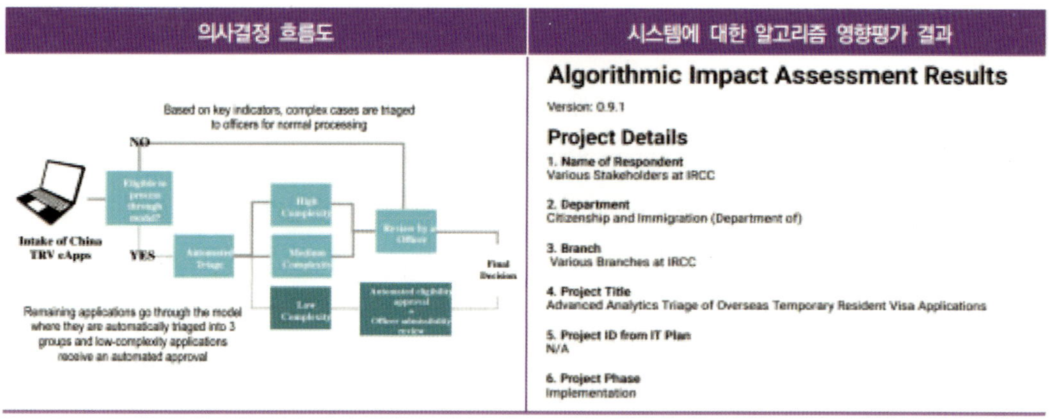


[그림18] IRCC 비자 신청서 평가 시스템(출처 : Govement of Canada)

## (3) 영국 공공부문 인공지능 활용사례

### ① 온라인 학습지원 서비스 'National Tutoring Programme'

코로나19로 인한 취약계층 학생들의 학습 공백 문제에 대응하기 위해 영국 교육부가 보조금을 받는 초·중등 학생들을 대상으로 1:1 온라인 튜터링 서비스를 제공하고 있다. 이 서비스에서는 인간 튜터가 강의를 진행하면서 AI 튜터가 학생의 학업 성취도를 실시간으로 모니터링하고, 최적화된 학습 패턴과 지도 방법을 제공한다. 이를 통해 수학 과목 학습에서는 7개월이 소요되는 학습 내용을 2개월 만에 습득하는 성과를 보인다.

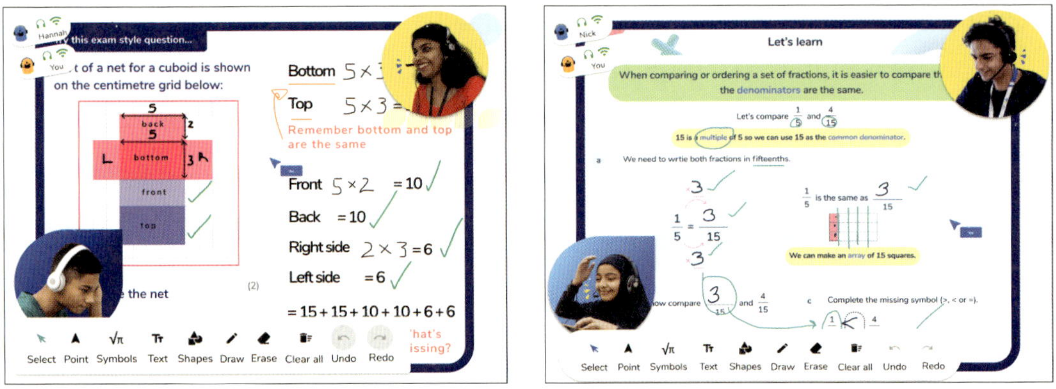


[그림19] 수학 교육 플랫폼 'Third Space Learning'(출처 : thirdspacelearning.com)

### ② 회계 감사 시스템 'MindBridge AI Audito'

영국 회계감사원이 MindBridge의 AI 기반 감사 시스템을 도입해 재무상 비정상적인 패턴을 발견하고 위험도가 높은 거래를 탐지할 수 있다. 또한 회계 데이터의 패턴을 학습해 잠재적인 위험을 식별하고 예측하는 기능을 갖췄다. 이를 통해 기존 감사 방법론의 한계를 극복하고 더욱 정확하고 효율적인 감사 결과를 기대하고 있다.

[그림20] 2022 MindBridge Analytics Inc(출처 : MindBridge.ai)

### (4) 덴마크 공공부문 인공지능 활용사례

플라스틱 재활용을 위한 선별 공장에서는 NIR 기술이 주로 사용되는데, 이 기술은 투명하거나 유색 플라스틱의 식별 정확도는 높다. 그러나 카본 블랙으로 만들어진 플라스틱 물품은 NIR 영역의 모든 빛을 흡수해 식별 정확도가 낮다. 이 문제를 해결하기 위해 덴마크 코펜하겐시는 인공지능 기술을 적용한 플라스틱 분류 서비스를 도입했다.

AI 기반 이미지 인식 분류 로봇을 사용해 다양한 용도의 제품에 대한 재활용 분류를 고도화하고 플라스틱 재활용률을 제고해 탄소 절감에 기여했다. 이러한 노력은 EU의 2025년까지 플라스틱 재활용률 55%, 2030년까지 60%, 플라스틱 재활용률 목표를 달성하는 데에도 큰 역할을 할 것으로 기대하고 있다.

### (5) 핀란드 공공부문 인공지능 활용사례

#### ① 사람(국민) 행복을 최우선으로 하는 '오로라 AI 프로젝트'

핀란드는 AI를 국민이 이용할 수 있는 방식에 초점을 맞춰 추진하며, EU 국가 중 최초로 국가 AI 전략을 발표했다. 인공지능 시범사업으로 주거지 이전, 디지털 역량 강화 및 취업 지원, 이혼가정 자녀 공동양육 지원을 진행했다. 이를 바탕으로 '오로라 AI 프로그램 시행안'을 착수해 공공 서비스에 AI 도입방안을 선제적이고 체계적으로 마련했다.

국가 AI 전략 실행을 위한 11가지 조치사항

ㄱ. AI 활용을 통한 사업 경쟁력 제고
ㄴ. 전문 분야에서 데이터를 효과적으로 활용
ㄷ. AI가 더 빠르고 쉽게 적용될 수 있도록 보장
ㄹ. 최고 수준의 전문지식 함양 및 전문가 유치
ㅁ. 과감한 의사 결정 및 투자
ㅂ. 세계 최고의 공공 서비스 제공
ㅅ. 협업을 위한 새로운 모델 구축
ㅇ. 핀란드를 AI 기술의 선구자로
ㅈ. AI로 인한 일의 본질에 대한 변화에 대비
ㅊ. AI를 신뢰 기반 및 인간 중심적으로 개발

ㅋ. 보안 이슈 및 문제의 대비

핀란드는 오로라 AI 네트워크 API를 개발해 인간중심 서비스 모델을 구축하고, 강화 학습과 데이터를 활용해 필요한 서비스를 식별하고 우선순위를 부여한다. 1조 유로의 예산을 투입해 2023년까지 20여 개의 서비스 구축을 목표로 하고 있다. 그리고 가족 구성원 변화, 취업 기회 확대, 이사 등 생애 이벤트별 서비스 개발과 시범 운용을 진행하고 있다. 이를 통해 국민의 일상에서 발생하는 다양한 상황에 대응해 삶의 질을 향상시키고자 한다.

[그림21] 개인 생애주기 전반의 이벤트를 지원하는 'Aurora' 서비스(출처 : Ministry of Finance)

② International House Helsinki의 챗봇 Into

International House Helsinki의 챗봇 Into는 해외에서 수도권으로 이주한 외국인들을 대상으로 24시간 고객 서비스를 제공한다. 이 서비스는 수도권에서의 생활에 대한 정보와 조언을 제공하며, IHH의 다양한 서비스를 더 빠르게 액세스할 수 있도록 도와준다. 이 서비스는 규칙 기반으로 운영되며, 자주 질문을 자동화해 효율성을 높인다.

③ 사회복지, 건강 관리 및 구조 서비스 : 소테보티 헤스터

Sotebot Hester는 사회 서비스, 의료 및 구조 서비스 부문을 위한 챗봇으로 건강, 출산 및 육아, 노인, 성인 및 청소년을 위한 사회복지 등의 서비스를 제공한다. Hester에는 하나의 챗봇으로 결합한 다양한 지식 데이터베이스가 포함돼 있다.

동일한 답변을 다양한 대화에서 사용할 수 있다. 예를 들어, 산부인과 및 보육 클리닉과 보건소 간에 동일한 질문에 대한 중복 답변을 방지하며, 고객은 Hester Chatbot에서 실시간 채팅으로 이동할 수도 있다.

### ④ 임대아파트 검색 챗봇

임대아파트 검색 챗봇은 헬싱키시 주택 서비스의 24시간 고객 서비스 채널로, 고객 서비스의 접근성과 고객 경험을 개선하고, 셀프서비스의 상호 작용성을 높이는 것을 목표로 한다. 웹사이트에서 정보를 검색하는 것보다 고객의 구체적인 질문에 대한 관련 정보를 더 빠르게 제공하는 서비스다. 이 챗봇은 주택 찾기와 관련된 질문에 대한 답변을 제공하는 서비스로 임대아파트 검색 전문가가 결정한 질문-답변을 기반으로 자주 질문을 자동화해 효율성을 높인다.

[그림22] 헬싱키시 임대아파트(출처 : Helsinki)

### ⑤ 보건소 챗봇

챗봇은 건강 및 질병 관련 조언을 24시간 익명으로 제공하는 디지털 서비스이다. 자연어처리 기반의 인공지능을 사용해 고객이 입력한 검색어를 분석하고, 의도한 서비스 니즈를 파악해 해당 내용을 찾아준다. 이 서비스는 건강 센터의 다른 디지털 서비스와 통합돼 고객 만족을 향상시키고, 서비스 품질과 직원의 상담 업무 향상에도 긍정적인 영향을 미치고 있다.

## (6) 네덜란드 공공부문 인공지능 활용사례

### ① 암스테르담 경제서비스 자동 주차 관제 서비스

암스테르담에서는 인공지능과 카메라를 활용한 주차 단속 시스템을 운영하고 있으며, 번호판 식별과 배경조사를 자동화해 주차 권한을 확인한다. 주차 요금이 지불되지 않으면 인간 검사관이 추가 처리를 위해 사례를 검토한다. 주차 단속원이 현장에서는 상황을 확인해 주차 위반 딱지를 발부한다. 이 시스템은 암스테르담시의 15만 개 이상의 노상 주차 공간에서 활용된다.

[그림23] 인공지능과 카메라를 활용한 주차 단속 시스템을 운영(출처 : Gemeente Amsterdam)

### ② 공공장소에서 물체 감지 키트

공원이나 거리에서 발견된 위험한 교통상황이나 문제를 신고할 수 있는 온라인 신고 시스템이 있다. 이전에는 보고서를 처리하기 위해 적절한 범주를 선택해야 했는데, 잘못된 범주 선택으로 인해 처리 지연이 발생하기도 했다.

그러나 이제는 알고리즘이 '폐기물'이나 '보도'와 같은 키워드를 인식해 자동으로 적절한 범주와 해당 부서를 결정한다. 이를 통해 업무 처리가 더욱 신속하게 이뤄지며, 시민들의 안전과 편의성에 대한 지원도 더욱 강화될 것으로 기대된다.

[그림24] 공공장소에서 물체 감지 키트(출처 : Gemeente Amsterdam)

### ③ 불법 휴일 임대 주택 관리

암스테르담에는 생활 공간이 제한돼 있기 때문에 시민들이 자기 집이나 하우스 보트를 관광객에게 임대하려면 특정 요구사항을 충족해야 한다. 예를 들어, 연간 최대 30박, 한 번에 최대 4명까지 그렇게 할 수 있고 지자체에도 신고해야 한다.

그러나 이러한 조건을 준수하지 않는 사람들이 있어서 지자체는 감시 및 집행부 직원을 통해 조사를 진행한다. 이러한 과정에서 알고리즘이 보고서의 우선순위를 지정해 제한된 집행 능력을 효율적이고 효과적으로 사용할 수 있도록 돕는다.

## (7) 이탈리아 공공부문 인공지능 활용사례

### ① 신속 민원 처리를 위한 AI 기반 이메일 분류 시스템

이탈리아 사회보장국(INPS) 공무원들은 매년 400만 개 이상의 시민 민원 이메일을 직접 분류하고 처리 담당 부처나 기관으로 발송한다.

INPS는 전국 450개 지역 기관에서 연간 400만 개 이상의 이메일을 관리하나, 자동 분류 시스템이 없어 공무원들이 직접 처리해야 한다. 코로나19 이후 민원 메일이 증가하면서 공무원들의 업무 부담이 가중되고 민원 대응 시간이 지연돼 행정의 비효율성이 심화됐다.

이에 따라 이탈리아 사회보장국은 액센추어와 협력해 'AI 기반 이메일 분류 시스템'을 개발했다. 이 시스템은 이메일 내용과 맥락 분석을 자동화해 시민의 요구에 신속하게 응답할 수 있게 했다. BERT 모델 기반의 자연어 처리 솔루션을 사용해 사회 보장 관련 이메일을 분류하고 적절한 직원에게 자동으로 발송한다.

GDPR 정책에 따라 학습된 시스템은 연간 약 160만 건의 메일을 자동으로 분석할 수 있어, 수동 작업 대비 분류 정확도가 40% 향상되고 행정 처리 소요 시간이 감소했다. 이 결과 전국 INPS 기관에서 1만 일 이상의 작업 시간을 절약할 수 있게 됐다.

### ② 공공의료 AI 서비스, R1 - 휴머노이드 로봇

인구 고령화와 만성질환 증가로 인해 재활 서비스 수요가 증가하고 있다. 이를 해결하기 위해 'EU ETAPAS H2020' 프로젝트를 통해 재활치료 보조 로봇 'R1-휴머노이드'를 공공 AI 서비스에 도입하는 것을 추진하고 있다. 이 로봇은 의료진과 환자를 지원하며, 건강 모니터링 기능을 통해 공공 의료 부담을 줄일 수 있다.

또한 이 로봇은 호텔 안내 보조, 패션쇼 모델, 박물관 투어 가이드 등 다양한 분야에서도 활용 가능하다는 것이 특징이다. 이를 통해 로봇 기술의 상용화가 가능하며, 인간과 로봇이 공존하는 사회에서 다양한 분야에서의 협업과 혁신을 이룰 수 있다는 가능성이 열리고 있다. 이러한 로봇 기술의 발전은 의료 서비스뿐만 아니라 다양한 분야에서의 혁신과 발전을 이룰 가능성을 보여준다.

[그림25] 인공지능 간호사 몰리(출처 : sensely.com)

## (8) 중국 공공부문 인공지능 활용사례

### ① 사법 전 과정에 AI 적용

중국에서는 AI 기술을 활용해 사법 분야의 공정성, 투명성, 사법 효율성을 높이기 위한 노력이 이뤄지고 있다. 판사들은 AI를 이용해 참고용 판례를 검색하고 법과 규정을 추천하며, '스마트법원 시스템'을 통해 법적 문서 초안 작성과 평결에서 인적 오류 발견 시 변경 작업을 자동화하고 있다. 또한 중국 검찰청은 자체 AI 도구를 이용해 범죄 기소율을 97% 이상으로 높이는 'AI 검사' 시스템을 개발하고 있다. 이를 통해 중국은 법관들의 업무를 평균 3분의 1로 경감하고, 사회적 비용을 3,000억 위안 이상 절약할 수 있는 효과가 있다.

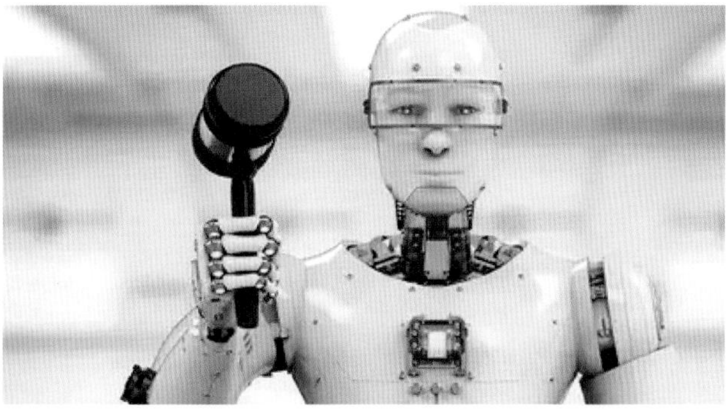

[그림26] 중국, AI 판사와 모바일 법원 시스템을 갖춘 디지털 법원(출처 : TECHGIG)

### ② AI 지진 감축 및 고속 예경보 시스템 'EARTHX(知能地動)'

중국에서는 AI를 활용한 자동 지진 감지 및 예측 소프트웨어인 'EARTHX'를 개발해 중국 지진관리국에서 시범 운영 중이다.

이 소프트웨어는 전문 인력의 수작업 없이 자동으로 1~2초 만에 지진 진앙에 대한 파라미터를 계산해 경보한다. 중국은 이를 통해 빠르고 정확한 지진 예측과 경보 시스템을 구축해 지진으로 인한 피해를 최소화하고 안전한 사회를 구현하는 데 기여하고 있다. 그러나 아직도 전문 인력의 수동 계산과 결합하는 것이 중요하며, 이를 통해 자동 알고리즘의 오류를 방지하고 보다 정확한 지진 감지와 예측을 할 수 있다는 것이다.

(지진예보) (지진속보) (실시간 카탈로그)

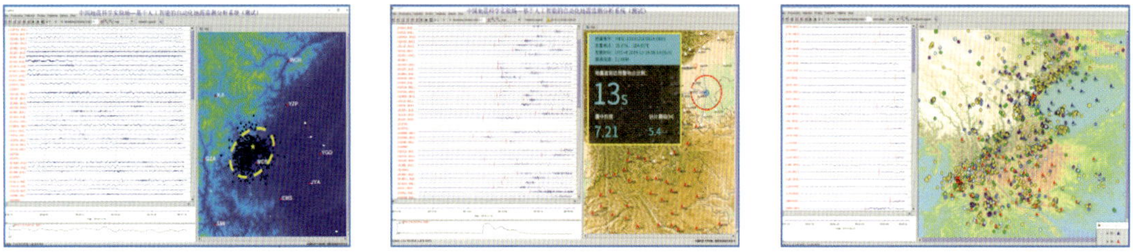

[그림27] EARTHX 시스템에서 지진 모니터링, 조기 경보 및 예측(출처 : earthx.com.cn)

## (9) AI를 활용하는 해외 국가 정부 업무 유형에 따른 설명

| 국가 | AI서비스명 | 행정범위 | 정책부문 | AI 유형 | 주요보조요인 | AI활용목적 | 예상방향 |
|---|---|---|---|---|---|---|---|
| 미국 | 화제 예측분석시스템 'Firebird' | 지방 | 기상/재난안전 | 예측분석, 시뮬레이션, 데이터 시각화 | 건축물 위치정보, 건축물 정보 (규모, 구조, 건축연도) | 행정효율성 제고, 국민편의 제공 | 소방 업무 효율성 제고, 화재 예방에 따른 국민의 생명과 재산 보호 |
| | 화재사고보고시스템 'NFIRS' | 중앙 | 기상/재난안전 | 예측분석, 시뮬레이션 | - | 행정효율성제고, 국민편의 제공 | 소방 업무 효율성 제고, 화재 예방에 따른 국민의 생명과 재산 보호 |
| | 특정 서비스명 부재 (암 영상 검사를 위한 AI 모델) | 중앙 | 보건/의료 | 딥러닝 | - | 행정효율성제고 | 의료진의 시간과 비용 절약 및 의료 판독 정확도 제고 |
| | 특정 서비스명 부재 (납세자를 위한 음성 봇 및 챗봇) | 중앙 | 일반행정 | 자연어 처리 기반 지능형 챗봇 | - | 행정효율성제고, 국민편의제공 | 납세 업무 효율성 제고, 납세자 대기시간 감소 |
| | 항공기 제조 과정 개선을 위한 'DeepHyper' | 중앙 | 산업/고용 | 머신러닝 | - | 행정효율성제고 | 제조과정 비용 및 시간 절약, 안전과 효율성 제고 |
| 캐나다 | 특정 서비스명 부재 (몬트리올 대학병원 전 업무에 AI 도입) | 지방 | 보건/의료 | 머신러닝, 딥러닝, 예측분석, 시뮬레이션, 데이터 시각화 | 의료 데이터구축, AI 학교 운영 | 행정효율성제고, 국민편의 제공 | 의료 인력 업무 부담 및 의료비 완화, 대국민 대상 의료서비스 개선 |
| | 특정 서비스명 부재 (비자 발급 업무 효율화를 위한 머신러닝 활용) | 중앙 | 일반행정 | 머신러닝, 딥러닝 | - | 행정효율성제고 | 비자 처리 소요 시간 절감, 비자 신청서 평가 정확성 향상, 담당자 업무 감소 |

[그림28] AI를 활용하는 해외 국가 정부 업무 유형에 따른 설명 1

(출처 : THE AI REPORT 2023-3 | 2023. 3.20.)

| 국가 | AI서비스명 | 행정범위 | 정책부문 | AI 유형 | 주요보조요인 | AI활용목적 | 예상방향 |
|---|---|---|---|---|---|---|---|
| 영국 | 온라인 학습 지원서비스 'National Tutoring Programme' | 중앙 | 교육/육아 | 머신러닝 | 학습 데이터 | 국민편의 제공 | 취약계층 학생의 학습 격차 해소 |
| | 회계 감사시스템 'MindBridge AIAuditor | 중앙 | 경제/금융 | 머신러닝 | 회계 데이터 | 행정효율성제고 | 감사 효율성 제고 |
| 싱가포르 | 개인 맞춤형 채용정보 플랫폼 'MyCareersFuture' | 중앙 | 산업/고용 | 최적화 | - | 국민편의 제공 | 재직자 재교육, 노동시장 대응가능 |
| | 대중교통 도시철도 시스템 구축 'FASTER' | 중앙 | 교통운송/건설 | 최적화 및 예측 | - | 국민편의 제공 | 출퇴근 교통혼잡 감소, 철도 시스템 위기 대응체계강화 |
| 중국 | 특정 서비스명부재 (사법 전과정에 AI 적용) | 지방 | 일반행정 | 머신러닝, 딥러닝, 자연어 처리, 텍스트 마이닝, 발화분석 | - | 행정효율성제고 | 사법 전 과정에 AI 적극 도입을 통해 법관 업무 경감 및 투명성, 효율성 등 제고 |
| | AI 지진감측 및 고속 예경보 시스템 'EARTHX' | 중앙 | 기상/재난안전 | 머신러닝, 딥러닝 | - | 국민편의 제공 | 지진 피해 감소 |
| 호주 | 산불 확산 예측모델 'SPARK' | 중앙 | 기상/재난안전 | 예측분석, 시뮬레이션, 데이터 시각화 | 날씨 데이터, 지형 데이터 | 행정효율성 제고, 국민편의 제공 | 재난 위기 대응 역량 함양 및 산불 피해 최소화 |
| | 주행 중 휴대전화 사용 적발 카메라 'MPDC' | 지방 | 교통운송/건설 | 머신러닝 알고리즘 | 차량 운전석 이미지 및 영상 데이터 | 행정효율성 제고 | 교통 당국의 행정 효율성 향상, 주행 중 휴대전화 사용으로 발생하는 교통사고 감소 |

[그림29] AI를 활용하는 해외 국가 정부 업무 유형에 따른 설명 2

(출처 : THE AI REPORT 2023-3 | 2023. 3.20.)

| 국가 | AI서비스명 | 행정범위 | 정책부문 | AI 유형 | 주요보조요인 | AI활용목적 | 예상방향 |
|---|---|---|---|---|---|---|---|
| 핀란드 | 국민 행복을 최우선으로 하는 'Aurora AI' 프로그램 | 중앙 | 일반행정 | 챗봇, 추천시스템, 예측분석, 시뮬레이션, 알고리즘식 의사결정, AI주도 정보관리 | 개인 데이터, 행정 데이터, 공공데이터, 서비스 연계 모델, 공통 툴킷 | 국민 편의 제공, 행정효율성 제고 | 국민의 공공서비스 만족도 개선, 행정 프로세스 개선, AI 관련 산업 발전 |
| | 시민 중심의 헬싱키 'AI Register' | 지방 | 일반행정 | 챗봇, 추천시스템 | 행정 데이터, 공공 데이터, 서비스 연계 모델 | 국민 편의 제공, 행정효율성 제고 | 국민의 공공서비스 만족도 개선, 행정 프로세스 개선 |
| 스웨덴 | 스마트 신호등 'Koordinator | 지방 | 교통운송/건설 | 머신러닝 알고리즘, 예측분석 | 실시간 교통 데이터 | 국민편의 제공 | 교통 체증 완화, 환경 보호, 안전 문제 개선 등 긍정적 영향 |
| | 원격의료 서비스 'Kry' | 지방 | 보건/의료 | - | - | 국민편의 제공 | 높은 접근성, 시간 절약, 전염성 질환 확산 방지 등 긍정적 영향 |
| 이탈리아 | 특정 서비스명 부재 (사회보장국(INPS) AI기반 이메일 분류 시스템) | 중앙 | 일반행정 | 자연어 처리, 텍스트 마이닝, 발화분석 | 사회보장데이터, 민감데이터처리·관리, 오픈소스 기술 등 | 행정효율성 제고 | 행정 및 자원 사용 개선 |
| | R1 - 휴머노이드로봇 | 지방 | 보건/의료 | 지능형 로봇, 프로세스 자동화, 커넥티드 카 및 자율 주행자동차 | 5G네트워크, IoT센서, LED 디스플레이 등 | 국민편의 제공 | 의료 부담 절감, 다양한 분야로 적용 가능, 저비용 가정용 휴머노이드 활용 |
| 노르웨이 | 특정 서비스명 부재 (국가학자금 대출 자격확인 업무의 효율성·정확성 향상) | 중앙 | 보건/의료 | 알고리즘식 의사결정 | - | 행정효율성 제고 | 행정 및 자원 사용 개선, 국가 학자금 대출 부정 사용 탐지 |
| | 특정 서비스명 부재 (머신러닝 도입으로 국세청 업무 효율성 향상) | 중앙 | 일반행정 | 전문가 및 규칙기반 시스템, 알고리즘식 의사결정/머신러닝 | 동적 합성 데이터 | 행정효율성 제고 | 행정 및 자원 사용개선 |
| 덴마크 | 특정 서비스명 부재 (인공지능을 활용한 재활용 플라스틱 분류) | 지방 | 에너지/환경 | 이미지 인식 | NIR(근적외선) | 행정효율성 제고 | 행정 및 자원 사용개선, ESG 경영에 적합한 서비스로 탄소 절감에 기여 |

[그림30] AI를 활용하는 해외 국가 정부 업무 유형에 따른 설명 3

(출처 : THE AI REPORT 2023-3 | 2023. 3.20.)

| 국가 | AI서비스명 | 행정범위 | 정책부문 | AI 유형 | 주요보조요인 | AI활용목적 | 예상방향 |
|---|---|---|---|---|---|---|---|
| 네델란드 | 사회복지사업 부정수급 근절 'SyRI' | 중앙 | 일반행정 | 예측 분석, 시뮬레이션, 데이터 시각화 | 데이터 공유, 고품질 데이터, 정치적 리더십 | 행정효율성 제고 | 사회복지 부정수급 방지, 국가 사회복지 증진, 공공 기금 남용 감소 |
|  | 국가 소유토지 토양병해 방지를 위한 'CropMapp' | 중앙 | 농축/수산 | 예측 분석, 데이터 시각화 | 위성 데이터, 토지 데이터 공유, 고품질 데이터, 스타트업과 협력 | 행정효율성 제고 | 국가 소유 토지의 토양품질 관리, AI 관련 에크테그(AgTech) 스타트업 육성 |
| 에스토니아 | 드론 기반 국가 기반시설 모니터링 'uBird' | 중앙 | 교통운송/건설 | 컴퓨터 비전, 머신러닝, 시뮬레이션, 디지털 트윈 | 초목이 반영된 예측 시나리오, 철도 인프라 데이터 공유 | 행정효율성 제고 | 국가 시설물 안전성 강화, 현장 검사관의 안전사고 위험 개선 |
|  | 농업 보조금 지급관리 효율화 'SATIKAS' | 중앙 | 농축/수산 | 컴퓨터 비전, 신원 인식 | 위성 데이터, 목초지 데이터 공유, 자금지원 (유럽지역개발 기금) | 행정효율성 제고 | 행정 및 자원 사용 개선, 보조금 수령을 위한 농부들의 규제 준수 정도 개선 |
| 이스라엘 | 특정 서비스명 부재 (자율주행 대중교통) | 중앙 | 교통/운송 | 자율주행 | - | 국민편의 제공 | 대중교통 운영 인력 부족 해소, 교통혼잡 감소 등 |
|  | 특정 서비스명 부재 (인공지능 적용 국방) | 중앙 | 안보국방 | 자율주행 | - | 국민편의 제공 | 국민 안전 및 국가 갈등관계에서 우위 |
| 스위스 | 철도 건널목 안전성 향상 솔루션 'Scene Analytics' | 도시 | 교통운송/건설 | 컴퓨터 비전, 머신러닝 | 철도 건널목 CCTV 데이터 | 행정효율성 제고 | 철도 사고율 감소 및 방지, 공공 철도부문 행정 프로세스 개선 |

[그림31] AI를 활용하는 해외 국가 정부 업무 유형에 따른 설명 4

(출처 : THE AI REPORT 2023-3 | 2023. 3.20.)

## 5. 인공지능(AI)을 도입할 때는 몇 가지 고려해야 할 사항

첫째, AI 시스템의 설계와 구현에 대한 책임이 누구에게 있는지 명확히 해야 한다.

둘째, AI 시스템이 일반적으로 인간의 판단 능력과 달라서, AI 결정에 대한 책임 문제도 고려해야 한다.

셋째, AI 시스템은 데이터의 품질과 편향성 문제에 대한 고려와 인간의 일자리 대체 가능성에 대한 대응책 마련이 필요하다는 것이 중요한 포인트이다.

AI 기술을 적절히 활용하면 정부 업무의 효율성을 높이고, 시민의 권리와 정보에 대한 접근성을 개선할 수 있다. 그러나 AI 시스템 설계와 구현, AI 결정에 대한 책임 문제, 데이터의 품질과 편향성 문제, 일자리 대체 가능성 등 다양한 문제들을 고려해 적절한 대응책을 마련해야 한다.

### 1) 인공지능과 윤리

인공지능을 둘러싼 많은 윤리적 문제가 있으며 이러한 문제는 AI 기술이 계속 발전함에 따라 점점 더 중요해지고 있다. 가장 일반적인 윤리적 문제는 다음과 같다.

#### (1) 편향 및 차별

AI 시스템이 편향된 데이터로 교육받으면 편향될 수 있으며, 이는 불공정하고 차별적인 결정이나 행동으로 이어질 수 있다. 이는 AI 시스템이 사람들의 삶에 상당한 영향을 미칠 수 있는 형사 사법, 의료 및 고용과 같은 분야에서 특히 우려되는 부분이다.

#### (2) 개인 정보 보호 및 보안

AI 시스템은 많은 양의 개인 데이터를 수집하고 처리할 수 있으므로 개인 정보 보호 및 보안에 대한 우려가 제기된다. 개인 데이터가 책임감 있고 안전한 방식으로 수집, 사용 및 저장되도록 하는 것은 AI 시스템에 대한 신뢰를 유지하는 데 중요하다.

#### (3) 직업 대체

AI 시스템은 현재 인간이 수행하는 많은 작업을 자동화할 수 있으므로 직업 대체 및 실업에 대한 우려가 제기된다. 전환 과정에서 AI의 혜택을 공정하게 공유하고, 실직 근로자를 지원하는 것은 중요한 윤리적 문제다.

#### (4) 책임과 의무

AI 시스템이 발전하면서 누가 책임을 져야 하는지 결정하는 것이 중요해지고 있다. AI 시스템이 책임감 있고 윤리적인 방식으로 설계되고 사용되도록 보장하는 것이 필요하며, 이는 AI 분야에서 윤리적인 고민과 연구가 지속돼야 한다.

### 2) 인공지능(AI)이 사회와 경제에 미치는 영향

인공지능이 사회와 경제에 미치는 영향은 많은 논쟁과 토론의 주제다. 한편으로 AI는 효율성 증가, 의사 결정 개선, 고객 경험 향상과 같은 많은 이점을 가져올 수 있는 잠재력이 있으며, 이는 경제성장과 국민의 삶의 질 향상으로 이어질 수 있다.

한편, AI는 많은 산업을 혼란에 빠뜨리고 실직으로 이어져 사회와 경제에 부정적인 영향을 미칠 수 있는 잠재력도 갖고 있다. AI의 이점을 공정하게 공유하고 부정적인 영향을 최소화하는 것은 중요한 과제다. 궁극적으로 AI가 사회와 경제에 미치는 영향은 기술이 어떻게 개발되고 사용되는지에 달려 있다.

### 3) 인공지능(AI)이 개인의 일상생활에 미치는 영향

AI는 우리의 일상생활에 큰 영향을 미치고 있다. 우리가 이용하는 검색 엔진, 스마트폰 어시스턴트, 음성 인식 기술, 추천 알고리즘 등은 모두 AI 기술의 적용 사례이다. 이를 통해 우리는 보다 효율적이고 편리한 일상을 살아갈 수 있게 됐다.

하지만 이러한 기술이 우리 개인 정보와 프라이버시를 침해할 수도 있으며, AI가 인간 대신 결정을 내릴 때 불안감을 느끼는 일도 있다. 결국 AI가 우리의 일상생활에 미치는 영향은 기술이 사용되는 방식과 우리의 개인적인 선택에 따라 달라질 것이다.

### 4) 인공지능의 한계

인공지능에는 많은 한계가 있으며 이러한 한계는 AI 기반 시스템을 개발하고 사용할 때 고려해야 할 중요한 요소다. AI의 가장 일반적인 제한 사항은 다음과 같다.

#### (1) 데이터 가용성 및 품질

AI 시스템은 훈련을 위해 많은 양의 고품질 데이터가 필요하며, 이 데이터는 항상 사용할 수 있는 것이 아니거나 편향되거나 불완전할 수 있다. 이는 AI 시스템의 정확성과 신뢰성을 제한할 수 있으며 성능 저하 또는 불공정한 결정으로 이어질 수 있다.

#### (2) 설명 가능성 및 해석 가능성

많은 AI 시스템, 특히 딥러닝을 사용하는 시스템은 설명하고 해석하기 어렵기 때문에 어떻게 결정이나 예측에 도달했는지 이해하기 어려울 수 있다. 이러한 투명성 부족은 특히 책임과 신뢰가 중요한 상황에서 AI 시스템을 신뢰하고 사용하기 어렵게 만들 수 있다.

#### (3) 일반화 가능성 및 적응성

AI 시스템은 일반적으로 특정 문제를 해결하거나 특정 작업을 수행하도록 설계됐으며, 다른 작업에 일반화하거나 변화하는 조건에 적응하지 못할 수 있다. 이에 따라 AI 시스템의 유연성과 확장성이 제한될 수 있으며, 새로운 상황을 처리하기 위해 AI 시스템을 재교육하거나 재설계해야 할 수 있다.

### (4) 안전 및 신뢰성

AI 시스템은 예측할 수 없으며 실수하거나 예기치 않거나 바람직하지 않은 조처를 할 수 있다. AI 시스템의 안전과 신뢰성을 보장하는 것은 신중한 설계와 테스트가 필요한 중요한 과제다.

인공지능 분야는 지속적인 연구와 발전으로 인해 한계를 극복하는 노력을 기울이고 있다. 이를 통해 AI 기술의 성능과 효율성이 지속적으로 향상되고 있으며, 더욱 다양한 분야에서의 활용이 가능해지고 있다. 그러나 여전히 발전이 필요한 부분들이 존재하며, 이러한 한계를 극복하기 위해서는 계속해서 연구와 노력이 필요하다.

## 5) 인공지능의 미래

지금까지 먼 미래로 생각했던 인공지능이 눈앞의 현실로 다가왔다. 전문가들의 70%가 2050년이면 인간 수준의 강인공지능이 개발될 것이라 예측하고 있다. 스티븐 호킹이나 일론 머스크 같은 사람들은 인공지능과 로봇이 인류의 멸종을 부를 수 있다고도 주장한다.

인공지능 기술의 발전으로 인해 앞으로 20년 이내에 많은 직업이 자동화될 가능성이 커지며 새로운 산업이 탄생하면서 일자리가 대체되고 있다. 이를 위해 인간은 창의성과 감성적인 부분을 더욱 중요하게 생각하고, 인간만이 할 수 있는 역량을 개발해야 한다. 이러한 노력을 통해 인간과 기술이 함께 발전할 수 있다.

또한 인공지능의 발전은 윤리적인 문제도 제기하고 있다. 인공지능이 결정을 내리는 데 있어서 인간의 편견이 반영될 수 있고, 불공정한 결정을 내릴 수도 있기 때문이다. 이에 대한 대응책으로 인공지능을 만드는 기업들과 개발자들은 인공지능의 편향성을 줄이기 위한 노력을 해야 하며, 인공지능을 사용하는 사람들은 항상 그 결정의 근거와 과정을 확인하고, 인공지능의 결정이 공정하게 이뤄지도록 감시할 필요가 있다.

# Epilogue

## 인공지능의 미래와 사회적 책임

이 글에서는 인공지능이란 무엇인지, 인공지능 기술이 우리의 일상에서 어떻게 활용되고, 어떤 목적으로 발전하는지를 살펴보면서, 이러한 기술이 우리의 삶과 사회에 기여할 수 있는 많은 잠재력을 발견했다.

하지만, 이러한 기술이 일으킬 수 있는 부작용과 윤리적 문제에 대해서도 다시 한번 생각해 보게 됐다. 인공지능은 인간의 지능을 모방해 문제 해결과 학습 능력을 갖춘 시스템으로 다양한 분야에서 혁신과 발전을 가져오고 있다.

또한 인공지능 기술은 의료 서비스 개선, 행정 업무의 효율화, 교육의 개인화 등 다양한 분야에서 긍정적인 영향을 미치며 삶의 질 향상에 기여하고 있다. 이러한 기술 발전은 많은 기회와 동시에 윤리적 문제를 수반하며, 이를 해결하기 위한 노력이 요구된다.

앞으로 인공지능 기술은 공공부문뿐만 아니라 사회 전반에 걸쳐 우리 삶의 질을 높이는 데 기여할 것으로 기대되지만, 동시에 사회적 책임과 윤리적 이슈에 대한 고려가 필요하다는 것을 인지해야 한다. 기술 발전은 끊임없이 이뤄지고 있으며 인공지능 기술 또한 놀랄 만큼 빠르고 혁신적이다.

인공지능 기술이 지속 가능한 발전을 추구하고 적절한 방식으로 활용될 수 있도록 기술 발전과 사회적 책임 사이의 균형을 찾아 나가는 것이 중요한 과제다. 이러한 고민과 노력이 인공지능 기술 발전과 함께 더 나은 미래를 만드는 데 큰 역할을 할 것이라고 기대해 본다.

## [참고문헌]


- scsp.ai
- https://www.etnews.com
- public sector
- https://firebird.gatech.edu/
- public-pattam
- https://www.ibm.com
- https://www.msit.go.kr/index.do
- https://soopsci.com
- https://openaimaster.com
- http://www-formal.stanford.edu/jmc
- eu (2022), ai watch european landscape on the use of artificial intelligence by the
- https://www.europarl.europa.eu/thinktank/en/document/EPRS_STU(2020)641507.
- https://www.linkedin.com/pulse/rise-intelligent-government-how-ai-revolutionizing-
- https://ai.hel.fi/en/parking-chatbot/
- https://algoritmeregister.amsterdam.nl/en/reporting-issues-in-public-space/
- https://www.simplilearn.com/deep-learning
- https://moodle.com/community
- https://jglobal.jst.go.jp/detail?JGLOBAL_ID=202202235787373581
- https://www.gartner.com/en/documents/3887767
- THE AI REPORT 2023-3 | 2023. 3.20.
- https://www.youtube.com/watch?v=O5xeyoRL95U(Deep
- https://www.youtube.com/watch?v=71zKWjmJDiA
- https://content.techgig.com/technology
- https://www.earthx.com.cn/
- https://thirdspacelearning.com/
- https://www.mindbridge.ai/

- https://www.canada.ca/en.html
- https://swinetechnologies.com/
- https://ambiq.com/blog/how-ai-is-reinventing-animal-husbandry/
- https://www.reeldata.ai/reelAppetite/
- https://www.beewise.ag/
- https://swinetechnologies.com/smartguard/
- https://www.electronicsforu.com/technology-trends/tech-focus/ai-aviation-fly-without-human-pilot
- https://blog.naver.com/free28ho/222866890282
- https://www.korea.kr/special/policyCurationView.do?newsId=148868542
- https://www.analyticsvidhya.com/blog/2021/07/ai-vs-ml-vs-dl-lets-understand-the-difference/

Chapter

03

# 챗GPT를 이용한 사업계획서 가이드

원수희

Chapter

# 03

# 챗GPT를 이용한 사업계획서 가이드

## Prologue

'사업(事業)'이라 함은 어떤 일을 일정한 목적과 계획을 갖고 지속적으로 경영함이라는 의미를 갖는다. 어떤 일을 일정한 목적과 계획을 갖고 지속적으로 경영함은 곧 사람의 일생에 있어 삶의 목적을 부여함에 비유할 수 있다고 한다면, 사업은 사업 그 자체가 갖는 목적에 영혼이 탑재된 것이라 해도 된다.

삶의 주체인 사람은 기본적으로 생존의 법칙과 번식의 법칙에 의해 사회활동을 하며 사업 또 한 이 활동이 상존하며 그에 따른 생명력과 영양분이 그 사업이 취해야 할 목적이 된다.

그래서 '사업계획서'는 기업의 핵심 전략과 비즈니스 목표를 명확하게 전달하기 위한 핵심 문서이다. 그러나 종종 사업계획서 작성은 시간이 많이 소요되고 복잡한 과정으로 인식되곤 한다. 이러한 과정을 개선하고, 사업계획서 작성의 효율성을 높이는 방법으로 인공지능 기술인 챗GPT를 활용한 작성법이 주목받고 있다.

과거 인공지능은 대부분 단순한 작업에 한정돼 사용했으나, 인공지능 기술이 지속적으로 발전하면서 새로운 경우의 수에 대한 규칙을 정의하지 않아도 문제를 해결하고 대화가 가능한 기술인 '자연어 처리 모델'이 등장하게 됐다.

그중에서도 챗GPT는 인간이 언어를 사용하듯이 대화하며 문장을 생성할 수 있는 특징이 있다. 이러한 발전 덕분에 챗GPT를 이용한 사업계획서 작성은 기존 방식보다 훨씬 더 빠르게, 효과적으로 이뤄질 수 있다. 특히 사업계획서와 사업보고서 작성과 같은 분야에서 챗GPT를 활용하면 그 효율성이 극대화 될 것이다.

또한 챗GPT를 활용한 문서 작성은 컴퓨터 사용이 어려운 분들도 쉽게 사용할 수 있는 장점이 있다. 이제는 복잡한 단축키나 문서 편집 프로그램을 배우지 않아도, 대화식으로 문장을 생성하고 고치며 필요한 문서를 작성할 수 있게 됐다.

본문 내용은 어느 누구라도 쉽게 적용할 수 있는 챗GPT 기반의 문서 작성 가이드를 제공하며, 챗GPT를 활용해 더욱 쉽게 문서를 작성하는 방법을 소개하고자 한다.

'뤼튼'은 이러한 챗GPT를 기반으로 한 문서 작성 보조 서비스로, 사용자의 질문에 대한 적절한 답변을 제공하며, 원하는 문장 및 문서 작성을 도와준다. 이를 통해 사업계획서 작성을 단 시간 내 보다 정확하게 완성할 수 있다.

본문 내용에서는 챗GPT와 사업계획서 작성의 필요성, 뤼튼 소개 및 활용 방법, 챗GPT를 활용한 사업계획서 작성 가이드 등에 대해 설명하고자 한다. 또한 이를 바탕으로 진행할 수 있는 문서 작성 가이드를 제시하고자 한다. 챗GPT를 활용한 문서 작성의 한계와 미래 전망에 대해서도 알아보겠다.

이를 통해 지금까지 경험해보지 못한 챗GPT를 활용한 사업계획서 작성 방식을 이해하고, 이 기술을 적극적으로 활용함으로써 사업계획서 작성의 효율성을 높이는 방법을 배워볼 수 있다.

## 1. 사업계획서 작성

사업계획서 작성의 필요성은 사업의 지속가능한 경영을 할 수 있게 하는 토대로 건축에 비유하면 설계 도면과 같은 것이고 각 공정별로 투입될 건축 기술과 자재가 있듯이 사업계획서 역시 각 단계별로 수행할 역할의 계획이 필요하다.

### 1) 사업계획서 작성 전 준비 단계

#### (1) 사업계획서 구상하기

① **사업계획서 구성하기** : 담고자 하는 정보와 데이터를 모으고 항목별로 분류 및 체계를 만든다.

② **기업 소개하기** : 기업이 영위하는 사업과 우리 제품이나 서비스에 대한 시장의 니즈를 설명한다.

③ **시장 분석하기** : 사업을 운영하고 있는 시장을 살펴보고 그에 대한 지식을 보여주기 위한 부분이다.

#### (2) 목표 설정 및 전략 계획

사업계획서는 기업의 비전, 목표 및 단기·장기 전략을 구체적으로 설정하고 표현하는 수단이다. 이를 통해 사업의 방향성을 명확하게 설정할 수 있으며, 향후 사업 확장 및 성장 방향에 대한 가이드라인을 마련할 수 있다.

#### (3) 자원 관리 및 효율적 운영

사업계획서는 기업의 인적·물적·금전적 자원을 효과적으로 배분하고 조직 내 원활한 운영을 도모하는 역할을 한다. 이를 통해 기업의 경쟁력을 높이고 비용과 시간을 절약할 수 있다.

#### (4) 투자자 및 파트너 유치

사업계획서는 외부 투자자나 파트너들에게 기업의 잠재력과 가능성을 보여주는 매우 중요한 도구이다. 명확하고 체계적인 사업계획서는 투자자와의 협상을 원활하게 진행할 수 있도록 도움을 준다.

### (5) 시장분석 및 경쟁 업체 대비 전략 수립

사업계획서에는 시장 상황분석, 고객 요구 파악, 경쟁 업체 조사 등에 관한 정보를 포함한다. 이를 통해 시장 트렌드를 파악하며 경쟁사 대비 차별화된 전략을 세울 수 있다.

### (6) 팀워크 및 내부 소통 강화

사업계획서는 기업 내 많은 부서와 직원들의 협력을 필요로 하는 프로젝트이다. 이 과정에서 서로 다른 부서와 직원들이 소통하며 경영진의 목표와 방향을 이해할 수 있고, 이에 따라 기업 전체의 성과를 높일 수 있다.

### (7) 위기 대비 및 리스크관리

사업계획서는 과정 뿐만 아니라 결과에 따른 잠재적인 위험 요소와 그에 대비한 대응 전략을 제시해야 한다. 이를 통해 기업은 위기 상황이 발생했을 때 즉각적인 대응이 가능하고 안정적으로 운영할 수 있다. 따라서 사업계획서 작성은 기업에 있어 아주 중요한 절차이며, 이를 통해 기업의 성장과 안정, 시장 경쟁력 향상 등 많은 이점을 누릴 수 있다.

[그림1] 사업계획서 작성 방법(출처 : 비즈니스 모델분석과 컨설팅)

## 2) 사업공식

'사업공식'이란 사업을 진행하는데 필요한 계획과 방법을 의미한다. 이를 위해서는 사업의 '목적'과 '목표'를 설정하고, 이를 달성하기 위한 '전략'과 '실행 계획'을 수립해야 한다. 또한 사업의 성과를 평가하고 개선하기 위한 '기준'과 '방법'을 마련해야 한다. 이러한 과정에서는 다양한 공식이 사용될 수 있다.

사업공식은 '기획-가치제안-비즈니스 사업 모델-비즈니스 사업 전략-사업 추정'의 단계를 거친다.

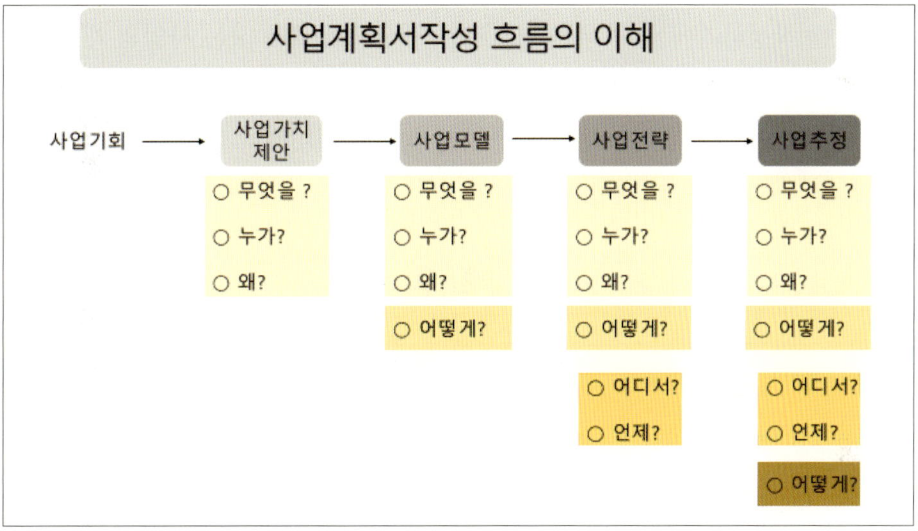


[그림2] 사업계획서 작성의 이해(출처 : 비즈니스 모델분석과 컨설팅)

### 3) 사업계획서 구성항목

사업계획서는 사업을 시작하고 운영하기 위한 상세한 로드맵이며, 비즈니스 목표와 이를 달성하기 위한 계획을 간략하게 설명한다. 일반적인 구성항목으로는 사업의 목적, 방향, 개요, 제품·상품·서비스에 대한 설명, 시장 현황 및 전망, 사업장계획, 시설투자계획, 조직 및 인원 계획, 원자재 조달계획, 생산계획, 판매계획, 마케팅 전략 및 방법, 소요자금 및 조달계획, 차입금의 상환계획 등이 있다.

### 4) 사업계획서 작성하기

#### (1) 목적에 맞는 작성 준비하기

사업계획서를 작성하기에 앞서 우선 적으로는 자신이 하고자 하는 사업의 개념에 대한 충분한 이해가 필요하다. 일반현황 및 사업의 가치, 시장, 기술과 제품 그리고 필요한 조직 구조, 재무 등 구체적인 계획과 예상되는 여러 가지 경우에 대비해야 한다.

**사업계획 항목표**

<table>
<tr><td rowspan="5">일반현황</td><td rowspan="3">기업현황</td><td>기업의 형식</td><td>설립일, 소재지, 연락처</td></tr>
<tr><td>기업의 내용</td><td>종업원수, 생산제품, 매출실적, 자본금</td></tr>
<tr><td>연혁</td><td></td></tr>
<tr><td rowspan="2">주주구성</td><td>지분율</td><td></td></tr>
<tr><td>관계</td><td></td></tr>
<tr><td>사람</td><td colspan="3">창업동기, 인력구성, 주요경력</td></tr>
<tr><td>기술과 제품</td><td colspan="3">- 기술동향<br>- 핵심기술과 차별화 요소<br>- 산업재산권<br>- 기술개발전략</td></tr>
<tr><td rowspan="2">시장</td><td>시장분석</td><td colspan="2">시장동향, 경쟁구조, 목표시장, 시장규모</td></tr>
<tr><td>마케팅전략</td><td colspan="2">4P(제품, 가격, 유통, 판촉)</td></tr>
<tr><td rowspan="4">재무</td><td>매출추정</td><td colspan="2">원가 및 이익분석</td></tr>
<tr><td>자금운용계획</td><td colspan="2">시설투자계획, 인력계획, 차입금계획, 유 무상증자계획</td></tr>
<tr><td>추정재무제표</td><td colspan="2">추정 손익계산서, 추정 대차대조표, 추정 현금흐름표</td></tr>
<tr><td>기업가치</td><td colspan="2"></td></tr>
</table>

[그림3] 사업계획 항목표(출처 : 비즈니스 모델분석과 컨설팅)

## (2) 사업계획서의 구조 이해

사업계획서에는 공통 적으로 사업 목표, 비즈니스 모델, 시장 현황 등이 포함된다. 또한 아래의 표에서 볼 수 있는 바와 같이 창업자와 투자자라는 두 가지 큰 틀에서 고려해야 하는 여러 가지 사항들이 존재한다.

창업자 입장에서는 기술, 고객, 제품, 시장성, BM, 전략, 재무 등을 고려해야 하며, 투자자 입장에서는 시장기회, 제품, 독특성, BM, 실행력(전략), 재무, 위험요인을 고려한 사업계획을 수립해야 한다.

[그림4] 사업계획서 구조 이해(출처 : 비즈니스 모델분석과 컨설팅)

## (3) 개요 작성하기

사업의 목적, 범위, 목표, 비전 등을 간략하게 소개한다.

### (4) 구체적인 방안 마련하기

구체적인 사업계획서 방안은 고객/시장, 제품/서비스, BM/구축, 기술/제품/기타 독특성, 전략 수립, 추정 재무/손익 분기점, 리스크관리, 기업의 요청사항, 기타의 순으로 내용 구성 및 방안을 마련해 나간다.

이 과정에서 먼저 시장분석은 사업을 추진하려는 시장의 규모, 성장성, 경쟁 상황, 고객 특성 등을 조사하고 분석한다. 전략 수립 단계에서는 사업의 핵심 가치 proposition, 차별화 요소, 수익 모델, 마케팅 전략, 운영 전략 등을 구체적으로 설명한다.

또한 팀구성도 중요하기 때문에 사업을 수행할 팀원의 역할, 역량, 경력 등을 소개하고, 필요한 인력이나 파트너를 계획한다.

이외 재무구성은 사업의 수익과 비용, 자금 조달 및 사용 계획, 손익 분기점 등을 예상하고 산출한다.

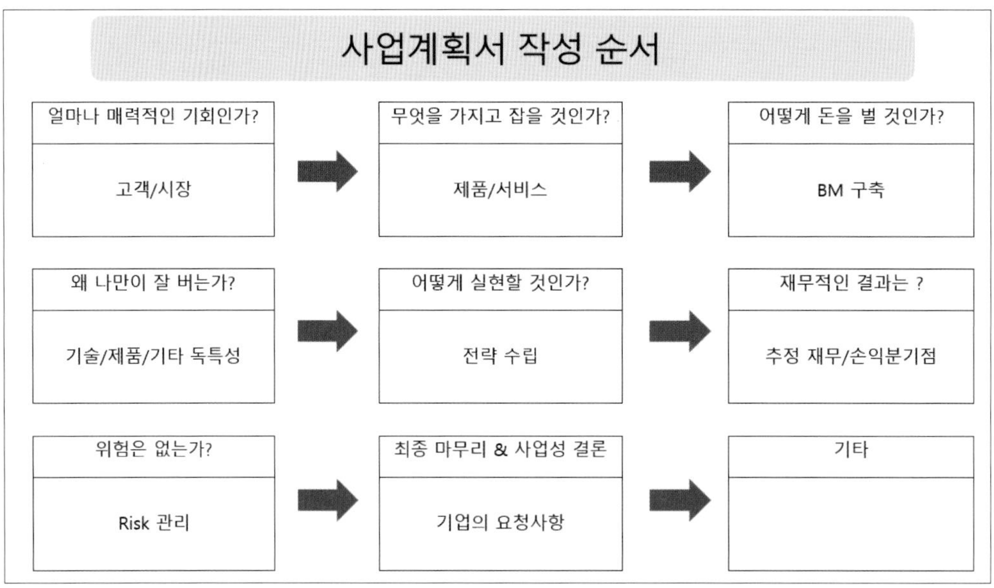


[그림5] 사업계획서 작성 순서(출처 : 비즈니스 모델분석과 컨설팅)

## 5) 사업계획서 형식

사업계획서는 워드나 파워포인트와 같은 문서 형식으로 작성할 수 있으며, 디자인이나 구성은 사업의 특성과 제출 대상에 따라 달라질 수 있다. 인터넷에서는 다양한 사업계획서 양식과 샘플을 찾아볼 수 있다.

예를 들어

- 네이버 블로그에서는 사업계획서 작성 방법과 실제 예시를 포함한 PPT 샘플을 제공한다.
- 무료 사업계획서 서식 자료실에서는 업종별로 다양한 사업계획서 양식을 다운로드할 수 있다.
- 네이버 블로그에서는 2020년 업종별 신년도 사업계획서 양식 모음을 소개한다. 사업계획서를 작성할 때는 자신의 사업에 대해 가장 잘 이해하고 있는 자신이 작성하는 것이 좋으며, 구체적이고 실현 가능한 내용을 담아야 한다. 또한 사업계획서는 자주 업데이트돼야 하므로 변화하는 시장 환경과 고객 요구에 맞게 수정하고 보완해야 한다.

## 6) 사업계획서 작성을 위한 데이터 수집 및 가공

사업계획서 작성을 위해 필요한 데이터를 수집하고 가공하는 과정은 다음과 같은 단계로 이뤄질 수 있다.

### (1) 주제 파악

사업의 목적과 큰 틀을 파악하고, 필요한 정보의 종류와 범위를 결정한다.

### (2) 데이터 수집 도구 선택

필요한 데이터를 수집할 수 있는 적절한 도구를 선택한다. 이는 인터넷 검색 엔진, 데이터베이스, 산업 보고서, 정부 통계 등 다양한 도구를 활용해 찾을 수 있다.

### (3) 데이터 수집

선택한 도구를 통해 수집한 데이터를 기록하고, 관련된 정보를 따로 정리한다. 이때 데이터의 출처와 업데이트 일자를 함께 기록해두면 보다 정확한 정보를 수집할 수 있다.

### (4) 데이터 가공

기록한 데이터를 분석이 가능한 형태로 가공한다. 이는 엑셀 등의 스프레드시트 소프트웨어를 사용해 데이터를 정제하고 분류하는 과정으로, 필요한 데이터를 추출해 시각화하면 보다 쉽게 이해할 수 있다.

### (5) 데이터 분석

가공된 데이터를 이용해 예측 모델, 시장 동향 분석 등을 수행하고, 이를 바탕으로 사업전략을 수립한다.

위와 같은 단계를 거쳐 데이터를 수집·가공하면 보다 효율적이고 믿을 수 있는 사업계획서를 완성할 수 있다. 데이터 수집과 가공 단계에서 품질을 높이기 위해 각 단계를 철저히 수행하고, 분석 결과를 검증하는 과정을 진행하는 것이 중요하다.

## 2. 사업계획서 작성 시 유의 사항

사업계획서가 누구를 위해 쓰는지 염두에 둬야 하며, 과정이 합리적이고 적당해야 하고 객관성이 결여돼서는 안 된다. 사업계획서는 위기 대응(risk) 방안이 있어야 하며, 투자가 단행된 이후의 계획이 있어야 한다. 그리고 평가 기준이 있는지 확인하고 이에 맞추며 계획 사업의 핵심 내용을 강조해 부각해야 한다. 제품 및 기술성 분석에 관한 내용은 전문적인 용어의 사용을 피하고, 단순하고 보편적인 내용으로 구성한다.

좋은 사업계획서를 작성하기 위해서는 많은 요소가 필요하다. 시장과 사업에 대한 인사이트가 있어야 하고 목표 중심적이며 설득력이 있어야 한다. 또한 객관적이고 논리적이며 문서 전체가 일관성이 있어야 한다.

**사업계획서 작성 시 유의점**

○ 사업계획서가 누구를 위해 쓰여지는지를 염두에 둔다.

○ 사업계획서의 가정이 합리적이고 적당해야 한다.

○ 사업계획서는 위기대응(Risk 관리) 방안이 담겨있어야 한다.

○ 사업계획서는 투자가 단행된 이후의 계획이 있어야 한다.

○ 평가기준이 있는지 확인하고 이에 맞춘다.

간과되기 쉬운 부분

▶시장분석 ▶재무자료의 계량화 ▶ 수익모델

[그림6] 사업계획서 작성 시 유의점(출처 : 비즈니스 모델분석과 컨설팅)

## 3. 잘 작성된 사업계획서 특징

사업계획서는 그 자체로 생명력이 있고 명확하며 객관성을 지닌다. 사업계획서는 문외한도 이해할 수 있을 정도로 쉬워야 하며, 일관된 필체로 작성해야 한다. 사업계획서는 여러분의 명함과도 같다.

**잘 작성된 사업계획서 특징**

○ 사업계획서는 그 자체로 생명력이 있어야 한다.

○ 사업계획서는 명확해야 한다.

○ 사업계획서는 객관성을 지녀야 한다.

○ 사업계획서는 문외한도 이해할 수 있을 정도로 쉬워야 한다.

○ 사업계획서는 일관된 필체로 작성되어야 한다.

○ 사업계획서는 여러분의 명함이다.

[그림7] 잘 작성된 사업계획서의 특징(출처 : 비즈니스 모델 분석과 컨설팅)

## 4. 왜 챗GPT를 활용한 사업계획서와 사업보고서를 써야 하는가?

### 1) 챗GPT를 활용할 때 어떤 이점이 있는가?

챗GPT(Generative Pre-trained Transformer) 기반의 인공지능을 활용해 사업계획서를 작성할 때 얻을 수 있는 주요 이점은 다음과 같다.

#### (1) 시간 절약

챗GPT를 활용한 사업계획서 작성은 기존 수동 방식에 비해 빠른 속도로 초안을 생성할 수 있다. 이를 통해 시간을 절약하고 다른 중요한 업무에 집중할 수 있다.

#### (2) 효율적인 문서 작성

인공지능이 제공하는 텍스트 생성 기능을 활용하면, 문서 작성 과정에서 발생하는 일정한 패턴의 반복 작업을 자동화할 수 있다. 이로 인한 작성자의 작업 효율이 크게 향상된다.

#### (3) 풍부한 데이터 활용

챗GPT 모델은 대량의 데이터를 기반으로 학습돼 있어 다양한 도메인에 대한 지식을 활용한 문장 생성이 가능하다. 따라서 사업계획서 작성 시 필요한 정보를 자동으로 찾아주며, 다양한 예시와 사례를 제공할 수 있다.

#### (4) 일관된 톤과 맥락 유지

인공지능이 문장을 생성하면서 일관된 톤과 맥락을 유지해준다. 이로 인한 사업계획서가 전문적이고 일관된 구조로 작성되며, 독자에게 명확한 메시지를 전달할 수 있다.

#### (5) 기존 사례를 활용한 아이디어 제공

챗GPT는 기존의 다양한 사업계획서 사례를 학습하고 이를 바탕으로 새로운 아이디어를 제안할 수 있다. 이를 통해 사업계획서 작성 과정에서 창의적인 아이디어를 쉽게 도출할 수 있다.

### (6) 언제 어디서나 작성 가능

인공지능 기반의 문서 작성 솔루션은 클라우드 기반으로 언제, 어디서나 접속할 수 있다. 따라서 다양한 위치에서 업무를 진행하며 사업계획서 작성에 참여할 수 있다.

하지만, 챗GPT를 활용한 사업계획서 작성에도 일부 한계가 존재한다. 이로 인한 인공지능이 작성한 문서의 내용을 확인하고 수정해야 하는 작업이 필요하며, 특히 중요한 내용에 대해서는 신중하게 검토해야 한다.

그런데도 챗GPT를 사용하면 전체 작성 시간과 수고를 크게 줄이면서도 전문적인 사업계획서를 작성할 수 있다는 장점이 있다.

## 2) 챗GPT를 활용한 사업계획서 작성 방법

챗GPT를 활용한 사업계획서 작성에는 다음과 같은 대략적인 절차가 있다.

### (1) 주제 선정

적절한 주제를 정하는 것이 필요하다. 이는 회사의 사업 내용, 목적, 타깃 고객 등을 고려해 선정해야 한다.

### (2) 대화 문장 생성

대화 문장 생성 과정에서는 챗GPT를 이용해 대화를 회상해가며 토론 내용, 제품, 쇼핑, 고객 상담 등의 주제에 관한 문장을 생성한다.

### (3) 문장 정리 및 줄임

생성된 문장을 적절히 정리하고 필요하다면 줄여야 한다. 이를 통해 더욱 명확하고 객관적인 내용으로 구성된 자연스러운 대화가 가능하다.

### (4) 구조화

제작된 대화 문장들을 구조화해 사업계획서 양식에 맞게 정리한다. 이때 회사의 목적에 맞게 대화의 주제 순서 등을 조정해야 한다.

### (5) 수정 및 보완

사업계획서를 작성하는 동안 수정 및 보완이 필요하다. 이는 보통 비즈니스 모델, 수익 모델, 경쟁 분석 등이 포함된다.

### (6) 검토 및 마무리

사업계획서 작성이 완료된 후, 다른 직원들이 검토하고 의견을 제시해야 한다. 이를 통해 논리적이고 믿을 수 있는 실행 계획을 구성할 수 있다.

위와 같은 절차를 거쳐 챗GPT를 활용한 사업계획서를 구성할 수 있다. 이를 통해 효율적이고 효과적인 사업전략을 수립하고, 경쟁력을 강화할 수 있다.

## 3) 챗봇을 활용한 자료수집 및 가공

'GPT(Generative Pre-trained Transformer)'를 이용한 챗봇은 인공지능 기반의 텍스트 생성과 수정에 활용된다. 사업계획서를 작성할 때 챗봇을 활용해 데이터를 얻고, 이를 수집 및 가공하는 방안은 다음과 같다.

### (1) 시장 조사 및 경쟁 분석 데이터 얻기

챗봇에게 특정 업종이나 시장에 관한 정보를 요청해 시장 조사 및 경쟁 분석과 관련된 데이터를 얻을 수 있다. 이를 통해 창업 아이디어의 실행 가능성, 주요 경쟁 요소, 시장의 트렌드 등을 파악할 수 있다.

### (2) 제품·서비스 정보 수집

제품이나 서비스에 관한 정보를 요청해 챗봇을 활용해 필요한 정보를 수집한다. 이를 통해 사업계획서에서 언급될 제품/서비스의 특징, 장점, 차별성 등에 대한 명확한 기준을 설정할 수 있다.

### (3) 마케팅 전략 개발

챗봇에게 마케팅 전략과 관련된 정보를 요청해, 이를 구체화할 방안을 검토한다. 예를 들어 타겟 고객층, 적절한 광고 채널, 예산 분배 등을 효과적으로 계획할 수 있다.

### (4) 데이터 가공 및 분석

챗봇으로부터 받은 정보를 전문가의 도움을 받거나 스스로 분석을 통해 가공한다. 이렇게 가공된 데이터를 사업계획서의 각 섹션에 맞춰 정리하고 결론을 도출할 수 있다.

### (5) 문서 작성 및 수정

챗봇에게 작성된 사업계획서 초안의 일부 대목이나 문구를 작성·수정하도록 요청할 수 있다. 이렇게 작성된 결과물을 확인한 후 추가적인 가공이나 수정 요청을 전달할 수 있다.

### (6) 최종 사업계획서 검토

최종적으로 완성된 사업계획서를 검토하고, 수정이 필요한 부분이 있으면 챗봇에게 수정 요청한다. 이 과정은 여러 번의 반복을 통해 최적화된 결과물을 도출할 수 있다.

GPT 기반 챗봇의 활용은 데이터 수집 및 가공, 제품·서비스 정보, 마케팅 전략 등 사업계획서 작성에 요구되는 여러 분야에서 도움을 줄 수 있다. 이를 효과적으로 활용해 고품질의 사업계획서를 작성할 수 있다.

## 5. 빙 챗을 활용한 사업계획서 모델 수립

다음은 실제로 빙 챗을 활용한 사업계획서를 작성하기 위한 다양한 질문과 답변을 옮겨놓은 것이다. 이처럼 빙 챗을 활용한다면 아무리 내가 사업계획서 작성에 자신이 있다고 해도 방대한 데이터를 베이스로 한 빙 챗의 역량을 넘어서기는 어려울 듯싶다.

빙챗에게 사업계획서에 필요한 목차 요청과 목차에 따른 재질문의 답변을 정리하면 다음과 같다. 목차를 살펴보면 필자가 앞선 본문에 설명해 놓은 부분과도 겹치는 부분도 있고 새롭게 제안해 준 부분도 있다. 이를 잘 융합해 완성도 높은 사업계획서를 작성해 보기를 바란다.

다음은 빙챗에게 사업계획서 목차구성 및 그에 따른 항목에 대한 설명을 요청한 예시이다.

사용자 : 사업계획서 작성 목차를 계층 표로 만들어 주세요.

빙 챗 : 사업계획서 작성 목차를 계층 표로 만드는 방법에 대해 알려드리겠습니다. 사업계획서 목차는 사업계획서의 구성요소를 나열한 것으로, 일반적으로 다음과 같은 구성요소로 이루어집니다. 123:

1. 서론
2. 기업 개요
   1. 기업 개요
   2. 비전 및 미션
   3. 핵심 가치
   4. 조직도 및 인력 현황
3. 시장분석 및 경쟁 분석
   1. 시장분석
   2. 경쟁 분석
4. 제품 및 서비스 소개
   1. 제품 및 서비스 개요
   2. 제품 및 서비스 특징
   3. 제품 및 서비스 구성도
5. 마케팅 전략 및 판매계획
   1. 마케팅 전략
   2. 판매계획
6. 생산 및 공급 계획
7. 조직 및 인력 계획
8. 재무 계획

위와 같은 구성요소를 참고하시면서 작성하시면 됩니다.

## 1) 서 론

사용자 : 위 사업계획서에서 서론을 작성해 주세요.

빙 챗 : 사업계획서의 서론은 사업계획서의 전반적인 내용을 소개하는 부분입니다. 일반적으로 다음과 같은 내용이 포함됩니다:

1. 사업 개요
2. 사업목적 및 목표
3. 사업의 필요성 및 배경
4. 사업의 범위 및 계획

따라서, 위와 같은 내용을 참고하여 서론을 작성하시면 됩니다.

## 2) 핵심 가치

사용자 : 사업계획서에서 핵심 가치는 무엇을 의미하는지 자세히 설명하라

빙 챗 : 사업계획서의 핵심 가치는 기업이 추구하는 가치관을 나타내는 부분입니다. 일반적으로 다음과 같은 내용이 포함됩니다:

1. 고객 만족
2. 창의성과 혁신
3. 직원 만족
4. 사회적 책임

따라서, 위와 같은 내용을 참고하여 핵심 가치를 작성하시면 됩니다.

## 3) 시장분석

사용자 : 위 사업계획서에서 시장분석은 무엇이며 어떻게 하는지 방법론을 알려주라

빙 챗 : 사업계획서의 시장분석은 해당 기업이 속한 시장의 규모와 성장성, 시장 세분화, 경쟁업체 분석 등을 포함하는 부분입니다. 시장분석을 위해서는 1차 및 2차 출처를 모두 포함

하는 확실한 조사가 필요합니다. 1.

시장분석을 위한 방법론으로는 다음과 같은 것들이 있습니다. 2:

SWOT 분석
PEST 분석
경쟁업체 분석
고객 분석
따라서, 위와 같은 내용을 참고하여 시장분석을 작성하시면 됩니다.

## 4) SWOT 분석

사용자 : 위 사업계획서에서 SWOT 분석해라.

빙 챗 : 사업계획서에서 SWOT 분석을 하기 위해서는 다음과 같은 방법을 참고하실 수 있습니다. 12345:

강점(Strengths), 약점(Weaknesses), 기회(Opportunities), 위협(Threats) 요소를 파악합니다.
요소별로 분석을 수행합니다.
분석 결과를 종합하여 전략을 수립합니다.
강점과 약점은 내부요인으로, 기회와 위협은 외부요인으로 분류됩니다. 1. 강점과 약점은 회사의 내부적인 요소를 파악하고, 기회와 위협은 회사의 외부적인 환경을 파악합니다. 2. 이러한 분석을 통해 회사의 강점을 최대화하고 약점을 보완하며, 기회를 포착하고 위협요인에 대처할 수 있는 전략을 수립할 수 있습니다. 3.

따라서, 사업계획서에서 SWOT 분석을 구체적으로 작성하기 위해서는 위와 같은 방법들을 참고하여 작성하시면 됩니다.

## 5) PEST 분석

사용자 : 위 사업계획서에서 PEST 분석은 무엇이며 어떻게 하는 것인가?

빙 챗 : PEST 분석은 정치(Political), 경제(Economic), 사회(Social), 기술(Technological)의 네 가지 요소를 분석하는 방법입니다. 12. 이 분석을 통해 기업이나 조직이 속한 환경을 파악하고, 외부적인 요인에 대처할 수 있는 전략을 수립할 수 있습니다. 1.

사업계획서에서 PEST 분석을 하기 위해서는 다음과 같은 방법을 참고하실 수 있습니다. 12:

정치적 요인: 법률, 정책 등의 변화에 대한 분석
경제적 요인: 경기 변동성, 인플레이션 등의 분석
사회적 요인: 인구 통계학적 변화, 문화적 변화 등의 분석
기술적 요인: 기술 혁신, 산업 구조 변화 등의 분석
따라서, 사업계획서에서 PEST 분석을 구체적으로 작성하기 위해서는 위와 같은 방법들을 참고하여 작성하시면 됩니다.

## 6) 경쟁 분석

사용자 : 위 사업계획서에서 경쟁 분석은 어떤 내용이며 어떻게 분석하는지 방법을 알려주라.

빙 챗 : 사업계획서의 경쟁 분석은 해당 기업이 속한 시장에서 경쟁업체들의 제품과 서비스, 가격, 마케팅 전략 등을 분석하는 부분입니다. 1. 경쟁 분석을 위해서는 다음과 같은 내용들을 파악해야 합니다. 2:

경쟁업체의 제품과 서비스
경쟁업체의 가격
경쟁업체의 마케팅 전략
경쟁업체의 강점과 약점
경쟁 분석을 위한 방법론으로는 SWOT 분석, PEST 분석 등이 있습니다. 1.

따라서, 위와 같은 내용을 참고하여 경쟁 분석을 작성하시면 됩니다.

### 7) 마케팅 전략

사용자 : 위 사업계획서에서 마케팅 전략은 어떻게 짜야 하는지 구체적인 설명하라.

빙 챗 : 사업계획서의 마케팅 전략은 다음과 같은 내용을 포함할 수 있습니다. 12:

제품 또는 서비스의 특징과 장점
타겟 고객층 및 시장분석
마케팅 전략 및 활동
가격 정책
판매 채널 및 유통 전략
마케팅 전략을 구체적으로 짜기 위해서는 다음과 같은 절차를 거칠 수 있습니다. 3:

1. 시장 조사 및 분석
2. 타겟 고객층 선정
3. 마케팅 전략 수립
4. 마케팅 활동 계획 수립
5. 예산 및 일정 수립

따라서, 사업계획서에서 마케팅 전략을 구체적으로 작성하기 위해서는 위와 같은 내용들을 참고하여 작성하시면 됩니다.

### 8) 판매계획

사용자 : 위 사업계획서에서 판매계획은 어떻게 수립해야 하나?

빙 챗 : 사업계획서에서 판매계획을 수립하기 위해서는 다음과 같은 내용들을 고려할 수 있습니다. 123:

경쟁사와의 관계
시장 상황
생산능력
전년도 실적 등
판매계획은 실현할 수 있는 수치를 제시하여야 합니다. 1. 또한, 판매계획은 다음과 같은 내용들을 포함할 수 있습니다. 3:

제품 또는 서비스의 특징과 장점
타겟 고객층 및 시장분석
마케팅 전략 및 활동
가격 정책
판매 채널 및 유통 전략

따라서, 사업계획서에서 판매계획을 구체적으로 작성하기 위해서는 위와 같은 내용들을 참고하여 작성하시면 됩니다.

### 9) 조직 및 인력 계획

사용자 : 위 사업계획서에서 조직 및 인력 계획은 어떻게 구성해야 하나?

빙 챗 : 사업계획서에서 조직 및 인력 계획을 구성하기 위해서는 다음과 같은 내용들을 고려할 수 있습니다. 123:

조직도 및 인력 현황
인력 수급 계획
인력 관리 계획
인력 개발 계획
조직도 및 인력 현황에는 기본적으로 현재의 회사조직과 임직원 수를 표기하는 것이 원칙입니다. 1. 또한, 인력 수급 계획은 인력의 수요와 공급을 분석하여 필요한 인력을 확보하는 방법을 제시합니다. 2. 인력 관리 계획은 인사관리와 관련된 내용들을 포함하며, 인력 개발 계획은 인력의 역량 강화를 위한 교육 및 훈련 등을 포함합니다. 3.

따라서, 사업계획서에서 조직 및 인력 계획을 구체적으로 작성하기 위해서는 위와 같은 내용들을 참고하여 작성하시면 됩니다.

## 10) 재무 계획

사용자 : 위 사업계획서에서 재무 계획은 어떻게 짜야 하는가? 성공적인 재무 계획을 구성해 보라.

빙 챗 : 사업계획서에서 재무 계획을 구성하기 위해서는 다음과 같은 내용들을 고려할 수 있습니다. 1234:

매출액 목표 수립
매출원가 및 매출총이익 계산
일반관리비 및 판매비 계산
영업이익 계산
영업 외 수익 및 비용 계산
세전순이익 계산
법인세 계산
매출액 목표 수립은 일반적으로 제품별, 유통채널별, 기간별로 할당되고 각 제품과 유통채널별로 평균 판매단가가 적용되어 예상 매출액이 산출됩니다. 1. 매출원가는 제품별 원가와 간접비용 등을 고려하여 산출됩니다. 2. 일반관리비 및 판매비는 각각 회사의 경영활동과 판매 활동에 필요한 비용을 포함합니다. 3. 영업이익은 매출총이익에서 일반관리비 및 판매비를 차감한 금액입니다. 4. 영업 외 수익 및 비용은 기타 수익과 비용을 포함합니다. 4. 세전순이익은 영업이익과 영업 외 수익 및 비용을 합한 금액에서 법인세를 차감한 금액입니다. 4.

따라서, 사업계획서에서 재무 계획을 구체적으로 작성하기 위해서는 위와 같은 내용들을 참고하여 작성하시면 됩니다.

이처럼 챗GPT나 빙 챗을 통해 얼마든지 사업계획서에 대한 도움을 받을 수 있다. 본문에서는 빠른 이해를 돕기 위해 사용자 질문을 간단히 입력해 보았으나 보다 구체적인 답변을 원한다면 각 항목에 대한 자세한 내용을 꼬리에 꼬리를 무는 형식으로 계속 이어진 질문을 해보라.

그렇게 얻어진 답변을 통해 내용을 정리하고 필요시 다른 자료들을 검색하고 취합해 사업계획서를 작성해나가다 보면 큰 어려움 없이 완성도 높은 사업계획서를 마무리할 수 있을 것이다.

## 6. 뤼튼 소개 및 활용 방법

### 1) 뤼튼 소개 및 활용법

뤼튼은 인공지능 기반의 작문, 텍스트 생성 및 수정 도우미로 사용자의 다양한 요청에 대해 적절한 답변 및 원하는 문장 또는 문서를 작성해 주는 서비스이다. 뤼튼의 주요 목적은 사용자가 원하는 고품질의 콘텐츠를 빠르고 쉽게 작성할 수 있도록 지원하는 것이다.

### 2) 뤼튼 활용법

#### (1) 자연스러운 질문 작성

뤼튼에게 정보를 요청하거나 문장·문서 작성을 요청할 때, 가능한 한 구체적이고 자연스러운 질문을 작성한다. 이를 통해 뤼튼이 더 정확하고 효과적인 결과물을 제시할 수 있다.

#### (2) 분야별 전문지식 활용

뤼튼은 다양한 분야의 전문지식을 바탕으로 문서를 작성할 수 있다. 따라서, 작성하고자 하는 문서의 주제와 관련된 키워드나 정보를 명확하게 제공하면 더욱 좋은 결과물을 얻을 수 있다.

#### (3) 편집 및 개선 요청

뤼튼이 작성한 문장이나 문서에 수정이 필요한 경우, 특정 부분이나 표현을 지적하고 개선 방향을 제시함으로써 더 나은 결과물을 얻을 수 있다.

### (4) 다양한 포맷 또는 스타일 요청

뤼튼은 여러 가지 포맷과 스타일로 정보를 제공할 수 있다. 예를 들어, 서론, 본론, 결론 등의 문서 구조를 요청하거나, 친절한 톤, 공식적인 문체 등 다양한 스타일로 문장을 작성할 수 있다.

또한 뤼튼에 대한 더 자세한 정보가 필요한 경우, 카카오톡 메신저를 활용하여 '뤼튼 오픈 카톡방'의 관리자에게 문의할 수 있다. 오픈 카톡방에서 다른 사용자들의 질문 및 경험을 확인하며 뤼튼 활용에 대한 깊은 이해가 가능하다.

## 3) 기능 & 특징

뤼튼(Wrtn)은 인공지능 기반의 작문 및 텍스트 생성 도우미로서 다양한 기능과 특징을 갖고 있다. 주요 기능과 특징은 다음과 같다.

### (1) 다양한 주제에 대한 텍스트 생성

뤼튼은 광범위한 도메인과 주제에 대한 지식을 갖고 있어 다양한 주제에 대해 콘텐츠를 작성할 수 있다. 이를 활용해 블로그 글, 기사, 소설, 시나리오 등 다양한 분야의 작품을 제작할 수 있다.

### (2) 자연어 이해와 처리 기술

뤼튼은 사용자의 요청을 자연어로 이해하고, 적절한 답변 및 텍스트를 생성하며 제공한다. 이를 통해 사용자와 더욱 원활하게 의사소통을 나눌 수 있다.

### (3) 문맥 및 의도 인식

뤼튼은 문장과 문맥에서 필요한 정보를 인식하고, 사용자의 의도와 요청에 따라 적절한 결과물을 생성한다. 이를 통해 소통의 정확성과 효율성이 높아진다.

### (4) 다양한 스타일 및 톤 제공

뤼튼은 다양한 문체와 스타일로 문장을 작성할 수 있다. 친절한 톤, 공식적인 문체 등 사용자가 원하는 스타일로 텍스트를 작성해 맞춤화된 결과물을 얻을 수 있다.

### (5) 결과물의 편집 및 수정

뤼튼은 사용자의 피드백을 토대로 작성된 텍스트를 편집하거나 수정할 수 있다. 사용자의 요청에 따라 더 나은 결과물을 제공하며, 이 과정에서 뤼튼의 성능도 개선된다.

### (6) 쉽고 빠른 사용 경험 제공

뤼튼은 웹 기반의 서비스로 제공돼 언제 어디서나 쉽고 빠르게 이용할 수 있다. 마치 온라인 채팅을 하는 것처럼 간편하게 의사소통을 나눌 수 있다.

뤼튼은 이러한 기능과 특징을 바탕으로 사용자에게 콘텐츠 작성과 관련된 다양한 지원을 제공하며, 원활한 의사소통을 통해 높은 만족도를 얻을 수 있는 서비스이다.

## 4) 뤼튼을 활용한 문서 작성 방법

### (1) 문서의 목적 및 주제 명확히 하기

작성하려는 문서의 목적과 주제를 명확히 한다. 이를 통해 뤼튼에게 정확한 지시를 제공할 수 있으며, 더욱 적절한 결과물을 얻을 수 있다.

### (2) 뤼튼에게 요청 전달

뤼튼과 대화를 시작해 주제, 스타일, 구조 등과 관련된 요구 사항을 구체적으로 전달한다. 이때 질문이나 지시가 명확할수록 뤼튼이 원하는 문장이나 문단을 더 적절하게 작성해 줄 수 있다.

예: 뤼튼, 환경 보호를 주제로 한 설득력 있는 블로그 글 초안을 작성해 줄래? 서론에서는 환경 문제의 심각성을 강조하고, 본론에서는 개인이 실천할 수 있는 환경 보호 방안들을 제시해줘. 그리고 결론에서 다시 한번 환경 보호의 중요성을 상기시켜줘.

### (3) 생성된 텍스트 확인 및 검토

뤼튼이 작성한 텍스트를 확인하고, 필요한 경우 수정 또는 보완 지시를 제공한다. 특정 내용이 누락됐거나 표현이 바람직하지 않은 경우, 요청을 조절해 더 나은 결과물을 얻을 수 있다.

예: 뤼튼, 본론에서 제시한 환경 보호 방안 중 하나가 모호해. 조금 더 구체적인 방안을 추가해줄래?"

### (4) 세부 사항 및 양식 조정

문서의 세부 사항이나 양식을 조정하려면 뤼튼에게 원하는 바를 명확히 전달하라. 예를 들어 문장 길이, 문체, 따옴표 사용 등과 같은 세부 사항을 지적하고, 원하는 스타일로 수정하도록 지시할 수 있다.

예: 뤼튼, 이 문장이 너무 길어서 가독성이 떨어져. 두 개로 나눠서 작성해 줄래?

### (5) 최종 문서 검토 및 수정

뤼튼이 생성한 문서를 최종적으로 검토하고, 더 이상 수정할 부분이 없는지 확인한다. 만족스러운 결과물이 완성되면 뤼튼에게 감사의 인사를 전하거나, 다음 작업을 요청할 수 있다.

## 5) 뤼튼 활용 질문지 리스트

다음 질문리스트를 이용해 GPT에게 정보를 요청하고, 그 답변을 바탕으로 사업계획서를 작성하는 데 도움을 받을 수 있다. 각 질문과 관련된 세부 사항이나 구체적인 내용은 사업 아이디어와 산업에 따라 다를 수 있으므로, 유동적이고 맞춤화된 질문을 추가하거나 수정할 필요가 있을 수 있다.

다음 13가지의 질문에 대해 직접 뤼튼에게 질문해 보기를 적극적으로 권장한다.

| 번호 | 질문 |
|---|---|
| 1 | 우리 사업 아이디어의 주요 장점과 차별점은 무엇인가요? |
| 2 | 해당 시장의 규모와 성장률은 어떻게 되나요? |
| 3 | 이 사업 아이디어에 대한 시장의 니즈와 수요는 어떠한가요? |
| 4 | 이 업종에서의 주요 경쟁사와 그들의 강점 및 약점은 무엇인가요? |
| 5 | 우리 제품 및 서비스의 가격 전략은 어떻게 설정해야 하는가요? |
| 6 | 타겟 고객의 지정에 대한 인사이트를 얻을 수 있을까요? |
| 7 | 사업 확장 및 성장 전략은 어떻게 수립해야 하나요? |
| 8 | 어떤 마케팅 전략과 채널이 가장 적합한가요? |
| 9 | 필요한 인력 및 리소스는 어떻게 효율적으로 확보할 수 있나요? |
| 10 | 우리 사업에 대한 위험요인은 무엇이며, 이를 관리하는 방법은 무엇인가요? |
| 11 | 잠재적인 수익 모델과 매출 예측은 어떻게 되나요? |
| 12 | 이 사업에 요구되는 초기 및 운영 비용은 얼마인가요? |
| 13 | 사업계획이 실현할 수 있는 일정을 계획하려면 어떻게 해야 하나요? |

[표1] 리튼을 활용한 질문리스트

## 6) 뤼튼 활용 예시

다음은 [표1]에 근거해 뤼튼에게 직접 질문하고 받은 답변 예시이다.

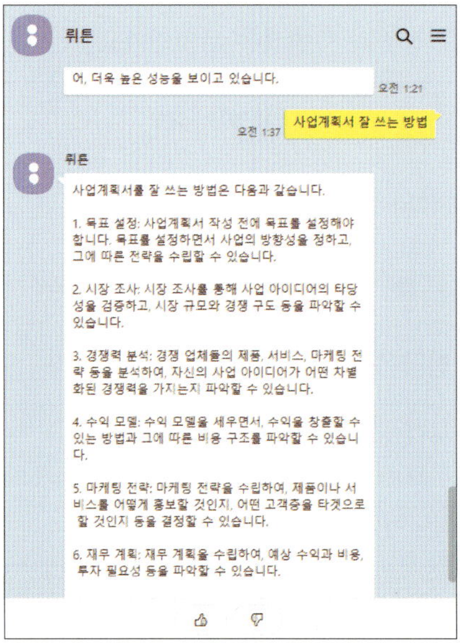


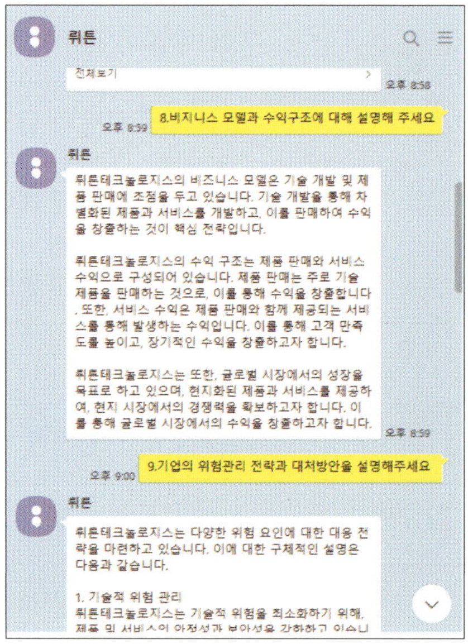


[그림8] 뤼튼에 사업계획서 잘 쓰는 방법 질문 및 응답 [그림9] 질문 뤼튼에 사업계획서 관련 질문 및 응답

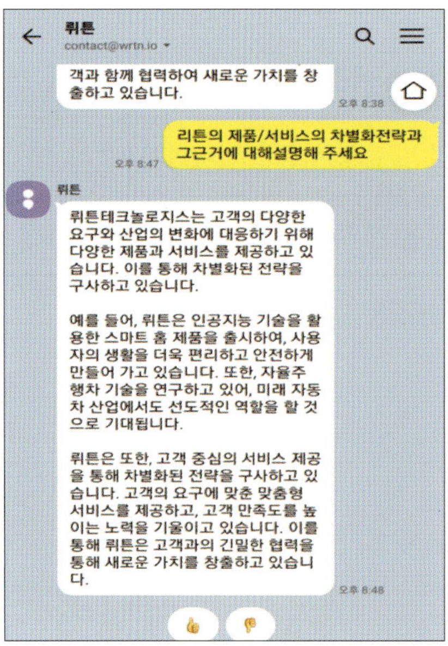


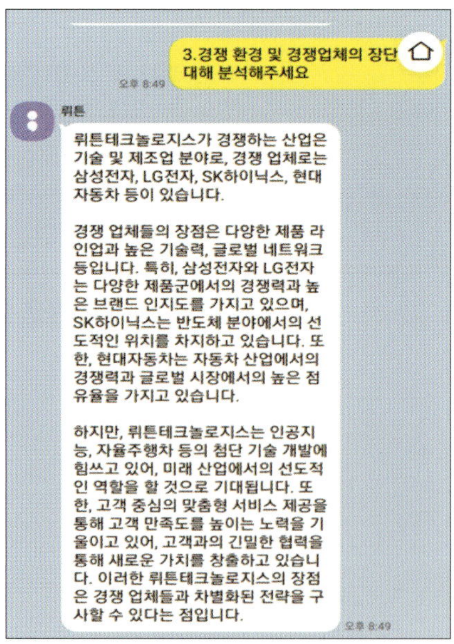


[그림10] 리튼의 제품/서비스 차별화 전략과 그 근거에 관한 질문 및 응답

[그림11] 경쟁 환경 및 경쟁업체의 장단점에 대해 분석요청 질문 및 응답

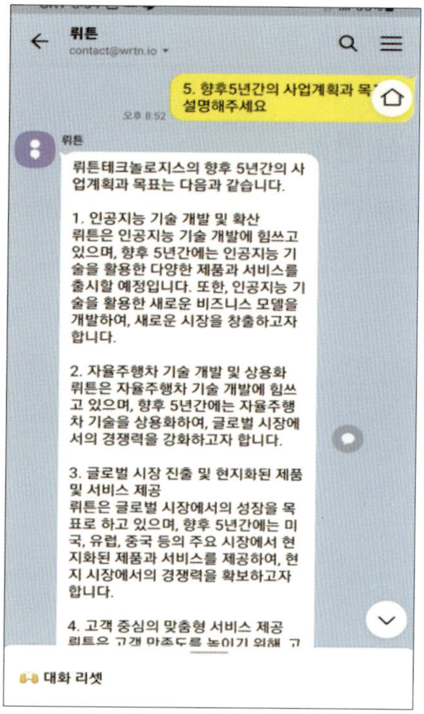


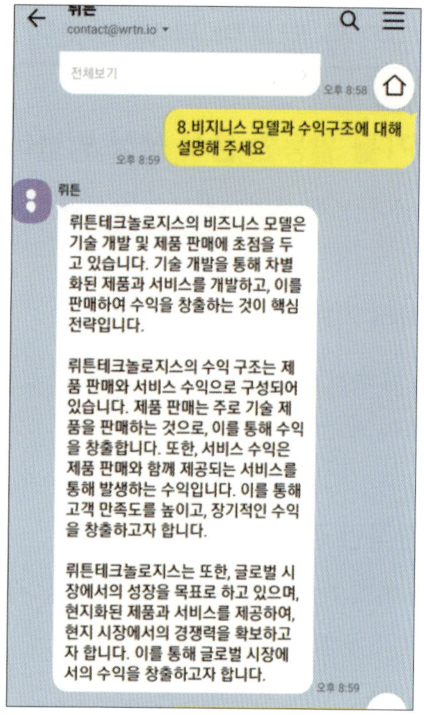


[그림12] 향후 5년간의 사업계획과 목표를 설명해 달라는 질문 및 응답

[그림13] 비즈니스 모델과 수익구조에 관해 설명을 요청하는 질문 및 응답

이러한 방법을 통해 뤼튼을 활용해 다양한 주제와 스타일의 문서를 작성할 수 있다. 여러 번의 대화를 통해 더 정교한 결과물을 얻으며, 고품질의 콘텐츠를 빠르고 효과적으로 제작할 수 있다.

## 7. 챗GPT를 활용한 문서 작성의 한계와 미래

### 1) 챗GPT를 활용한 문서 생성 방법이 가진 한계

챗GPT를 활용해 사업계획서를 작성할 때, 다음과 같은 한계들이 존재할 수 있다:

#### (1) 데이터 기반 결정

GPT는 학습된 데이터를 바탕으로 답변을 생성하므로, 최신 정보나 특정 산업에 대한 전문적인 내용이 제한적일 수 있다.

#### (2) 주관적인 정보

GPT는 여러 데이터를 기반으로 정보를 제공하지만, 때로는 주관적인 해석이나 개인 경험을 아우르지 못할 수 있다. 이에 따라 실제 사업 환경에서 중요한 결정을 내리는 데 한계가 있을 수 있다.

#### (3) 정보의 정확성

GPT는 학습된 데이터를 기반으로 작동하므로, 때때로 오류나 불완전한 정보를 제공할 수 있다. 이에 따라 실제 사업계획에 영향을 미칠 수 있다.

#### (4) 창의성과 혁신성

챗GPT는 대부분 기존 데이터에 근거해 생성되는 내용이므로, 차별화된 아이디어나 전례 없는 혁신을 제안하는 데 한계가 있을 수 있다.

#### (5) 질문의 구체성

GPT에게 질문할 때 구체적이고 명확한 질문을 입력하지 않으면, 원하는 답변이나 정보를 얻기 어려울 수 있다.

### (6) 질문에 대한 추론

복잡한 이해나 추론이 필요한 질문에 대해서는 GPT가 완전히 올바른 답변을 제공하지 못할 수 있다. 이 경우, 인간의 직관이 필요할 수 있다.

### (7) 지속적인 업데이트

시장 환경이나 업계 동향이 빠르게 변할 경우, GPT를 통해 얻은 정보는 실시간으로 반영되지 않을 수 있으므로, 지속적인 업데이트와 검증이 필요하다.

이러한 한계를 인식하고, 필요시 전문가와 협력하거나 다른 자료들과 비교해 가며 사업계획서를 작성해야 한다. 그렇게 함으로써, 한계를 극복하고 성공적인 사업계획서를 작성할 수 있다.

## 2) 인공지능 발전이나 연구들이 미래의 문서 생성 방법에 미칠 영향

GPT와 같은 인공지능 기술이 발전함에 따라 우리 사회에 다양한 영향이 미치게 된다. 다음은 그중 몇 가지를 예시로 들 수 있다.

### (1) 효율성 향상

인공지능은 빅데이터를 빠르게 처리하고 분석할 수 있는 능력으로 인해 기업과 개인이 업무를 훨씬 효율적으로 수행할 수 있게 한다. 이를 통해 시간과 비용을 절약할 수 있다.

### (2) 의사결정 지원

인공지능은 대량의 데이터를 분석해 유용한 정보와 인사이트를 제공함으로써 우리가 더 나은 의사결정을 내릴 수 있게 도와준다. 이는 비즈니스, 의료, 금융 등 다양한 분야에서 활용될 수 있다.

### (3) 새로운 직업 기회

인공지능과 관련된 기술 발전은 새로운 직업 기회를 창출한다. 데이터과학자, 인공지능 엔지니어, 로봇공학자 등의 직업은 인공지능의 성장과 함께 더욱 인기를 얻을 것이다.

### (4) 인간의 능력 확장

인공지능은 인간만이 가질 수 있는 창의력과 직관력에 데이터 기반의 분석과 패턴 인식 등의 기술을 결합해 인간의 능력을 확장할 수 있다.

### (5) 자동화와 인력 대체

공장, 물류, 금융 서비스 등의 산업에서 인공지능과 로봇이 인간의 일자리를 대체할 수 있다는 우려도 존재한다. 이에 따라 일자리 및 기술 노동력 부족에 대한 대응 전략이 필요할 수 있다.

### (6) 개인화된 서비스

인공지능은 개인별로 맞춤화된 광고, 상품 추천, 의료 서비스 등을 제공할 수 있게 해주어 사용자 경험을 향상시킬 수 있다.

### (7) 사회적, 윤리적 이슈

인공지능의 발전에 따라 프라이버시와 데이터 사용의 적절한 범위 등 사회적, 윤리적 이슈도 조명된다. 인공지능 사용과 관련한 법적, 윤리적 규제와 가이드라인이 필요할 수 있다.

### (8) 교육의 혁신

인공지능이 교육 분야에 적용돼 개인별 학습 프로그램을 제공하고, 학습의 진척 상황을 추적하며, 성취도를 높이는 데 도움이 된다.

인공지능 기술 발전은 우리 사회에 다양한 긍정적인 영향을 미칠 것이지만, 부정적인 측면도 함께 고려돼야 한다. 이러한 영향들을 이해하고, 적절한 대응 전략을 세우는 것이 필요하다.

## Epilogue

다음과 같은 중국속담이 있다.

'귀로 들은 것은 금방 잊어버리리라. 눈으로 본 것은 오래 기억하리라. 하지만 행동하기 전까진 그 어떤 것도 이해하지 못 하리라. (사업의 철학 인용)'

이 책에서는 인공지능(챗GPT 등)이 급격한 발전을 이룩하며 현재와 미래 사회에 미치는 다양한 영향들에 대해 살펴보았다. 실로 인공지능은 그 어느 때보다 우리 삶과 긴밀하게 연결돼 있다. 이제 우리는 이 기술이 가져올 놀라운 혁신과 동시에 이에 따라 발생할 수 있는 책임과 윤리, 그리고 사회적 문제들에 대한 고찰을 갖춰야 한다.

인공지능 기술의 발전은 우리에게 이전에 상상하지 못한 효율성 향상, 새로운 직업 기회, 개인화된 서비스, 교육의 혁신 등의 긍정적 이점을 가져다준다. 하지만 동시에, 인간의 노동력 대체와 일자리 유실, 프라이버시 침해, 데이터 사용에 대한 사회적, 윤리적 이슈 등의 부정적 측면도 무시할 수 없다.

그렇기에 우리는 이러한 기술을 채택하고 발전시키는 동시에, 그 가능성과 한계를 인식하고 적절한 대응 전략을 마련해야 한다. 이를 위해 정책 입안자, 기업, 연구자 그리고 일반인들은 함께 시야를 넓혀 나가며 인공지능의 진정한 가치를 추구해야 한다.

이 책을 통해 독자 여러분은 인공지능의 발전과 사회에 미치는 영향에 대한 폭넓은 시각을 가질 수 있기를 바란다. 이러한 지식은 앞으로 우리에게 불가피하게 찾아올 인공지능 시대에 각자가 합리적이고 책임감 있는 선택을 할 수 있도록 도와줄 것이다.

그래서 마지막으로 이 책에서 제시한 시사점을 상기해, 인공지능이 우리 사회에 미칠 긍정적이든 부정적이든 현실적인 영향들에 대한 변화에 대응할 준비를 하는 것이 중요하다는 점을 강조하고자 한다. 이를 바탕으로 인공지능의 혁신적인 가치를 극대화하면서 동시에 부정적 결과를 최소화해 새로운 시대를 향해 나아가기를 기대한다.

WWW 월드와이드 웹이 세상을 지구촌으로 초연결사회로 이끌었다면 챗GPT는 초연결사회의 응용 편으로 실생활에 직접 영향을 미치고 바로 대응하는 생성형 인공지능 챗GPT 시대에 도달함의 서막을 울리는 신호탄임을 받아들이고 사업계획서와 이에 맞는 사업계획의 패러다임이 시대의 흐름에 맞는 지식과 대응을 준비할 때가 왔음을 시사하는 바 크다고 본다.

PART 02

# 실 전

Chapter
04

# 노션으로 당신을 퍼스널 브랜딩하라

김다희

Chapter

04

# 노션으로 당신을 퍼스널 브랜딩하라

## Prologue

21년, 온라인세상에 들어왔을 때 '노션'의 '올인원 워크스페이스' 기능이 좋아 그때부터 모든 데이터를 노션에 기록하며 매일 사용하고 있다. 챗GPT를 알게 되고, 챗GPT를 활용한 창작물들을 노션에 담고, 독서 모임 등 각종 프로젝트를 효율적으로 운영하고 있다. 챗GPT에 노션을 장착하면 얼마나 더 효율적일까? 노하우를 나누고자 집필에 참여하게 됐다.

챗GPT를 배워 내 업무에 활용하기 위해서는 우선 노션이 내 것이 돼야 한다. 내 것이 되려면 나만의 자료로 기록하고 가공하는 작업이 필요한데, 그 과정에서 분명 큰 힘이 되리라 믿는다. 노션이 처음인 분들도 있을 것이기에, 노션의 기본개념과 구조, 가입하는 방법을 설명해 놓았다.

노션을 컴퓨터에서만 쓰는 것이 아니라 휴대전화기에서도 새 페이지를 작성할 수 있고, 블록을 만들고 다른 블록으로 수정하고, 표를 만들 수 있고, 이미지를 넣기도 한다. 꽤 많은 부분을 컴퓨터에서 하는 것 못지않게 수행해 낼 수 있다. 몇 번 다뤄보면 쉬운데 사용해보지 않았기 때문에 어려운 것이다.

폰에서 노션을 시작하는 방법과 컴퓨터로 노션을 시작하는 방법에 대해 다뤘고, 노션을 어떻게 퍼스널브랜딩에 활용해 나를 알리는지 실제 사용하고 있는 노션을 있는 그대로 소개했다.

일잘러가 되는 방법은 무엇이 있을까? 노션, 챗GPT로 꾸준하게 나만의 데이터를 쌓아 나간다면 머지않아 멋진 일들이 펼쳐질 것이다.

마지막으로 'TOME'를 꼭 써보기를 권한다. TOME와 노션이 결합하면 아주 짧은 시간에 가독성 높은 창작물이 만들어진다. 문서작업도 훨씬 쉬워진다.

노션으로 여러분의 퍼스널브랜딩이 이뤄지기를 응원하며, 감사드린다.

## 1. 노션이란?

'노션(Notion)'은 작업 관리, 노트, 프로젝트 관리, WIKI 등을 조합한 온라인 협업 도구다. 노션은 매우 유용한 작업 관리 및 문서 관리 도구이며, 이를 사용해 게스트. 멤버 초대로 공동 작업, 협업이 가능하다.

노션에는 워크스페이스, 페이지, 블록 등의 요소로 구성돼 있어, 사용자가 필요에 따라 구조를 만들어 자신만의 작업 환경을 구성할 수 있다. 페이지와 블록으로 여러 작업을 효율적으로 관리할 수 있으며, 블록 기능으로 이미지, 테이블, 텍스트 등의 다양한 형태의 요소를 조합해 문서를 작성할 수도 있다.

노션은 사용 도중 업데이트에 우수한 지원을 해주며, 강력한 협업 기능을 갖추고 있어 여러 사용자가 동시에 문서를 편집하거나 댓글로 의견을 주고받을 수 있다. 또한 노션은 클라우드 기반으로 동작하기 때문에 어디서든 접근할 수 있는데 폰, 아이패드, 컴퓨터, 노트북 등 접근성이 좋고 동기화가 이뤄져 작업하기가 편리하다.

마지막으로 노션은 매우 직관적인 인터페이스를 갖추고 있어 별다른 기술적인 지식이 없어도 쉽게 사용할 수 있다. 기본적인 기능 외에도 확장성이 뛰어나 여러 앱과 연동해 작업의 효율성을 높일 수 있다.

[그림1] 노션 아이콘

## 2. 노션의 기본구조

노션의 작업공간 워크스페이스와 페이지 그리고 기본개념인 블록으로 이뤄져 있다. 컴퓨터뿐만 아니라 모바일에서도 간편하게 추가할 수 있다. 텍스트, 테이블, 이미지 등의 여러 형태의 블록을 삽입해 문서를 작성하는데, 기본적으로 페이지와 블록으로 이뤄져 있다.

이와 같은 방식으로 모바일에서 노션을 시작하면서, 천천히 컴퓨터 앱이나 웹 버전의 사용법을 배워나가는 것이 좋다. 노션의 기본구조와 용어설명부터 알아보자.

### 1) 워크스페이스

Notion에서의 모든 작업은 '워크스페이스'에서 이뤄진다. 워크스페이스란 원하는 방식으로 정보를 정리하고 콘텐츠를 작성할 수 있는 작업공간이다.

### 2) 페이지(Page)

노션에서 페이지는 문서의 기본 단위이다. 노션에서 '페이지(page)'란 단어는 일반적인 '웹 페이지'의 느낌보다는 문서나 게시글을 의미한다. 페이지는 텍스트, 이미지, 체크리스트 등 다양한 블록을 추가해 작성할 수 있다. 페이지의 장점 중 하나는 다른 페이지나 블록으로 연결할 수 있다는 점이다.

### 3) 블록(Block)

노션은 페이지를 구성하는 각 부분이 '블록(Block)'이라는 단위로 이뤄져 있다. Notion은 무한한 블록이 들어 있는 상자로 보면 된다. 블록들은 각각 서로 다른 형태의 콘텐츠를 담을 수 있으며, 텍스트, 목록, 테이블, 그림 등의 다양한 형태의 블록을 추가해 문서를 만들 수 있다. 레고처럼 각각의 텍스트, 이미지, 표 블록들을 쌓아 페이지를 만들어 가는 것이라고 보면 이해하기가 쉬울 것이다.

[그림2] 블록(출처: 노션 공식 사이트)

### 4) 데이터베이스(Database)

노션(Notion)의 '데이터베이스(Database)'는 테이블 형태로 구성돼 있으며, 사용자들이 모아둔 데이터를 구조적으로 보여준다. 각각의 행은 노션 페이지를 나타내며, 각각의 열은 페이지의 필드(데이터)를 나타낸다. 이러한 데이터베이스는 회사의 프로젝트 관리, 개인의 목표 관리, 일정 관리 등 다양한 용도로 사용된다.

노션의 데이터베이스는 일반적인 데이터베이스와는 다르게 매우 직관적이고 사용하기 쉽다. 세부 정보를 채우거나 필드를 임의로 추가하거나 삭제할 수 있으며, 바로 클릭해서 데이터를 수정할 수 있어 수정작업이 빠르다.

데이터베이스의 필드(Field)를 생성할 때는 사용하는 데이터에 맞게 커스터마이징해서 사용할 수 있다. 적절한 타입의 필드를 선택해 필드 속성을 정해주면, 데이터베이스 내에서 데이터를 더욱 쉽게 관리하고 검색할 수 있다.

예를 들어, 일정 데이터베이스의 경우 날짜와 시간 필드를 추가해 캘린더처럼 사용하거나, 선택 필드를 추가해 일정 우선순위를 설정할 수도 있다. 이외에도 데이터베이스의 종류 전환이 가능하다.

### (1) 표 데이터베이스

노션에서 가장 기본적인 데이터베이스 형태이다. 텍스트, 이미지, 체크박스, 일정 등 다양한 형태의 콘텐츠를 담을 수 있다. 필드를 추가하거나 삭제해 자유롭게 커스터마이징할 수 있다. 각각의 데이터베이스는 하나의 정보를 토대로 다른 데이터베이스로 전환할 수 있다.

[그림3] 표 데이터베이스

### (2) 보드 데이터베이스

칸반 보드 형태의 데이터베이스로, 열(column)과 행(row)을 이용해 작업을 관리할 수 있다. 각각의 열에는 필요한 정보를 입력하고, 각각의 행에는 해당 정보에 대한 상세 내용을 추가할 수 있다. 이를 통해 작업의 진행 상황을 한눈에 파악할 수 있다.

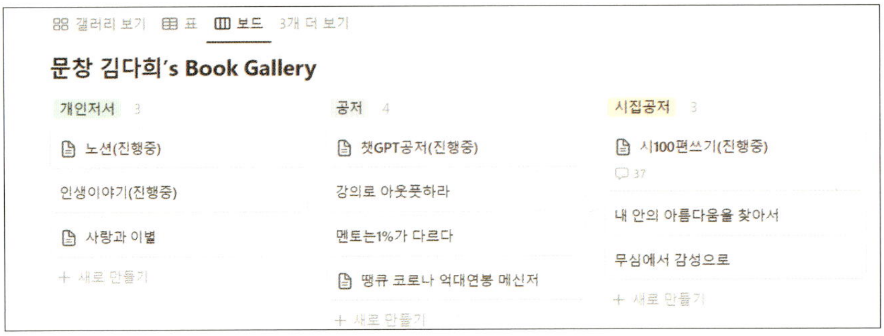


[그림4] 보드 데이터베이스

## (3) 리스트 데이터베이스

테이블 형태의 데이터베이스로, 필드(column)를 추가해 정보를 구성하고, 정렬 및 필터링을 할 수 있다. 각각의 행(row)에는 해당 정보에 대한 상세 내용을 추가할 수 있다. 이를 통해 자세한 정보를 정리해 보관할 수 있다.

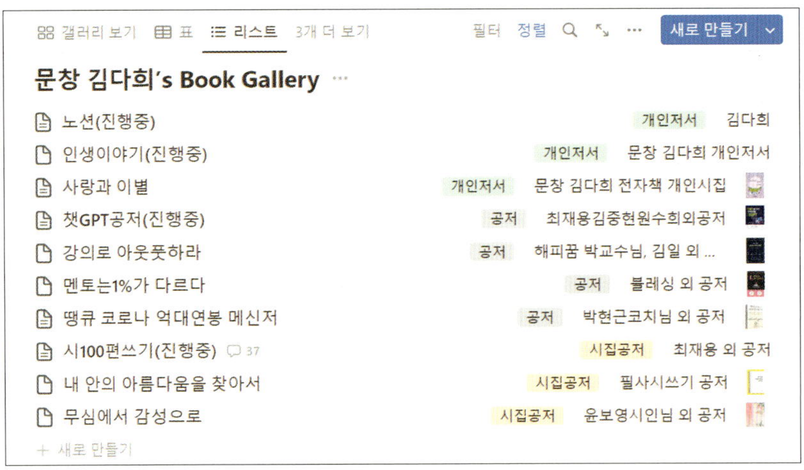


[그림5] 리스트 데이터베이스

## (4) 갤러리 데이터베이스

이미지나 동영상 등의 미디어 파일을 갤러리 형태로 보여준다. 태그를 이용해 미디어를 관리할 수 있다. 이를 통해 미디어 파일을 직관적으로 관리할 수 있다.

[그림6] 갤러리 데이터베이스

## (5) 캘린더 데이터베이스

일정을 관리하기 위한 데이터베이스이다. 달력 형태로 일정을 표시하고 알림 기능도 제공한다. 특정 일자를 클릭해 해당 일자에 대한 상세 일정을 확인할 수 있다.

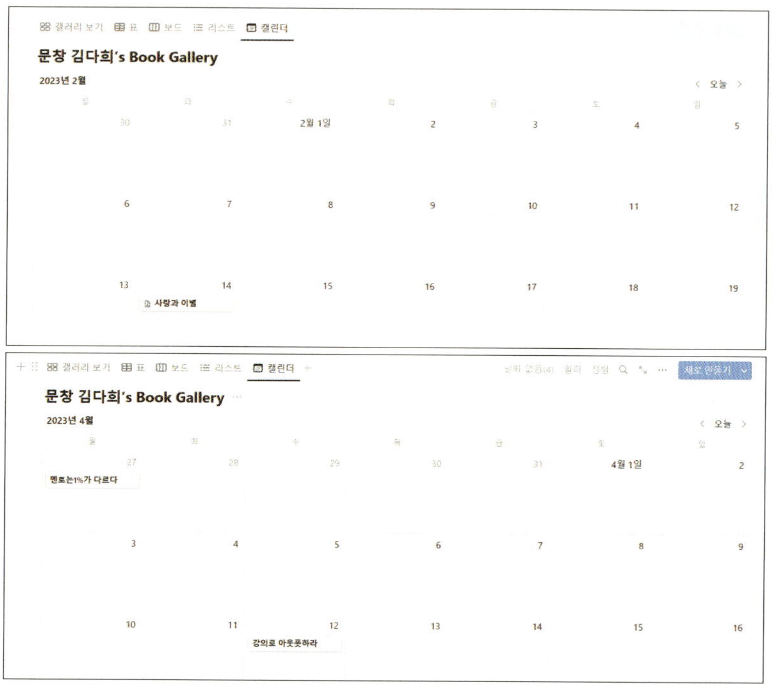


[그림7] 켈린더 데이터베이스

### (6) 타임라인 데이터베이스

데이터를 기간으로 정리한 형태의 데이터베이스이다. 필드를 추가해 정보를 구성하고, 정렬 및 필터링을 할 수 있다. 프로젝트를 날짜 기준으로 데이터를 간단하게 정리해 보관할 수 있다.

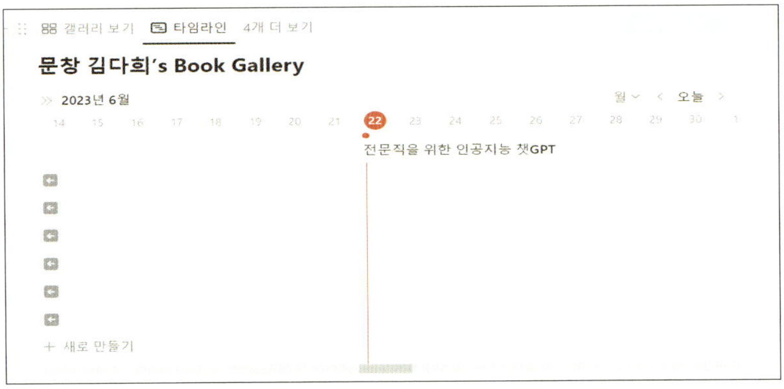


[그림8] 타임라인 데이터베이스

## 3. 노션 폰으로 시작하기

노션(Notion)은 모바일 앱과 데스크톱 앱, 웹 버전 모두 지원하기 때문에 PC에서 작성한 작업을 모바일에서 이어서 작업하거나, 모바일에서 작업한 작업을 PC에서 이어서 작업하는 것이 가능하다. 하지만, 첫 노션 사용자들에게는 모바일에서 노션을 시작하면서 데스크톱 웹 버전이나 앱의 사용법을 배우는 것이 좋을 것이다. 이제부터 여러분들이 모바일에서 노션을 시작하는 방법을 알아보도록 하자.

### 1) 모바일용 노션 앱 설치하는 방법

모바일용 노션 앱을 다운로드해 설치해야 한다. 앱스토어에서 'Notion'을 검색하면 노션의 모바일 앱을 쉽게 내려받을 수 있다. 앱을 다운로드 받아 설치 후, 노션 계정으로 로그인하면 이제 모바일에서 노션을 이용할 수 있다.

노션 앱을 다운로드 → 앱을 실행하고, '회원가입' 버튼을 누르기 → '개인' 선택 → 이메일, 비밀번호, 이름 입력 → '가입' 버튼 누르기 → 이메일 인증 완료 → 노션 계정 생성 완료한다.

## 2) 다양한 템플릿 써보고, 뜯어 보기

노션에서는 기본적인 '템플릿'을 제공해주고 있다. 모바일에서는 템플릿 중에서도 가장 사용량이 높은 몇 가지를 휴대폰 화면에 직접 배치해 빠르게 접근할 수 있다. 또한 새 페이지를 만들 때 언제든지 내가 원하는 템플릿을 선택할 수 있다.

이 템플릿은 어떻게 만들어졌고, 백지상태에서 이 템플릿을 만들기 위해서는 어떻게 해야 할까? 역으로 템플릿을 만드는 원리를 깨달아간다면 더욱 쉽게 노션을 이해할 수 있을 것이다.

## 3) 페이지를 추가하고 작성하기

노션은 '페이지' 개념이 중요하다. 페이지란 사용자가 작성한 데이터의 기본 단위이다. 모바일에서 작성한 페이지는 데스크톱 앱 혹은 웹에서도 손쉽게 접근할 수 있어서, 모바일에서 시작한 작업을 일관성 있게 이어 나갈 수 있다.

간혹 노션이 느려서 작업이 안 되는 경우가 있으면 폰, 컴퓨터 앱, 컴퓨터 웹사이트로 들어가는 여러 가지방식을 시도해서 수정을 하거나 작업을 이어 나간다.

우선 '페이지'를 추가하고, 제목부터 적어보자.

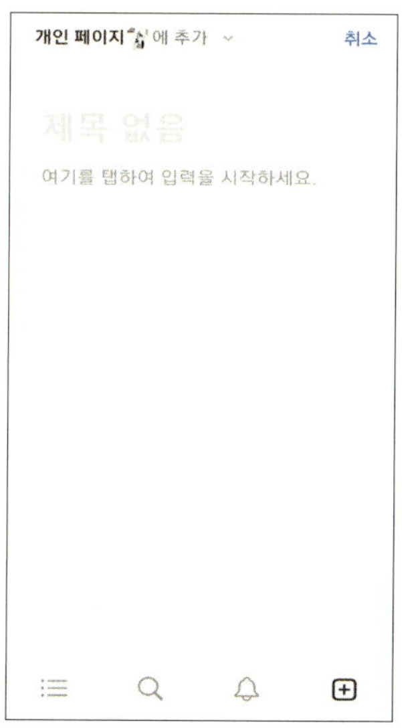


[그림9] 폰 노션 새 페이지 추가 화면

[그림10] 폰 노션 본문에서 터치시 입력 메뉴바

## 4) 메뉴바 활용해 작성하기

### (1) ai 버튼

일정량 이상이 되면 유료 요금제로 전환된다. 대학생 요금제를 이용하더라도 유료로 결제해야 한다. 무료로 이용을 원하는 경우 계정에서 새 워크스페이스를 생성하면, 워크스페이스별로 일정량 이상의 'ai 기능'을 사용할 수 있으며, 남은 사용량은 확인할 수 있다.

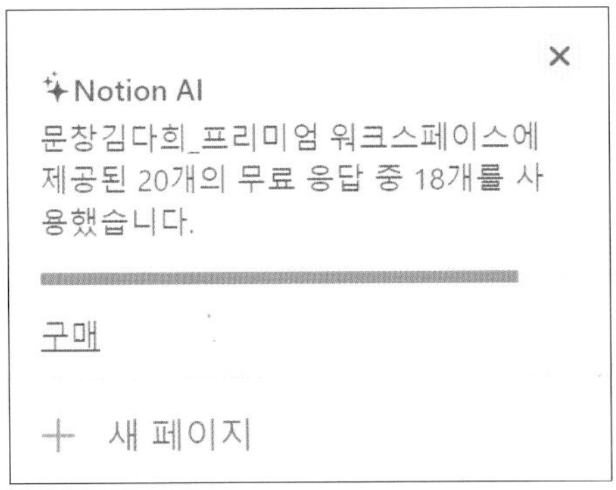


[그림11] 왼쪽 하단에 노션 ai 남은 무료 응답 개수 확인 가능

### (2) + 버튼

여러 가지 블록을 추가할 수 있다.

- 제목 1, 제목 2, 제목 3 : 문서의 섹션을 구분하는데 사용한다. 섹션마다 다른 레벨의 제목을 사용할 수 있다.
- 텍스트 : 일반적인 텍스트 블록이다. 문서의 본문을 작성하는 데 사용된다.
- 인용구 : 특정 텍스트를 인용할 때 사용되며, 인용 부호로 표시된다.
- 이미지 : 이미지 파일을 첨부할 수 있으며, 크기를 조절하고 캡션을 추가할 수 있다.
- 동영상 : 비디오 파일을 첨부할 수 있으며, 재생/일시 정지, 볼륨 조절 등을 할 수 있다.
- 링크 : 다른 웹 페이지 또는 노션 페이지로 연결하는 링크를 추가할 수 있다.
- 리스트 : 순서 있는/없는 목록을 만들 수 있다. 들여쓰기해 하위 목록을 만들 수도 있다.
- 테이블 : 행과 열을 가진 표를 만들 수 있다. 셀 병합, 색상, 필터링 등을 할 수 있다.
- 코드 : 코드 블록을 만들 수 있다. 다양한 언어를 지원한다.

- 목차 : 문서 내 제목의 목차를 만들어 준다.
- 구분선 : 가로줄을 추가한다.
- 수학식 : LaTeX 수식을 작성할 수 있다.
- 토글 : 내용을 접고 펼칠 수 있는 토글 블록이다.
- 할 일 목록 : 체크박스가 있는 목록을 만든다.
- 캘린더 데이터베이스 : 날짜와 관련된 정보를 저장할 수 있는 데이터베이스이다. 캘린더 뷰, 갤러리 뷰, 테이블 뷰 등으로 보여줄 수 있다.
- 갤러리 데이터베이스 : 이미지나 비디오 등을 저장할 수 있는 데이터베이스이다. 갤러리 뷰, 테이블 뷰 등으로 보여줄 수 있다.
- 표 데이터베이스 : 행과 열로 이뤄진 데이터를 저장할 수 있는 데이터베이스이다. 테이블 뷰, 갤러리 뷰 등으로 보여줄 수 있다.
- 간단한 표 : 행과 열이 적은 간단한 표를 만들 수 있다.
- 댓글 : 문서 또는 페이지에 댓글을 달 수 있다.
- 페이지 : 노션의 기본 블록으로, 페이지 단위로 문서를 만들 수 있다. 페이지마다 제목이 있으며, 페이지 간에 링크를 걸 수 있다.

## 4. 노션 컴퓨터로 시작하기

### 1) 노션, 컴퓨터로 가입하는 방법

웹 브라우저를 열고 노션 홈페이지(notion.so)에 접속 → 우측상단의 '회원가입' 버튼 클릭 → '개인' 선택(팀 계정으로 잘못 가입하면 요금이 과다 청구될 수 있으므로 주의) → 이메일, 비밀번호, 이름 입력(Gmail로 간편하게 우선 가입 후 설정과 멤버에서 변경할 수 있다.) → '가입' 버튼 클릭 → 이메일 인증 완료 → 노션 계정 생성이 완료된다.

### 2) 노션 화면구성 요소

#### (1) 왼쪽 사이드바

##### ① 워크스페이스

작업공간으로 다른 워크스페이스를 생성하거나 참여할 수 있다.

### ② 즐겨찾기

우측 상단의 별 모양을 클릭하면 즐겨찾기가 되어 있어 쉽게 찾을 수 있다.

### ③ 공유된 페이지

게스트를 초대해 누군가와 함께 공유되고 있는 페이지가 표시된다.

### ④ 설정과 멤버

각종 설정과 변경을 할 수 있다.

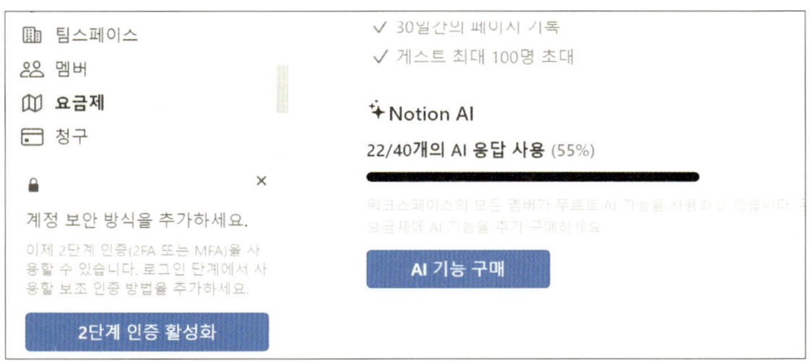


[그림12] 노션 왼쪽 화면 구성요소 [그림13] 설정과멤버- 요금제에서 AI무료응답개수 확인가능

## (2) 오른쪽 점 세게

### ① 전체 너비

전체로 너비를 넓게 해준다.

### ② PDF 내보내기

내보내기 형식을 PDF로 내보내기하면 노션에 작성한 글을 PDF로 내보내기 할 수 있다.

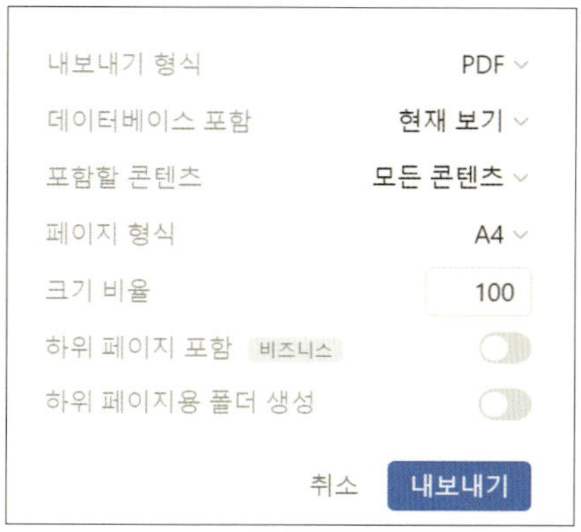


[그림14] 오른쪽 점 세게 → pdf로 내보내기 기능 화면 설명

## 5. 노션이 외국어로 들려요

### 1) 노션이 어려운 이유

노션은 최근 인기 있는 협업 도구 중 하나다. 하지만 처음 사용하는 사람들에게는 어려울 수도 있다. 이유는 다음과 같다.

- 노션은 다양한 기능을 제공한다. 하지만 이 기능들은 처음 사용하는 사람에게는 복잡할 수 있다.
- 노션은 다양한 UI 요소를 갖고 있다. 이는 처음 사용하는 사람에게는 혼란스러울 수 있다.
- 노션은 다른 협업 도구와 차이점이 있어 사용자가 처음 사용할 때 혼란을 줄 수 있다.

노션을 처음 사용하는 사람이라면 위의 이유로 어려움을 느낄 수 있다. 하지만 노션을 사용하는 방법을 익힌 후에는 다양한 기능을 활용해 협업을 보다 효율적으로 할 수 있다.

### 2) 노션을 쉽게 시작하는 방법

노션을 쉽게 배우기 위해서는 다음과 같은 방법을 추천한다.

### (1) 노션 가이드 문서 읽기

노션에서 제공하는 가이드 문서를 읽어 보면, 노션의 기능과 사용 방법에 대해 더욱 자세히 알 수 있다.

### (2) 노션 템플릿 활용

노션에는 템플릿 기능이 있다. 이를 활용하면 더욱 쉽게 노션을 사용할 수 있다. 자신이 사용하고자 하는 콘텐츠에 맞는 템플릿을 찾아서 사용해 본다.

### (3) 자주 사용하는 단축키 익히기

노션에서는 다양한 단축키를 제공한다. 자주 사용하는 기능에 대한 단축키를 익혀두면 노션을 보다 효율적으로 사용할 수 있다.

### (4) 노션 커뮤니티에 참여하기

노션 커뮤니티에 참여하면 다른 사용자들과 정보를 공유하고 노션 사용법을 배울 수 있다. 노션 공식 커뮤니티를 방문한다.

## 3) 노션을 매일 사용하려면

노션을 매일 사용하고 싶다면, 다음과 같은 팁을 추천한다.

### (1) 일정 관리

노션의 달력 기능을 활용해 일정을 관리해 본다. 일정을 쉽게 추가하고 관리할 수 있다.

### (2) 작업 목록 관리

노션의 작업 목록 기능을 활용해 할 일 목록을 관리한다. 작업 목록을 통해 자신의 할 일을 쉽게 파악할 수 있다.

### (3) 프로젝트 관리

노션의 데이터베이스 기능을 활용해 프로젝트를 관리한다. 데이터베이스를 사용하면 프로젝트에 필요한 정보를 쉽게 관리할 수 있다.

### (4) 메모 작성

노션의 메모 기능을 활용해 자기 생각을 기록한다. 메모를 작성하면 자기 생각을 정리하고 기억할 수 있다.

## 6. 노션으로 퍼스널브랜딩하라

퍼스널브랜딩이란 개인의 가치와 브랜드를 만들어내는 것으로 개인의 경험, 능력, 특성 등을 포함한다. 블로그, 유튜브를 통해 보여주고 싶은 나를 노션에 세팅해서 자신의 브랜드를 강화할 수 있다.

노션은 퍼스널브랜딩을 위한 다양한 기능들을 제공하고 있다. 이를 활용해 나만의 브랜드를 만들어보는 것은 매우 흥미로운 경험이 될 것이다. 이제부터 몇 가지 노션을 활용한 퍼스널브랜딩 방법을 알아보자.

### 1) 한 줄로 나를 소개하라, 키워드로 나를 정의하라

필자의 경우 '새벽을 깨우는 데이터정리 전문가 김다희입니다'라는 한 줄의 문구로 나를 소개하는 포트폴리오를 노션으로 만들어 셀프브랜딩에 활용하고 있다.

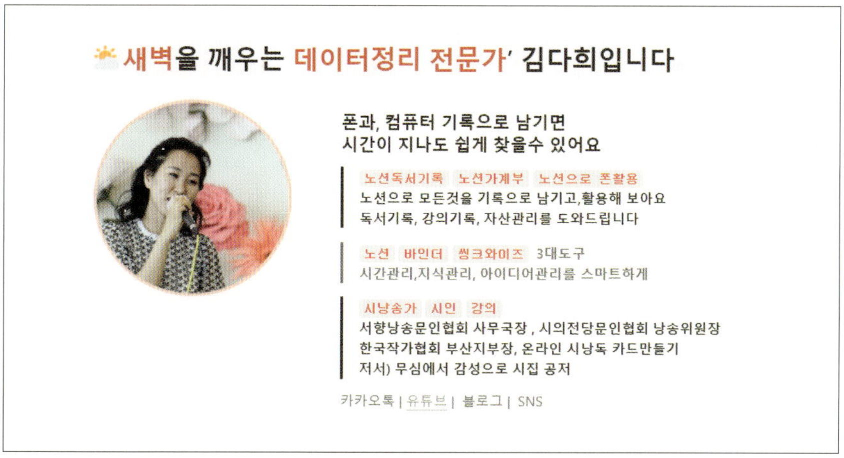


[그림15] 노션 포트폴리오 실제 사용 사례

## 2) 사명 선언서와 나를 소개하는 글을 넣어보자

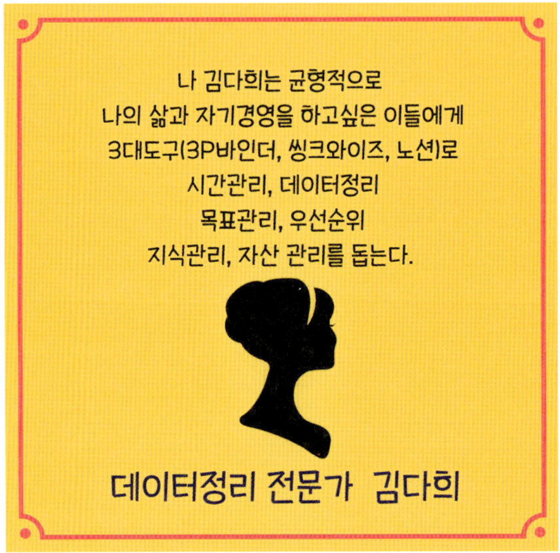


[그림16] 노션 포트폴리오에 담긴 사명 선언서

## 3) 포트폴리오, 이력서를 클릭 한 번으로 연결되게 하라

각종 SNS 채널을 자신의 이력서, 프로필, 포트폴리오 등에 링크 걸어 연결할 수 있다.

[그림17] 노션 포트폴리오에 연결된 강사 프로필, 블로그, 유튜브, 오디오클립 링크

## 4) 나의 SNS를 보여주고 싶은 방식으로 표현하라

필자는 필자의 유튜브 채널을 노션 포트폴리오에 담았다.

[그림18] 노션 포트폴리오에 담긴 유튜브 갤러리

## 5) 책을 쓰고 작가가 돼보자, 나의 book 갤러리 드러내기

필자의 종이책과 전자책 및 가치 있는 데이터를 노션으로 정리함으로써 북 갤러리를 만들었다.

[그림19] 노션 포트폴리오에 들어갈 집필한 책 갤러리 모음

## 7. 노션 AI란?

### 1) 노션 AI란?

노션 AI는 인공지능으로 노션 글쓰기, 브레인스토밍, 편집, 요약 등을 도와준다. 노션 사용자들의 생산성을 높이기 위해 노션에서 개발한 기능으로써 GPT-3 오픈소스 기술을 사용한다.(챗GPT 모델)

체험으로 일정량을 무료로 제공하는데 '설정과 멤버'에서 남아있는 무료 AI 응답 개수를 확인할 수 있다. 무료 응답을 모두 사용한 후에는 AI 유료 요금제를 결제해야 한다. 새 콘텐츠를 만들거나, 기존 콘텐츠를 편집하거나, AI 블록을 사용, 다시 시도 또한 노션 AI가 하나의 작업을 수행할 때마다 AI 응답이 사용된다.

AI기능은 사용하고 싶지만, 유료 요금제까지 결제하고 싶지 않은 분들은 '워크스페이스' 생성해서 ai 기능을 더 추가로 사용할 수 있다. 노션을 자주 사용하는 애용자라면 유료 결제도 괜찮지만, 그전에 무료로 충분히 연습해 볼 것을 추천한다.

[그림20] 노션 AI 소개(출처: 노션 홈페이지 )

### 2) 노션 AI의 기능

쓰기 개선, 작업 효율성 향상 및 새 텍스트 생성을 다룬다.

### (1) AI로 글쓰기 개선

Notion AI는 맞춤법 및 문법 실수를 돕고, 단락을 줄이고, 기술 용어를 명확히 하는 등의 작업을 할 수 있다.

### (2) AI로 업무 효율성 향상

Notion AI는 연구 논문, 제품 요구 사항 문서, 기술 사양 또는 뉴스 기사와 같은 다양한 문서에서 통찰력을 요약하고 추출할 수 있다.

### (3) AI로 새 텍스트 생성

Notion AI는 아이디어와 콘텐츠 초안을 브레인스토밍해 작가의 블록을 도울 수 있다. AI에게 무엇이든 물어보고 결과에 만족할 때까지 후속 프롬프트를 계속 묻는다.

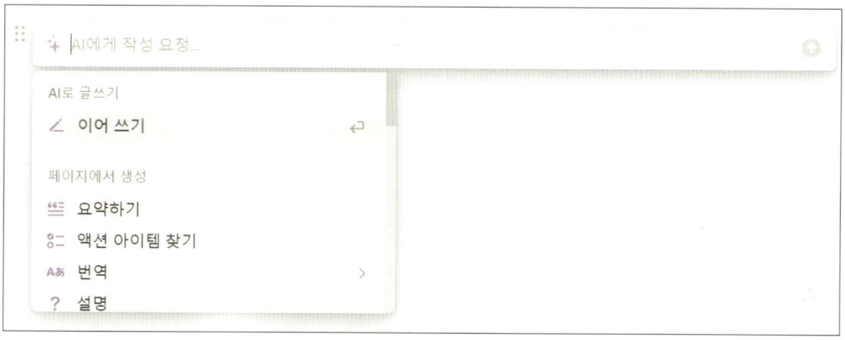


[그림21] AI 작성 또는 편집요청 화면

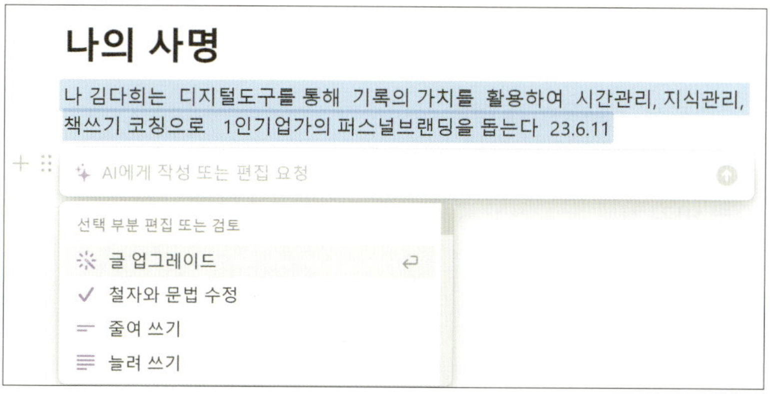


[그림22] AI 부분 편집 또는 검토사항

'스페이스 바'를 누르면 AI를 부르는 명령어가 된다. 작성 또는 작성 한글을 편집요청 할 수 있는데, AI로 이어쓰기, 페이지 요약하기, 액션 아이템 찾기, 번역 등의 기능을 이용할 수 있다.

### ① 액션 아이템

내용을 분석해서 해야 할인을 추천한다.

### ② 요약하기

30 초안에 긴 글의 내용도 요약해 준다.

### ③ 요점정리

리포트, 긴 글에서 주요 내용을 정리해 준다.

### ④ 철자와 문법 수정

노션에 기록을 자주 하거나 보고서 작성 시에 철자와 문법 수정이 쉽다.

### ⑤ 어조와 톤 수정

분위기에 맞게 어조와 톤을 수정할 수 있다.

### ⑥ 줄여 쓰기와 늘려 쓰기

내용을 다듬어내거나 글에 살을 붙여야 할 때 사용한다.

### ⑦ 설 명

누구나 읽기 편하도록 전문용어를 쉽게 풀어준다.

### ⑧ 심플한 말로 바꾸기

어렵지 않고 단순하고 쉽게 바꿔준다.

선택 부분 편집 또는 검토기능으로 글 업그레이드 기능이 있다. 철자와 문법 수정기능이 있어 노션으로 책을 쓰거나 준비할 때 분량이 많은 원고의 맞춤법을 전체 수정하는데 상당한 시간 절약을 가져다준다. 이뿐만 아니라 늘려 쓰기, 줄여 쓰기, 심플한 말로 바꾸기 기능이 있으며 전문적, 캐주얼, 간단명료하게, 자신감 있게, 친근한 말투로 어조 변경도 가능하다.

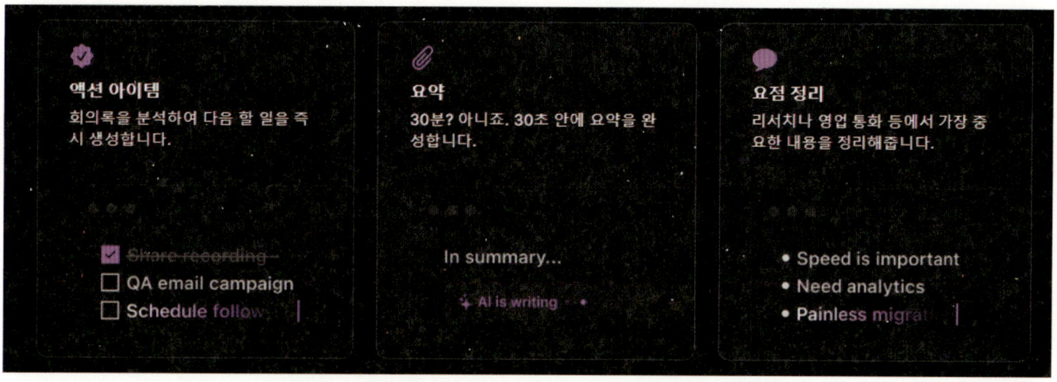


[그림23] 노션AI의 액션 아이템, 요약, 요점정리 기능

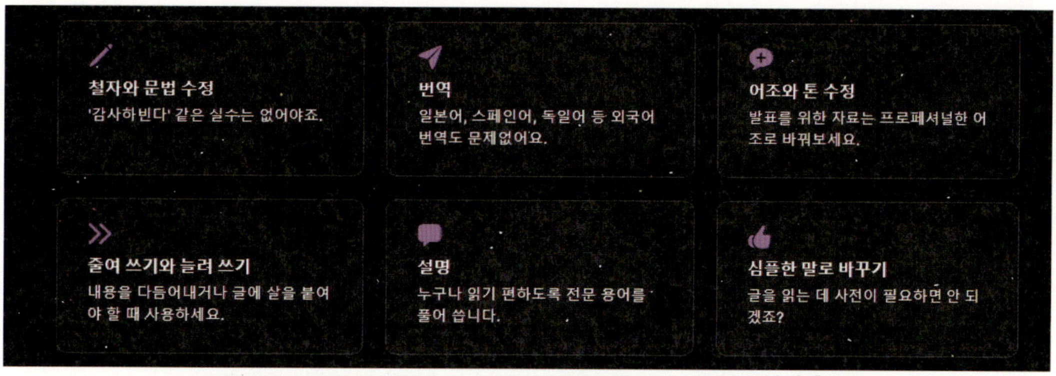


[그림24] 노션AI의 철자와 문법 수정, 번역, 어조와 톤 수정, 줄여 쓰기와 늘려 쓰기, 심플한 말로 바꾸기 기능

## 8. 'TOME' PPT를 대체한다

노션을 처음 만나고 3년 동안 매일 빠짐없이 쓰면서 몇 가지 확신이 들었다. 무료로 사용할 수 있고, 컴퓨터와 휴대폰, 아이패드로 연동성이 좋고, 기록을 보관하면 언제든지 꺼내서 볼 수 있어서 좋았다. 그런데 기록으로만 남기면 노션이 예쁘다고는 하지만 사실 가독성이 떨어진다. 그것을 'TOME'이 대체한다. 노션에 기록하듯 단순하게 기본타이핑 실력만 있다면 누구든지 TOME을 통해 PPT를 손쉽게 만들 수 있다. 쉬워도 너무 쉽다. 그리고 만든 이미지는 캡처 후 노션에 기록으로 남긴다.

TOME을 본 순간 노션을 처음 보았을 때 같은 강한 느낌이 찾아왔다. TOME을 만난 지난 한 달간 활용사례들을 소개하고자 한다.

### 1) 독서와 배움을 기록으로 남기다

책 한 권 읽는데 몇 시간이 걸릴까? 한 페이지를 읽는데 1분 정도가 소요된다면, 300페이지 분량의 책을 읽을 때 평균 5시간 정도 시간이 걸린다. 책 한 권 읽기가 힘든 이유이자, 책 읽은 것을 기록으로 옮기는 것 또한 사실 너무 힘들다. 그래서 추천하는 방법이 노션을 활용한 사전독서와 TOME을 활용해 기록으로 남기고, 이것을 노션에 옮겨놓는 것이다.

왼쪽에는 책의 제목과 저자를 적고 오른쪽에는 책 표지 이미지다. 이것을 만드는데 시간은 몇 초면 된다.

[그림25] TOME으로 작업한 독서 기록물 왼쪽에는 제목, 오른쪽에는 표지를 넣었다.

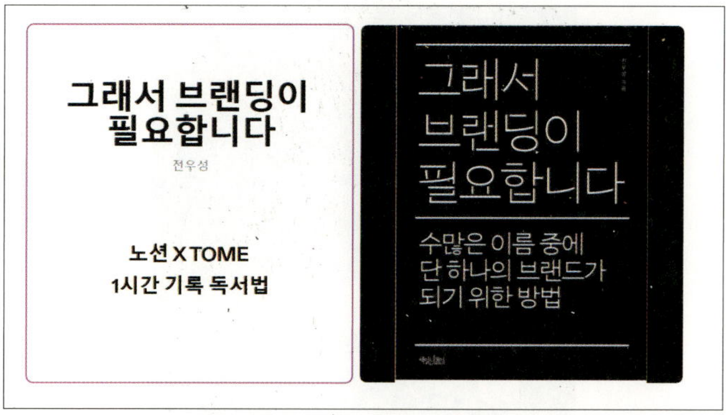


[그림26] Tome으로 작업한 독서기록물, 왼쪽에는 제목과 정보, 오른쪽에는 표지를 넣었다.

글자를 입력 후 드래그하면 글자를 수정할 수 있는 메뉴바가 나타나는데 TOME은 글자체를 숫자로 조정하는 게 아니라. Display, Title, Heading, Subheading, Body, Caption 한글로 표현하면 아주 굵은 체, 헤드라인, 본문 등을 클릭만 하면 글자 크기를 선택할 수 있다. 잠깐은 낯설지라도 몇 번 클릭하다 보면 금방 익숙해질 것이다.

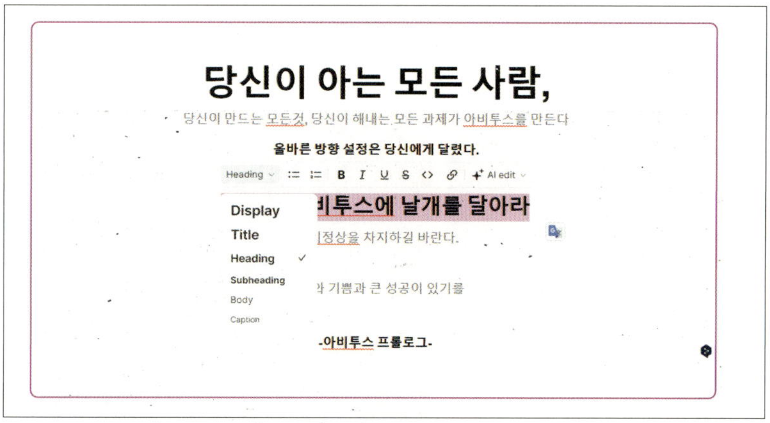


[그림27] 드래그하면 나타나는 TOME의 글자 크기 조절 및 편집 메뉴바 설명

다양한 색감의 PPT가 몇 초 만에 만들어진다? 이것이 가능한 이유는 무엇일까? TOME은 굉장히 직관적이다. 텍스트를 넣고 팔레트를 클릭하면 단 한 번의 클릭으로 원하는 배경색으로 바꿀 수 있다.

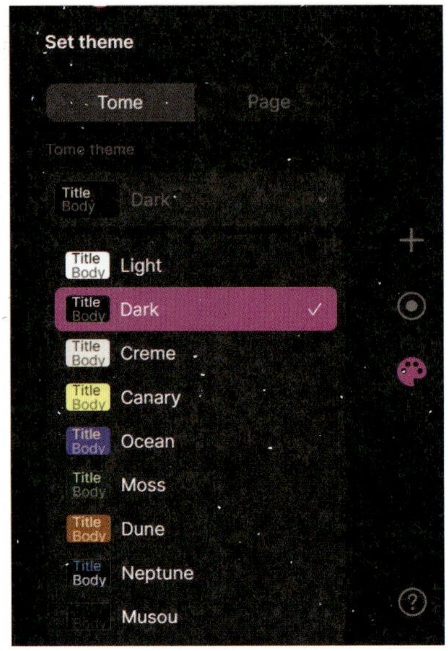


[그림28] TOME 배경 화면 바꾸는 방법

## 2) 출판기념회에 TOME과 노션을 활용한다

왼쪽에는 이미지를 넣고 오른쪽에 책의 정보에 대해서 넣었다.

[그림29] TOME도 작업한 출판기념회 발표자료, 책 소개

마찬가지로 나에 대한 퍼스널 브랜딩, 사명 선언 카드를 넣고, 나에 대해 알리는 글을 오른쪽에 적었다. TOME 강의를 듣고 이후 적용한 것이 출판기념회 발표였다. PPT 만드는데 시간이 많이 드는 편이었는데 굉장히 획기적이었다. 놀라운 것은 TOME의 기능은 이쁜만이 아니라는 것이다.

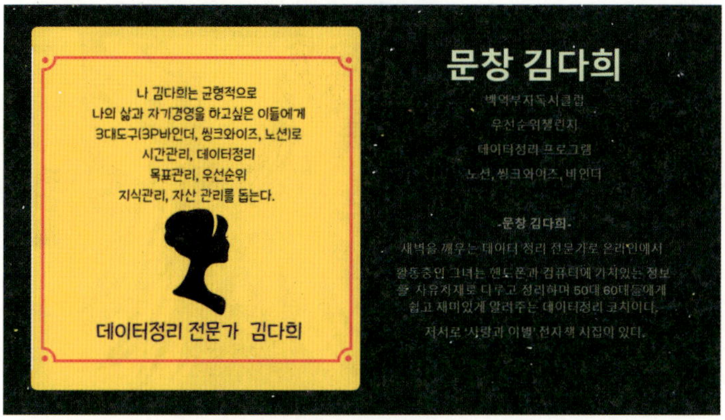


[그림30] TOME으로 작업한 출판기념회 발표자료(저자소개)

### 3) 인공지능 이미지도 만들어 주는 TOME

영어로 명령어를 입력하면 글자에 맞는 AI 이미지를 갖고 온다.

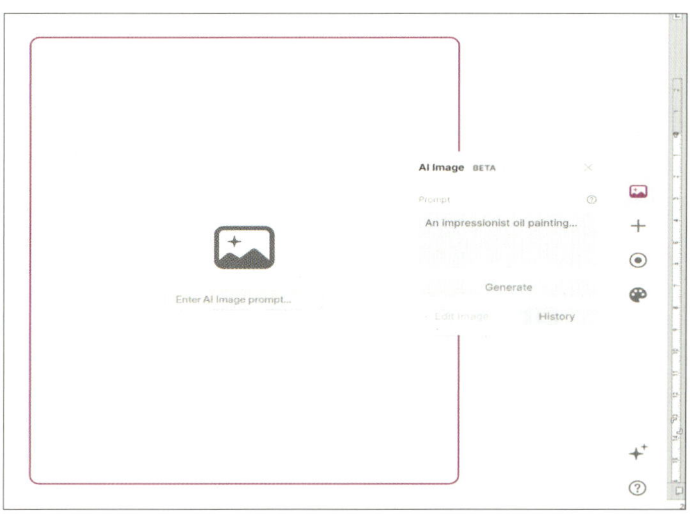


[그림31] TOME ai image 기능

단지 Draw a women wings 명령어를 넣었을 뿐인데 인공지능 이미지가 만들어진다. 다만, AI 기능을 이용할 때마다 크레딧이 차감되는데, 이는 TOME 사이트에 가입할 때 초대 링크를 복사해두었다가 주위에 추천하면 소정의 추천인 크레딧을 받을 수 있다.

[그림32] TOME AI 인공지능으로 그린 그림 적용하기

그렇다면 TOME에 기록해놓은 소중한 기록물들을 어떻게 노션에 옮겨갈까? PDF 전환기능은 유료이므로 순간 캡처 기능인 '윈도 시프트 S' 단축키를 활용해 노션에 기록할 것을 추천한다.

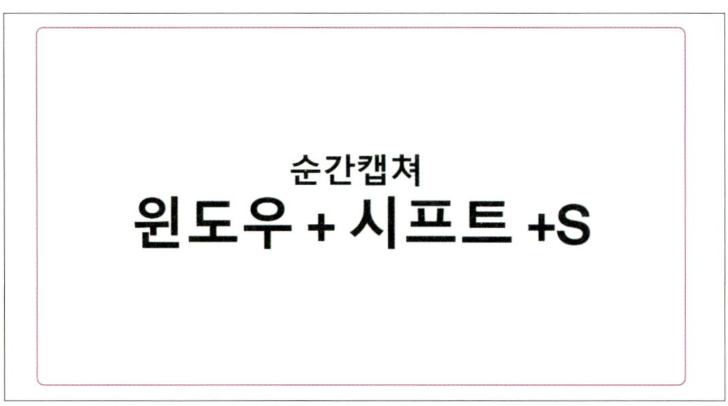


[그림33] 전 국민이 알아야 할 1초 만에 순간 캡처

## 9. 챗 GPT로 얻은 정보를 가공하고 활용하는 이가 빠르게 성공한다

챗GPT는 혁신적인 기술로, 계속해서 최신 정보와 기술들이 쏟아져 나올 것으로 예상된다. 이를 활용하기 위해서는 다음과 같은 방법들이 있을 수 있다. 사용해보고 나에게 맞는 챗GPT 모델을 선택하거나 유튜브, 전문 도서 등을 통해 정보를 수집. 나만의 가치 있는 데이터들을 기록하고, 가공해서 활용해보자.

챗GPT 모델로 구성된 챗봇을 이용해 자신이 원하는 정보를 질문 형식으로 입력하면, 자동으로 그에 맞는 답변을 받을 수 있다. 이를 통해 비즈니스 분석, 인공지능, 코딩 등 다양한 분야에서 도움을 얻을 수 있을 것이다.

수집한 정보를 종합해 자신만의 노하우와 지식으로 만들어 블로그나 유튜브 같은 다른 콘텐츠 채널에 활용하는 것도 좋은 방법이다. 그 방법으로는 이론적 지식과 현실적인 활용법을 정리하거나, 개인의 경험과 노하우를 담은 콘텐츠를 제작해 활용하면 된다.

최신 전문지식을 익히며 지식 자본을 축적하라. 지식이 능력이 될 때까지 지금 흐름에 적용해야 할 문구인 것 같아 '아비투스'에서 나오는 글을 인용해 보았다.

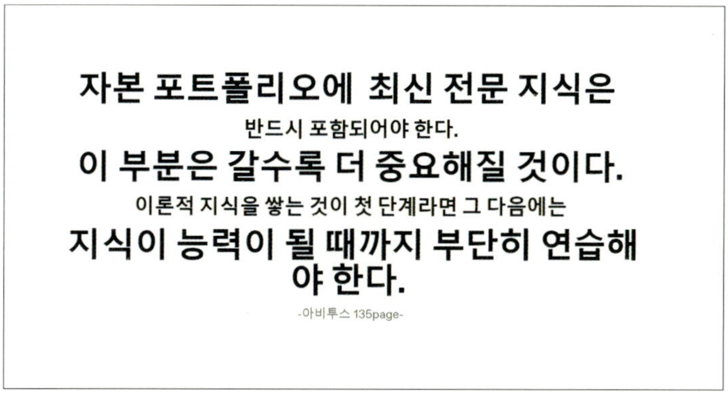
자본 포트폴리오에 최신 전문 지식은
반드시 포함되어야 한다.
이 부분은 갈수록 더 중요해질 것이다.
이론적 지식을 쌓는 것이 첫 단계라면 그 다음에는
지식이 능력이 될 때까지 부단히 연습해야 한다.
-아비투스 135page-

[그림34] 아비투스 인용

# Epilogue

기록은 중요하다. 노션과 챗GPT를 활용해 나만의 데이터를 쌓는 것이 더욱 쉬워졌다. 빠른 시간 안에 나만의 데이터를 모아 브랜딩할 수 있는 도구로 활용해보자. 시간이 지날수록 나만의 데이터 자산은 늘어날 것이다. 당신의 더 큰 도전에 대한 준비를 도와줄 수 있는 비서가 될 것이다. 노션은 PC뿐만 아니라 모바일에서도 쉽게 접근할 수 있는 것이 큰 장점이라서, 언제 어디서든지 타이핑만 할 수 있다면 누구나 수정이 쉽다.

또한 챗 GPT와 함께 활용하면 더욱 높은 생산성을 얻을 수 있을 것이다. 이를 통해 더 많은 시간과 에너지를 새로운 아이디어 도출과 프로젝트 관리에 할애할 수 있게 될 것이다. 그뿐만 아니라 노션을 활용해 데이터를 모으고 분석함으로써 미래의 일을 예측하고 계획할 수 있다. 이러한 끊임없는 준비는 성공과 성취를 이루는 데 큰 역할을 한다.

여러분의 창조적인 성장과 발전을 위한 귀중한 도구로 쓰일 수 있도록 바라는 마음을 담아 노션을 이해하고 쉽게 따라 할 수 있는 노션의 기본개념부터, 퍼스널브랜딩, 독서 기록까지 활용사례와 함께 필요로 하는 정보를 담고자 했다. 이 책을 통해 노션이 기록이 습관이 되고, 브랜딩이 되는 랜딩 페이지가 되기를 바란다.

혹시 챗GPT 인공지능을 배우기에 이미 늦었다고 생각하는가? 배움에 늦은 시기란 없다. 지금부터 가고자 하는 목표와 방향을 설정하고, 지금 해야 하는 일들을 실행에 옮기면 된다. 실패했다고 생각하는가? 피드백하고 수정해서 다시 시도해 보면 된다. 우리는 그렇게 성장해 나가고 있다.

'늦지 않았습니다' 자작시로 여러분의 꿈과 열정을 응원한다.

무엇인가 배우기에
늦은 시간이란 없습니다

누군가를 사랑하기에
늦은 시간이란 없습니다

누군가를 용서하기에
늦은 시간이란 없습니다

지금이라도 깨닫기 시작했기에
늦지 않았습니다.

## [참고문헌]


<저서>

- 아비투스, 다산초당, 도리스 메르틴 지음, 배명자 옮김, 2023
- 그래서 브랜딩이 필요합니다, 책읽는 수요일, 전우성, 2021

<사이트>

- 노션 NOTION. SO
- 타미 TOME. APP

Chapter
05

# 전문직에 맞는 씽크와이즈 인공지능 시스템 구축

김중현

Chapter
# 05

# 전문직에 맞는 씽크와이즈 인공지능 시스템 구축

## Prologue

인공 지능(AI) 기술의 사용은 일상생활의 여러 측면에서 점점 더 보편화되고 있다. 집에 있는 가상 비서에서 도로 위의 자율 주행 자동차에 이르기까지 AI는 우리가 생활하고 일하는 방식을 변화시키고 있다. 따라서 AI 기술, 응용 프로그램 및 윤리적 영향에 대한 포괄적인 이해가 필수적이다.

이 책은 다양한 애플리케이션을 위한 AI 시스템의 설계, 구축 및 구현에 대한 자세한 가이드를 제공한다. 기계 학습, 자연어 처리, 컴퓨터 비전 및 로봇 공학을 포함한 AI의 핵심 개념을 다루고자 한다. 또한 의사 결정 트리, 지원 벡터 머신, 신경망 및 강화 학습과 같은 AI에 사용되는 특정 알고리즘을 탐구한다.

AI 특화 플랫폼인 씽크와이즈 시스템도 본문에서 소개하고자 한다. 애플리케이션 개발, 데이터 통합 기능 및 AI 기능에 대한 모델 중심의 접근 방식은 운영에 AI 기술을 활용하려는 기업을 위한 강력한 도구이다.

또한 이 책은 AI 기술의 윤리적·사회적 의미와 윤리적·도덕적 원칙에 부합하는 AI 시스템을 설계하는 방법을 검토한다. AI가 의료, 금융 및 교육을 포함한 다양한 산업 및 부문에서 어떻게 사용되고 있는지 보여주는 사례 연구가 제공된다.

AI 기술이 계속 발전함에 따라 잠재적인 영향을 고려하고 사회 전체에 이익이 되는 방식으로 사용되도록 조치를 취하는 것이 중요하다. 이 책은 윤리 및 도덕 원칙을 존중하면서 사람들의 삶을 개선할 수 있는 AI 시스템을 설계하고 구현하려는 AI 연구자, 개발자 및 실무자를 위한 귀중한 자료가 될 것이다.

[그림1] 씽크와이즈 로고

## 1. 인공지능 연구 분야

인공지능 AI는 'Artificial Intelligence'의 약자이다.

사람처럼 생각하고 사람처럼 행동하는 기계(SW, 컴퓨터, 로봇)를 만드는 연구, 사람처럼 보고 듣고 느끼고 말하고 행동하는 기계를 만드는 연구, 사람이 하면 지능을 필요로 하는 일을 기계가 할 수 있도록 하는 연구, 현재로서는 사람이 기계보다 잘하는 일을 기계가 할 수 있게 하는 연구 등이 진행되고 있다.

## 2. 인공지능의 역사

인공지능의 역사는 태동기를 시작으로 연대별로 다음과 같은 과정을 거치면서 발전해왔다.

태동기 : 튜링의 사고 기계 제안(1950) → 인공지능 탄생(1956) → 열정, 과열, 냉각(1960-1973) → 지식기반 전문가 시스템(1975-1985)의 산업화 → 신경망(1986)과 머신러닝 연구 → 베이지안넷(1988)과 확률적 추론 연구 → 지능형 에이전트(1995)와 로보컵 대회(1997) → 인터넷/웹/모바일/소셜 데이터와 머신러닝의 산업화 → 왓슨, 시리, 자율주행차(2011년) → 딥러닝 기술의 산업화(2012-현재)

## 3. 인공지능의 7가지 분야

전문가 시스템(Expert System), 머신러닝(Machine Learning, 기계 학습), 자연어 처리(Natural Language Processing, NLP)로 이는 기계번역 – 분류 – 문맥 추출 – 질의응답을 들 수 있다. 이어 말하기(Speech), 시각(Vision), 계획 수립(Planning), 로봇 공학(Robotics) 등 7개 분야로 나눈다.

## 4. 인공지능의 종류

### 1) 챗GPT

#### (1) 챗GPT란?

챗GPT는 Generative(생산형), Pre–trained(미리 학습된), Transformer(변환기)의 약자이다.

#### (2) 출시일

- 2022년 11월 30일 출시
- 2023년 3월 14일 GPT–4 출시
- 2023년 3월 23일 ChatGPT plugins 공개

ChatGPT
Generative Pre-trained Transformer

| 분류 | LLMs 대화형 인공지능 |
|---|---|
| 개발사 | OpenAI |
| 서비스 | • 부분적 유료 |
| 출시일 | 베타<br>2022년 11월 30일 |
| 기반 | • GPT-3.5<br>• GPT-4[A][2] |
| 링크 | (블로그) |

[그림2] OpenAI 로고(출처 :구글 나무위키)

[그림3] 챗GPT 이미지(출처 : 구글)

광주광역시가 인공지능인 챗GPT를 활용한 행정서비스 실현 TF팀 구성발표

[그림4] 챗GPT TF 이미지

"챗GPT와 신사업 연결하라"... 특명 떨어진 기업들

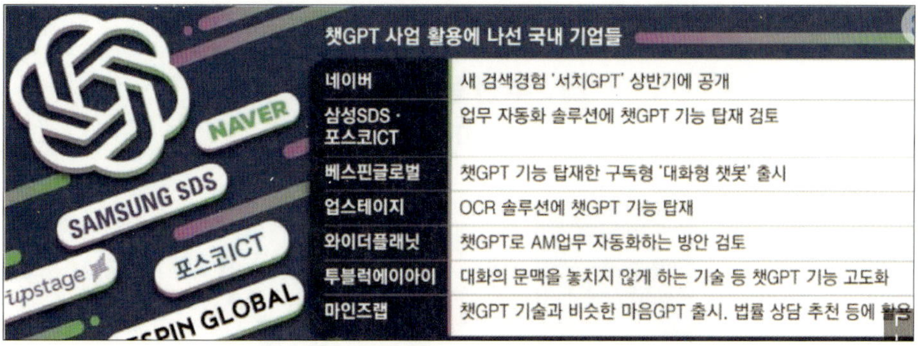

챗GPT 사업 활용에 나선 국내 기업들

| | |
|---|---|
| 네이버 | 새 검색경험 '서치GPT' 상반기에 공개 |
| 삼성SDS · 포스코ICT | 업무 자동화 솔루션에 챗GPT 기능 탑재 검토 |
| 베스핀글로벌 | 챗GPT 기능 탑재한 구독형 '대화형 챗봇' 출시 |
| 업스테이지 | OCR 솔루션에 챗GPT 기능 탑재 |
| 와이더플래닛 | 챗GPT로 AM업무 자동화하는 방안 검토 |
| 투블럭에이아이 | 대화의 문맥을 놓치지 않게 하는 기술 등 챗GPT 기능 고도화 |
| 마인즈랩 | 챗GPT 기술과 비슷한 마음GPT 출시. 법률 상담 추천 등에 활용 |

[그림5] 챗GPT 활용기업들(출처 : 매일경제 뉴스)

## 2) 에이닷

[그림6] 에디닷 이미지

### (1) 개요

- https://a.sktelecom.com
- 2022년 SKT가 새롭게 론칭한 AI 비서 서비스이다. 최근 구글, 네이버, 카카오 등 IT 기업들이 적극 투자하고 있는 '초거대 AI' 시장에 통신회사인 SKT도 뛰어든 것이다.

에이닷 홈페이지 – 모바일 전용 플랫폼

[그림7] 에이닷 소개

에이닷의 다양한 서비스 기능

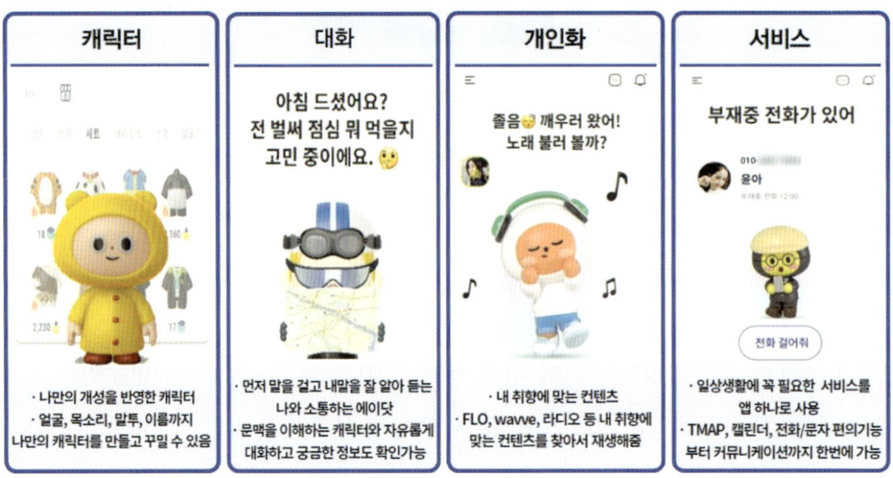


[그림8] 에이닷 서비스

에이닷 앱 다운 실행 설명 이미지

[그림9] 에이닷 기능

에이닷 서비스 설정 안내 이미지

[그림10] 에이닷 기능2

에이닷 캐릭터 설정부터 완료

[그림11] 에이닷 캐릭터 설정

## (2) 에이닷이 할 수 있는 것

에이닷의 다양한 활용

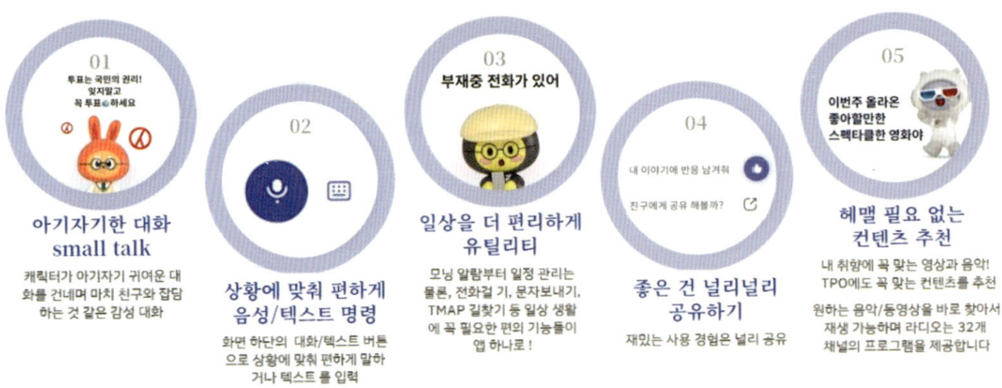


[그림12] 에이닷의 활용

에이닷과 일상 적용 범위

[그림13] 에이닷의 활용2

## 3) 아숙업(AskUP)

### (1) 개요

아숙업이란 업스테이지라는 스타트업 기업에서 만든 플랫폼이며 챗GPT를 카카오톡에서 사용할 수 있도록 사용 편의성을 높인 서비스이다. 업스테이지는 챗GPT를 빠른 한국어로 번역을 해주고 조금 더 품질이 높은 답변을 해주는 서비스이다.

업스테이지의 광학문자인식(OCR) 기술과 프롬프트 파인튜닝 그리고 챗GPT를 연동을 통해 사용자의 편의성을 더욱 높여 줬다.

첫 번째 업스테이지가 개발한 광학문자인식(OCR) 기술이란 다양한 글꼴, 배경 등에 상관없이 정확하게 문자를 인식하는 기능이다. 텍스트로 작성된 문서나 텍스트가 포함된 이미지 사진, 손글씨 이미지를 Askup에 보내면 번역 또는 텍스트 파일로 받을 수 있다. 해당 문서에 관한 질문을 하면 답변까지 해주는 기능을 말한다.

두 번째, 프롬프트 파인튜닝이랑 프롬프트란 쉽게 표현하면 우리가 질문하는 문장을 말한다. 업스테이지에서 보다 한국어에 맞는 정돈된 답변, 품질 높은 답변을 위해 수정 및 작업을 했다.

세 번째, 세계적으로 유명한 AI 챗봇 시스템인 챗GPT를 활용했으며 최근에 출시된 GPT-4까지 연동해 보다 높은 수준의 답변을 받을 수 있다.

### (2) 사용법

아숙업의 기본 사용법 이미지

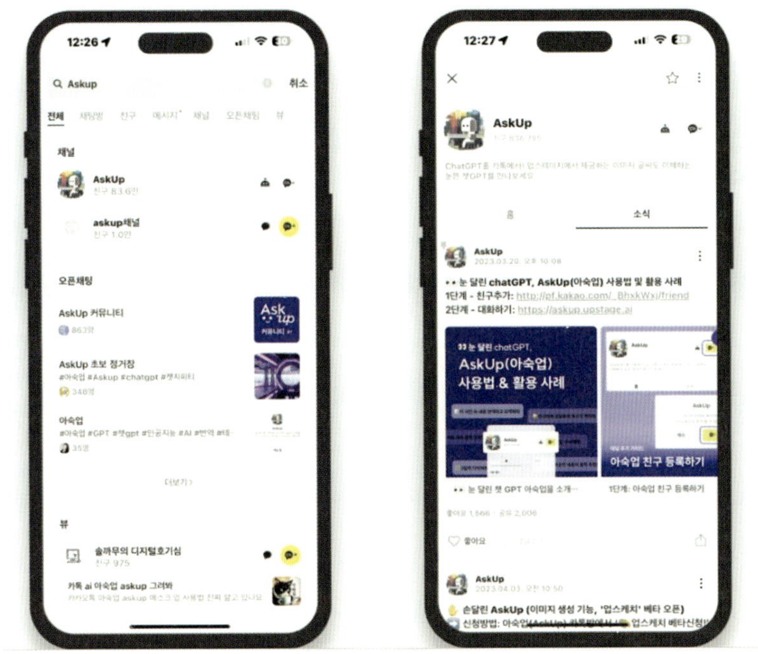


[그림14] 아숙업 사용법

아숙업의 기본 사용법 이미지

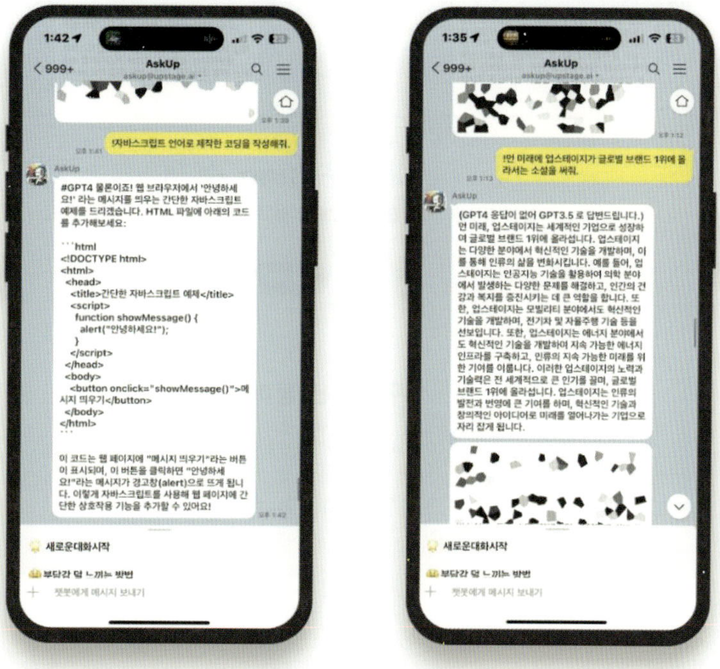


[그림15] 아숙업 사용법2

## (3) 주의사항

- AskUP은 2021년 10월 이전 데이터로 학습된 Open AI로 실시간성은 없다.
- Open AI가 제공하는 답변이 부정확하거나 부적절할 수 있다.
- 이미지에서 글씨를 읽을 수 있다.(1,000자 이하)
- 하루 100회의 무료 크레딧을 이용자분들에게 제공한다.
- AskUP 서비스나 정책은 예고 없이 변동될 수 있다.

## 4) BingChat

[그림16] BingChat

### (1) 개요

요즘 인공지능 A.I 챗봇이 많이 생겼다. 가장 최근에 뜨거운 반응인 chatgpt가 있었다. 사실 챗GPT의 단점은 웹 검색이 안 되며 2021년까지의 데이터만을 학습한 인공지능으로 2022년 이후의 데이터의 경우에는 정확한 답을 얻기 힘들다는 점이다.

이러한 기능을 보완하기 위해 나온 새로운 챗봇이 바로 마이크로소프트 회사에서 나온 'Bingchat'이다. 빙챗은 프로메테우스 엔진을 삽입한 AI 기반 응답이라고 홍보하고 있다. 빙챗의 기능은 복잡한 질문, 더 나은 답변, 창의적인 영감 얻기가 가능하다고 한다. 빙챗은 스스로가 사용자의 질문을 웹사이트에 검색해서 정확한 답을 찾아 그 결과를 바탕으로 답을 쓰기 때문에 챗GPT보다 정확하다고 할 수 있다.

### (2) 챗GPT 빙챗 비교해보면

① 챗GPT의 장점은 여러 가지 주제에 대해서 심도 있고, 슬기로운 답변을 받을 수 있다. 또한 대화 형식이기 때문에 자연스럽고 정확한 답변이 가능하다.

챗GPT의 단점은 무료 버전은 등록돼 있는 서버의 데이터에서 답을 찾아준다. 2021년까지 내용이 학습돼 있기 때문에 '2023년 3월 빌보드차트 1위는 누구야?'와 같은 질문에는 답을 못한다.

챗GPT는 실시간이 아니기 때문에 URL 주소로 들어가면 '페이지가 없습니다'와 같이 정보가 정확하지 않을 수 있다. 하지만 실시간 답변을 원한다면 유료 버전을 사용해야 최신 정보를 얻을 수 있다.

② 빙 챗은 장점은 실시간 검색 후 정리하여 답변을 주기 때문에 최신 데이터를 기반으로 답을 얻을 수 있다. 빙 챗은 명확한 출처를 바탕으로 검색하기 때문에 빙챗이 이용한 사이트를 정리해서 URL을 제공한다.

빙챗의 단점은 하루 질문 가능 개수가 동일 채팅창 내 15개, 하루 총 150개가 가능하다. 답변이 간단하고 반복적인 답변을 받을 수 있고 자연스럽지 않을 수 있다.

### (3) 사용 방법

① 엣지 브라우저를 연다.
② 검색창에 빙을 검색하면 '새로운 빙을 소개한다'라고 나오는 것을 클릭하라.
③ 그러면 대기목록에 등록이라는 파란색 버튼이 나온다.
④ 그것을 클릭하면 신청 완료이다.
⑤ 신청한다고 해서 바로 사용할 수 있는 것이 아니고 일정 기간 지나야 사용 가능하니 참고하길 바란다.
⑥ 승인되면 빙에 접속하면 바로 사용이 가능하다.
⑦ 에지 브라우저 상단에 B 표시로 아이콘이 생성돼 클릭하면 바로 대화창이 나오며 사용할 수 있다.

## 5) 클로바노트

https://clovanote.naver.com/

대화 내용, 강의 내용, 자신과의 대화 내용 등 음성기록을 텍스트로 정리할 수 있다. 또한 녹음 중 PC에서 메모 기능을 활용할 수 있으며 메모한 내용은 작성 시간과 함께 저장돼 음성 기록을 쉽게 확인하고 정리할 수 있다.

[그림17] 클로바노트

클로바노트 시작을 눌러 시작한다.

[그림18] 클로바노트2

중요한 대화를 북마크 해 두면 나중에 필요할 때 북마크 기능으로 쉽게 음성기록을 찾을 수 있다.

[그림19] 클로바노트3

AI가 자동으로 음성기록을 요약해 주고 요약본은 직접 편집할 수도 있다.

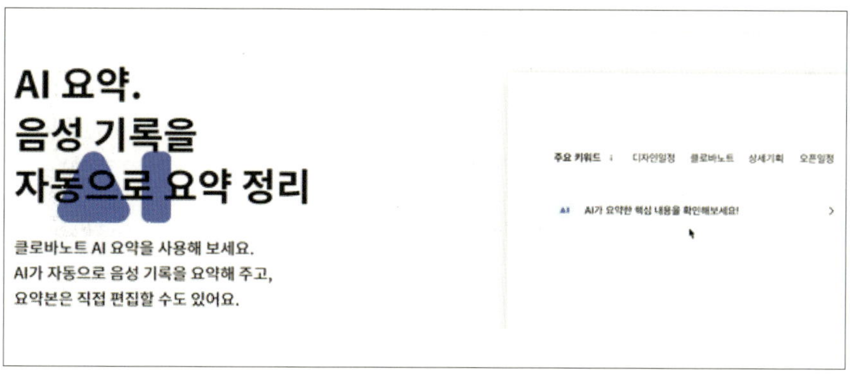


[그림 20] 클로바노트4

메모나 북마크 구간을 검색을 통해 쉽게 찾아볼 수 있으며 변환된 음성기록과 메모를 수정할 수도 있다. 이뿐만 아니라 녹음파일과 음성기록, 메모를 다운로드 할 수 있다.

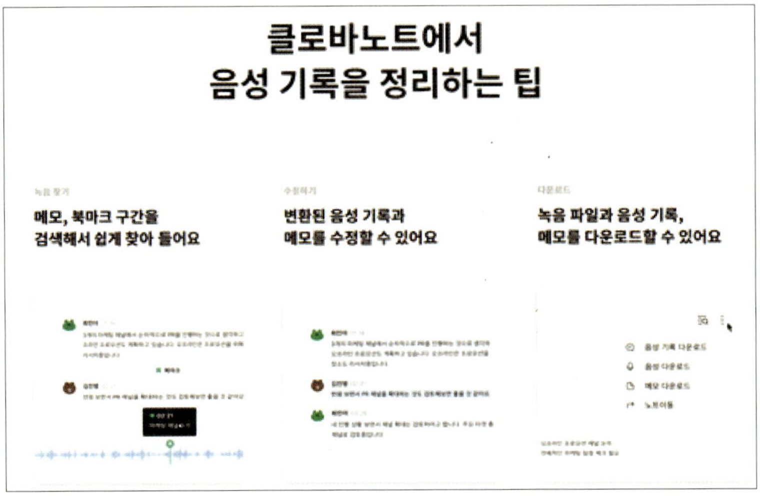


[그림21] 클로바노트5

클로바노트의 마케터 비서 역할은 예를 들어 브랜드 전략회의를 진행하다 보면 각자 다른 해석을 가질 수 있다. 이때 미팅을 마치고 노트를 공유해 내용을 함께 검토하며 만족스러운 결과를 만들어 낼 수 있다.

또한 소비자 조사를 전화 인터뷰로 진행할 경우 클로바노트로 스피커폰 통화내용을 녹음하면서 중요한 포인트는 바로 북마크 해두고 동시에 PC에서 인사이드를 메모해 활용할 수도 있다.

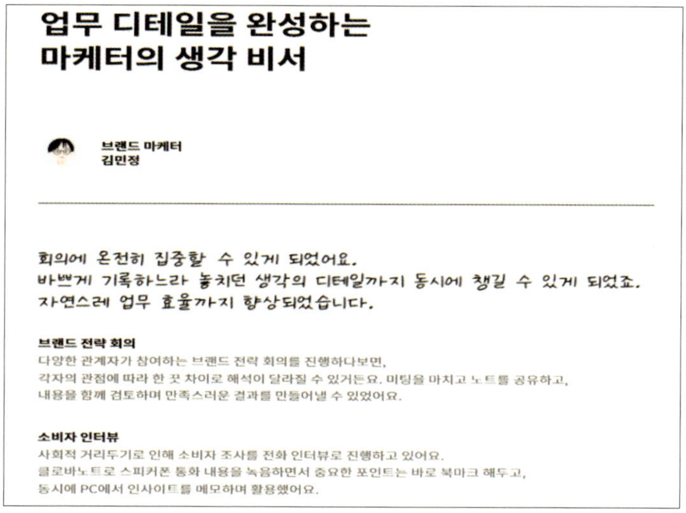


[그림22] 클로바노트6

## 5. 씽크와이즈를 통한 인공지능 활용 생각을 성과로

### 1) 씽크와이즈는 무엇인가?

- 디지털 마인드맵 소프트웨어
- 스마트한 생각 정리
- 시각적 사고를 위한 맵핑 도구로, 다양한 맵 방향을 지원하는 세계 유일한 안드로이드용 애플리케이션이었다. 모든 스마트기기에서 사용 가능한 소프트웨어로 변화되고 지속적으로 성장하고 있다.

#### (1) 다양한 활용

① 아이디어 메모

② 정리되지 않는 생각 또는 정리된 생각 모두를 정리하는 최적의 도구

③ 학습(청소년 성인 예습, 복습, 수행평가, 보고서 작성 등)

④ 회의 준비(기획부터 프레젠테이션까지)

⑤ ToDo 관리/ 기획 및 보고서 등

⑥ 프레젠테이션 및 강의 준비

⑦ 국내 또는 전 세계 어디서나 연결되는 최고의 협업 소통 도구

### (2) 활용 분야

#### ① 수업과 학습정리

교사와 학생들 간 수업 자료·노트 공유가 가능하며, 다양한 기기를 이용해서 수업과 학습 내용을 체계적으로 정리할 수 있다. 또 팀프로젝트(팀별 과제)에서 역할을 분담하고 원격으로 의견과 자료를 제출하고 공유할 수 있다. 최종 보고서 공동 작성과 공유 또한 가능하다.

#### ② 회의(회의/브레인스토밍)

대면뿐만 아니라 비대면 회의를 통해서도 조직의 아이디어를 모으고 체계화할 수 있다. 메신저를 이용할 경우 몇 번을 반복해야 하는 다양한 주제에 대한 의견 또한 쉽게 취합하고 정리할 수 있다. 조직 구성원의 생각과 아이디어를 원격으로 정리할 수 있다. 단순히 나열하는 것이 아니라 인과관계, 속성, 전후 관계에 따라 정리할 수 있다.

#### ③ 일일 업무보고, 주간 및 월간 업무 계획 수립과 보고

장소와 장비의 제약 없이 개인별·팀별로 체계적 업무 계획 수립과 보고·지시가 가능하다. 본사와 지사 간 업무협의를 원격으로 할 수 있다. 필요에 따라 파일과 간단한 노트를 첨부할 수도 있으며, 외근과 출장지에서 업무 관련 파일(이미지, URL 문서)을 첨부해 원격으로도 보고할 수 있다. 보고와 지시, 파일 정부는 정확히 해당 업무에 첨부되기에 쉽게 찾고 빠르게 조치할 수 있다.

#### ④ 중소기업 업무 정리와 인수인계

iThinkWise는 조직의 창의성을 북돋우는 비주얼 씽킹 기반 협업들이다. 임직원들이 계획을 세우고 아이디어를 내어 업무를 추진해 나갈 수 있도록 전체를 바라볼 수 있는 시각적 기반을 제공해 줄 것이다. 업무를 절차에 따라 나열하고 세부 업무 매뉴얼을 프로세스에 첨부시킬 수 있으며, 관련 검도 사항들이 모두 하나의 ThinkWise 문서에 그대로 남게 된다. 그리고 이후 언제라도 열람이 가능해 업무 이관, 인수인계 등을 용이하게 한다.

## 2) 씽크와이즈 활용하기

### (1) 프로그램 설치

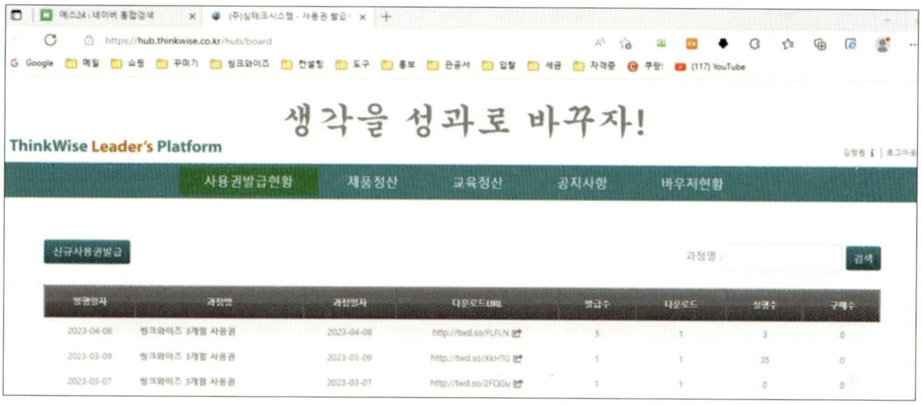


[그림23] 씽크와이즈 무료 설치

① 먼저 사이트를 검색해 다음의 ② 순서대로 이름과 이메일을 기록해 ③ 본인확인을 거쳐 정품구매를 한다.

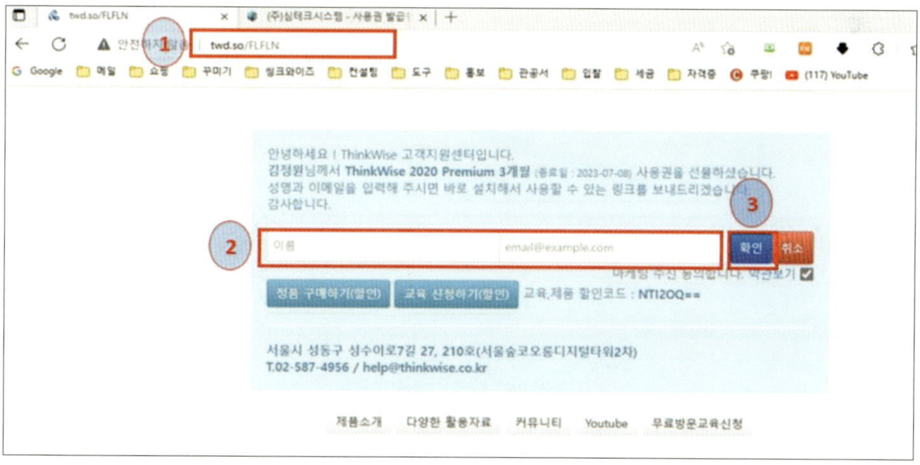


[그림24] 씽크와이즈 무료설치2

기록해 놓은 본인 이메일로 확인 메시지가 전송되면 열어 확인한다.

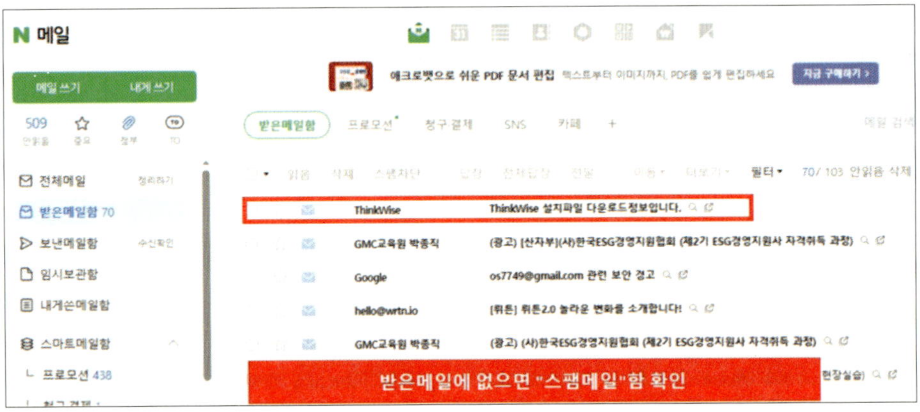


[그림25] 씽크와이즈 설치 메일 확인

들어온 메일에서 다운로드를 클릭한다.

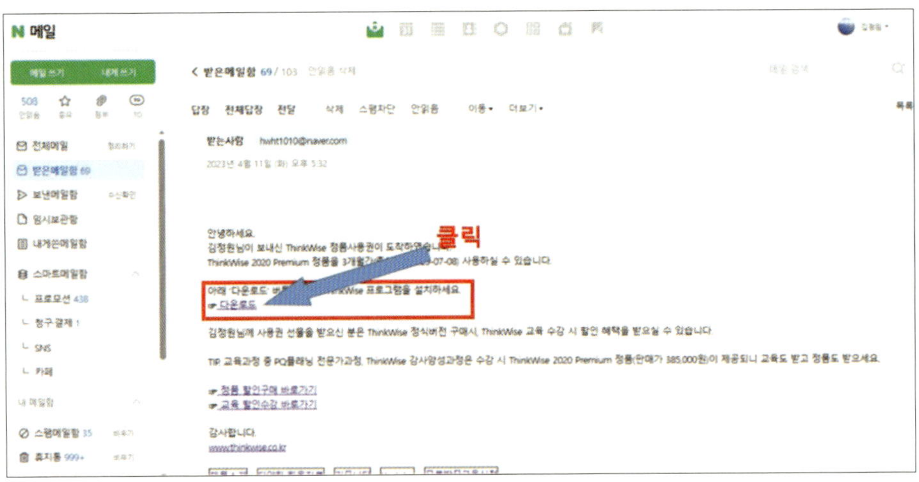


[그림26] 메일 내용 확인

다운로드가 진행되고 있는 화면이다.

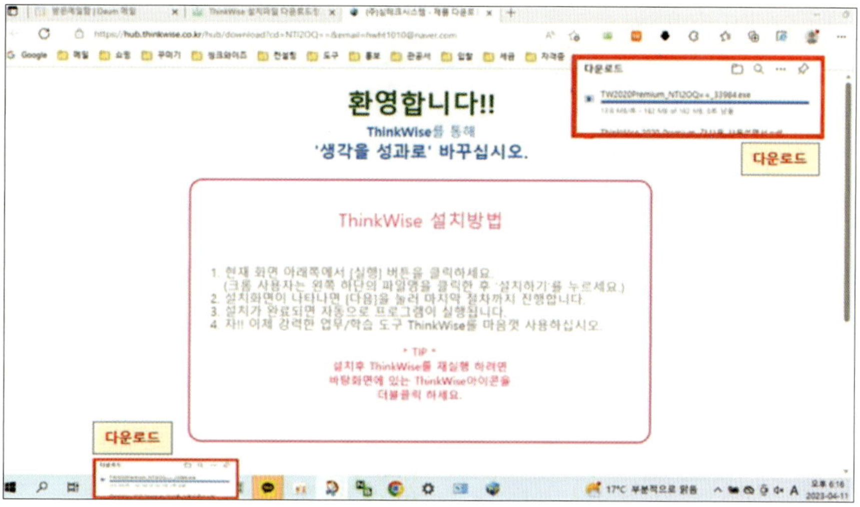


[그림27] 다운로드 실행

PC에서 다운로드 폴더를 열고 실행파일을 클릭해 실행시킨다.

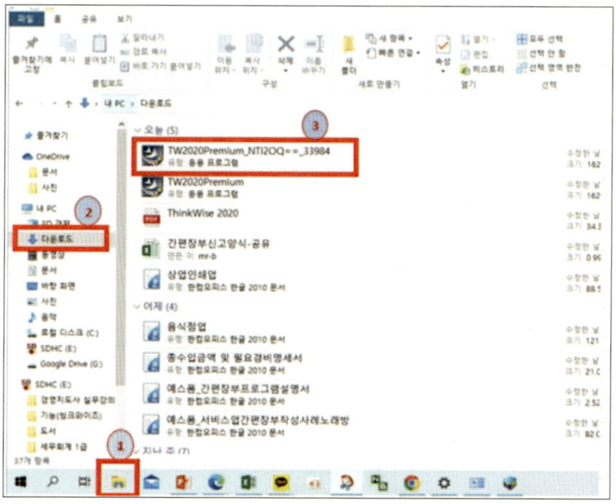


[그림28] 실행파일 열기

다음과 같은 팝업창이 뜨며 앱이 디바이스를 변경할 수 있도록 허용 여부를 물을 때 '예'를 클릭한다.

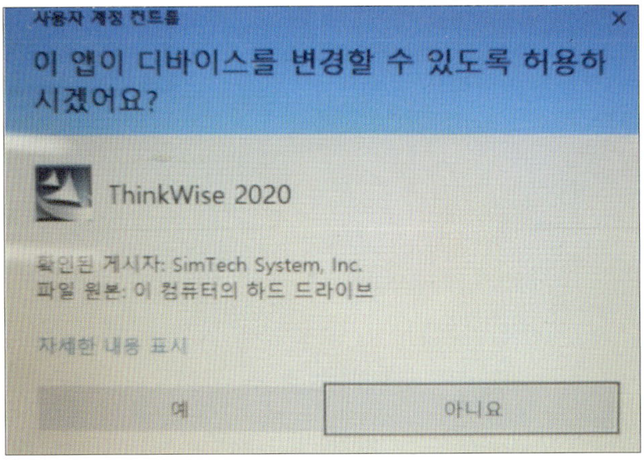


[그림29] 실행 허용하기

다음은 바탕화면에 설치된 모습이다.

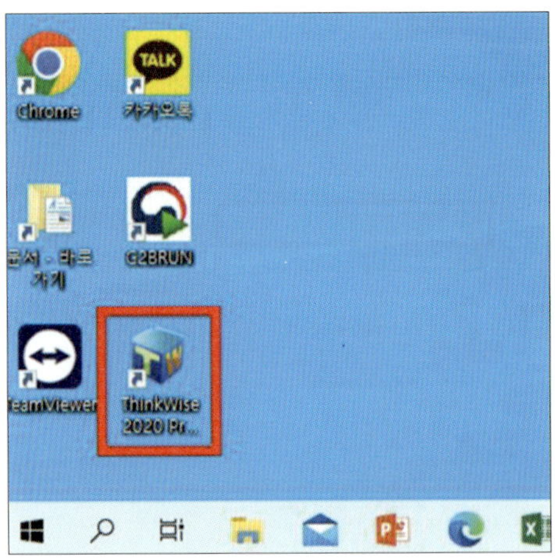


[그림30] 설치된 화면

바탕화면에 설치된 것을 클릭 해 마법사를 실행하고 다음과 같은 화면으로 전환되면 완료를 누른다.

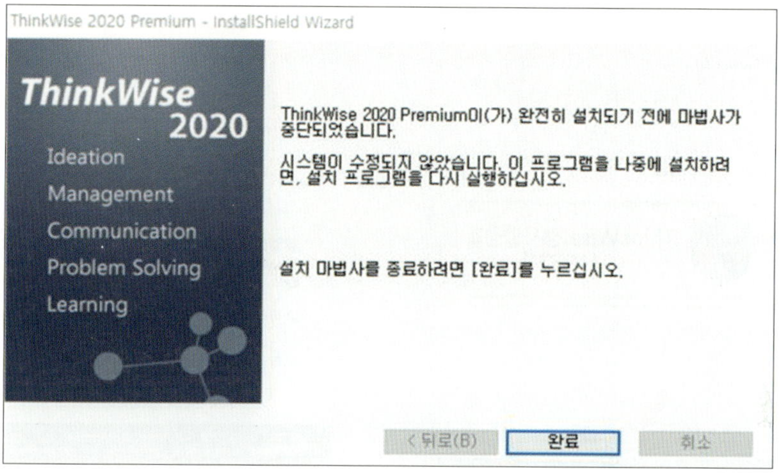


[그림31] 씽크와이즈 마법사

### (2) E-mail로 협업 참여 방법

협업 참여 방법은 상대가 보낸 협업 초대메일을 씽크와이즈 회원가입 시 등록한 이메일의 받은 편지함에서 확인 후 열기를 한다.

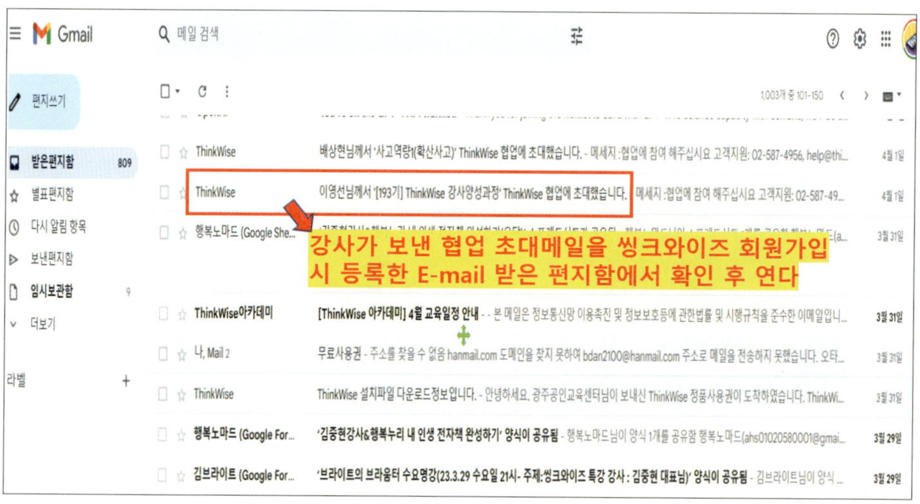


[그림32] 협업 메일 확인

받은 이메일을 열어 진행을 클릭하고 기존 사용자는 즉시 참여가 가능하며 미사용자는 프로그램 설치 후 참여를 클릭해 협업에 함께 참여할 수 있다.

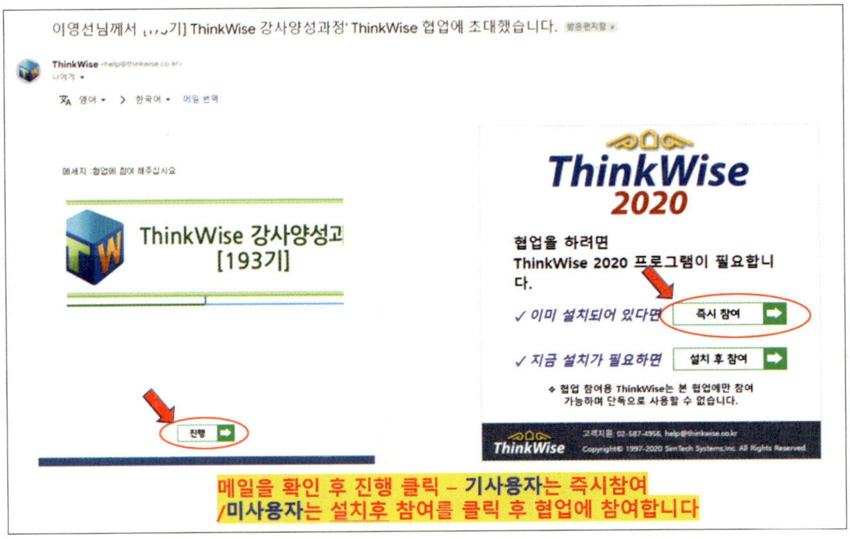


[그림33] 즉시 협업 참여하기

### (3) 협업 초대 링크로 협업 참여 방법

씽크와이즈 협업을 위해 초대 URL을 보내 참여할 수도 있다.

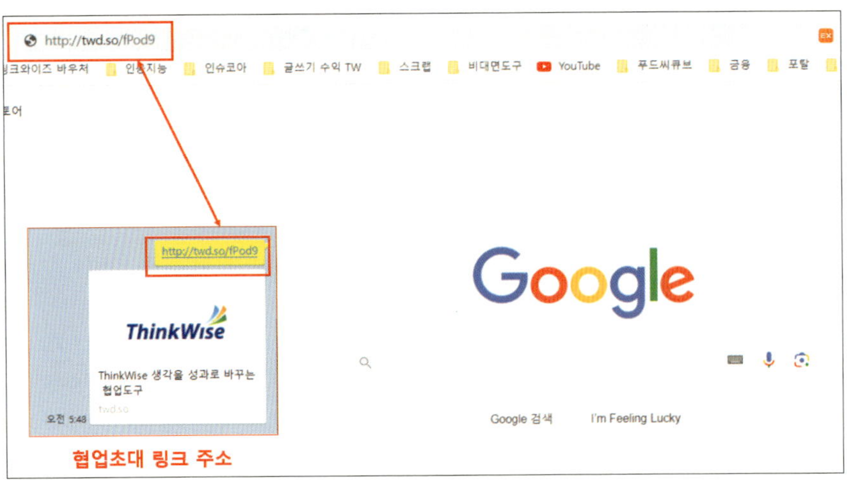


[그림34] 씽크와이즈 URL로 초대하기

## (4) 기본 사용법

다음은 씽크와이즈 대시보드 기본 화면이다.

[그림35] 씽크와이즈 대시보드

[그림36]과 같이 좌측 상단의 '새 문서'를 클릭하고 열기를 한다. 혹은 Ctrl+N을 클릭한다.

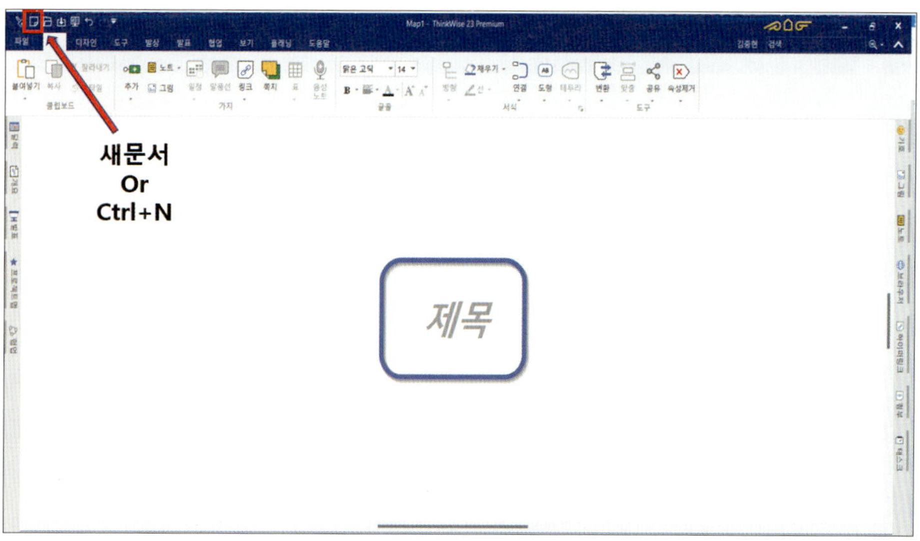


[그림36] 씽크와이즈 새문서 열기

상단의 홈에서 '추가'를 클릭해 '다중가지추가'를 클릭한다. 그러면 [그림37]과 같은 다중가지추가 화면이 뜬다.

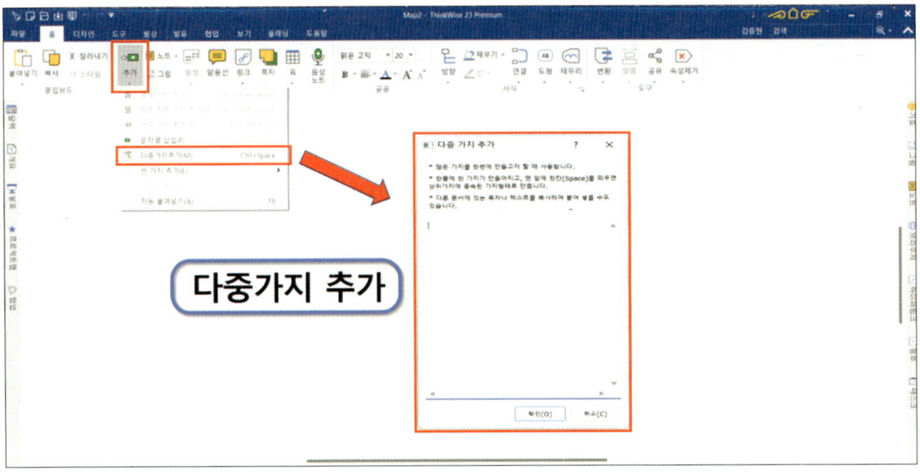


[그림37] 다중가지 추가하기

[그림38]과 같이 제목을 클릭과 더블클릭을 통해 글자 넣기를 해서 제목을 만들거나 수정한다.

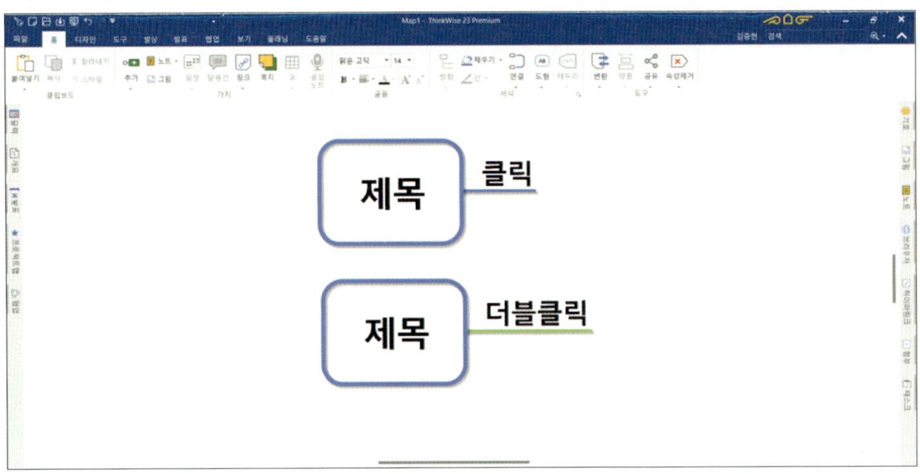


[그림38] 글자 입력하기

좌측 홈에서 '추가'를 클릭하고 '형제가지추가'를 선택한다.

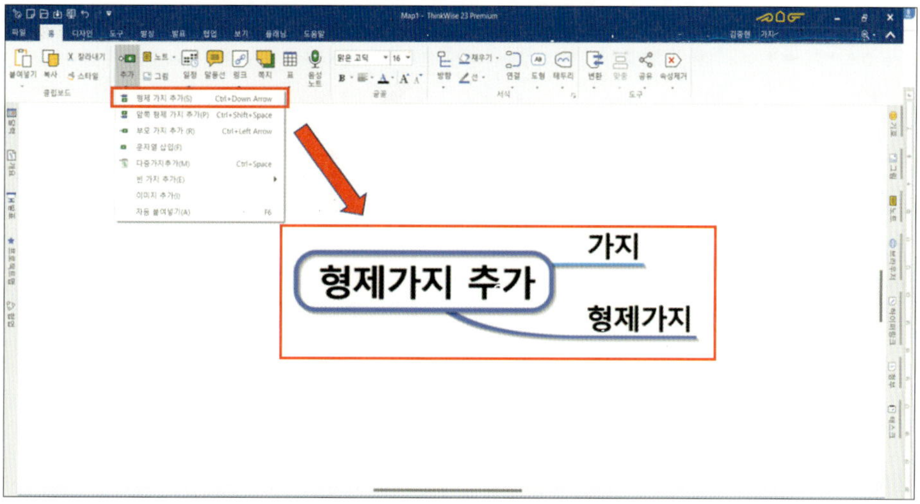


[그림39] 형제가지 추가하기

좌측 홈에서 중간의 '방향'을 클릭해 맵이 이어지는 방향과 모양을 선택한다.

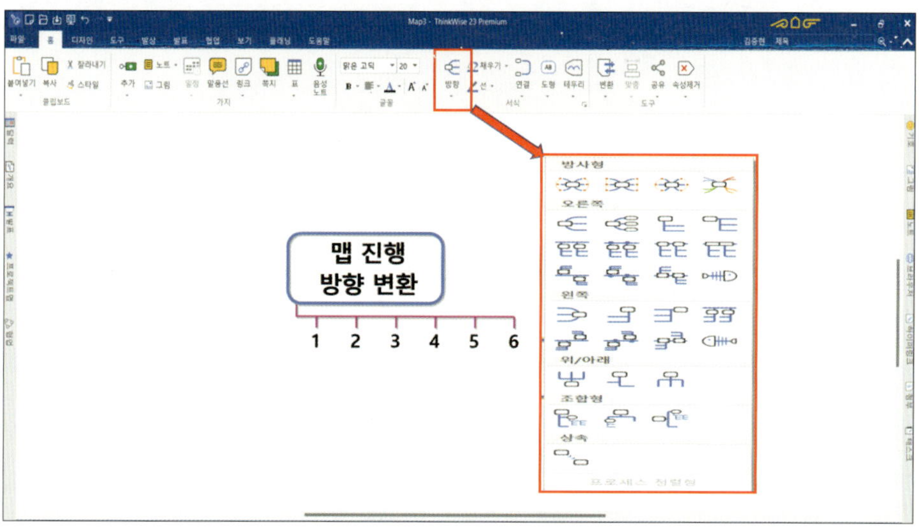


[그림40] 맵 진행 방향 변환하기

[그림41]은 도형에 색상 채우기이다.

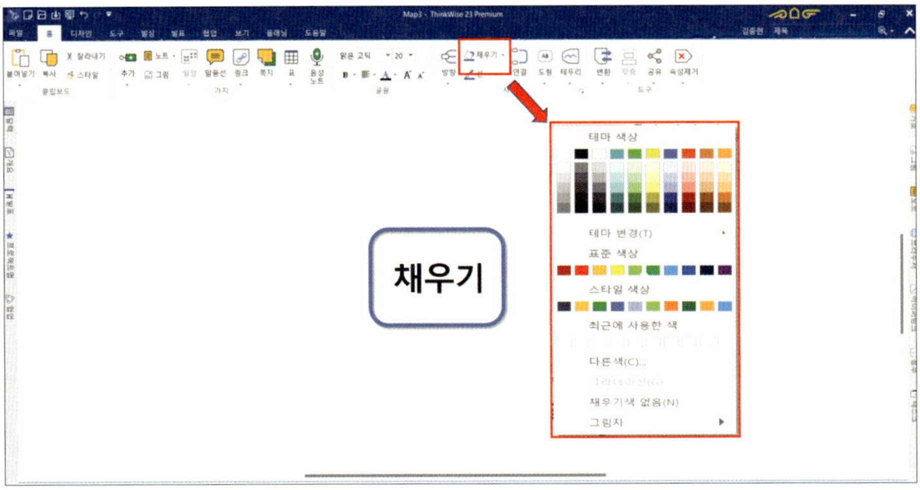


[그림41] 도형 색 채우기

[그림42]는 도형의 모양 선택해 변환하기이다.

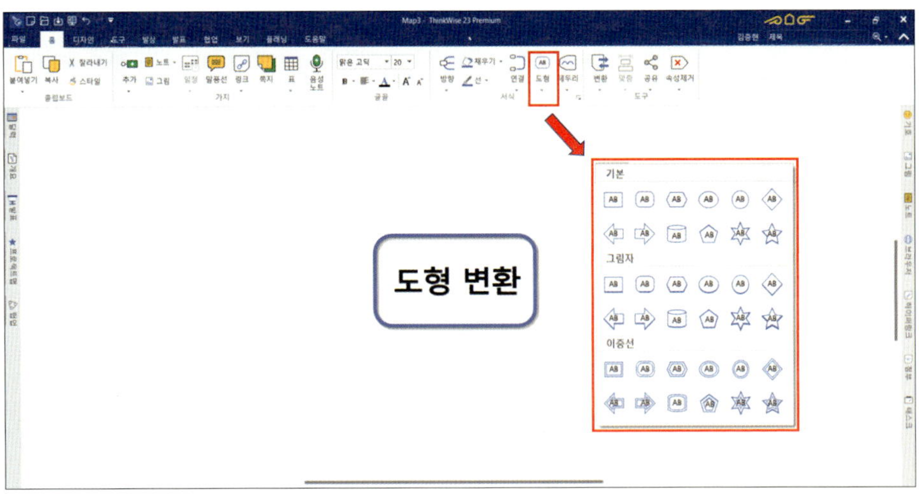


[그림42] 도형 모양 변환하기

[그림43]은 가지치기 해나가는 디자인을 결정하는 부분이다.

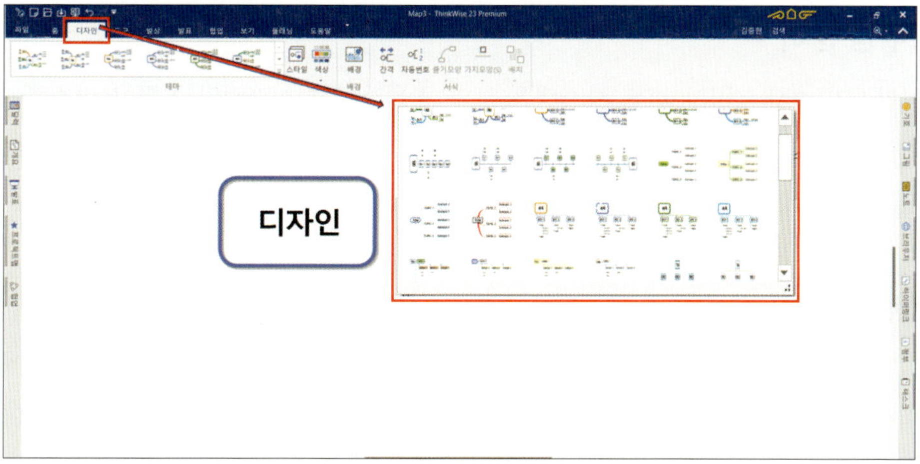


[그림43] 가지치기 디자인 선택하기

[그림44]는 관계를 연결하거나 가지를 묶는 방법이다.

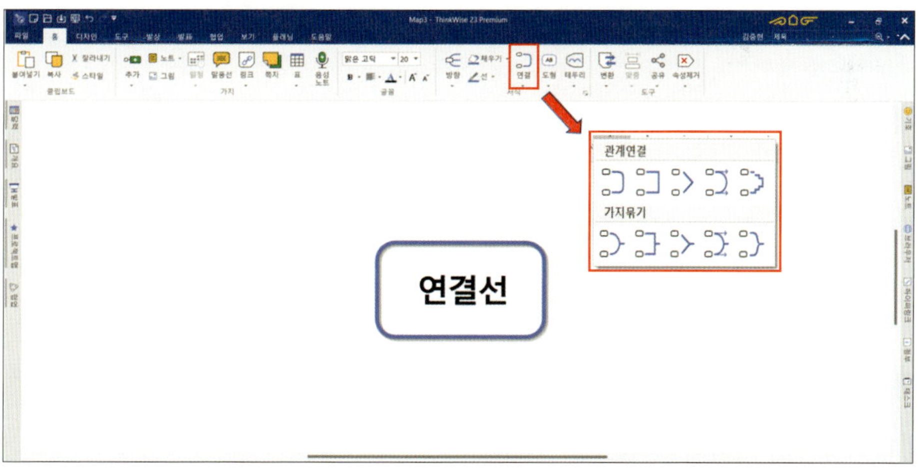


[그림44] 관계 연결 혹은 가지 묶기

## 6. 씽크와이즈를 활용한 인공지능 연계 전문 분야별 활용

### 1) 공무원 분야

전문 인공지능(AI) Thinkwise 시스템은 보다 효율적이고 효과적인 공공 서비스를 제공함으로써 공무원 분야에 혁명을 일으킬 수 있는 잠재력을 갖고 있다. 다음은 공무원 분야에서 AI Thinkwise 시스템을 적용한 몇 가지 사례이다.

#### (1) 챗봇 및 가상 비서

AI Thinkwise 시스템을 사용해 일반 문의 및 요청에 대해 시민을 지원할 수 있는 챗봇 및 가상 비서를 개발할 수 있다. 이를 통해 공무원의 업무량을 줄이고 공공 서비스의 효율성을 높일 수 있다.

#### (2) 사기 탐지

AI Thinkwise 시스템은 세금 기록과 같은 데이터를 분석해 잠재적인 사기 또는 부정행위를 식별하는 데 사용할 수 있다. 이를 통해 사기 행위의 위험을 줄이고 공적 자금을 보호할 수 있다.

#### (3) 예측 분석

AI Thinkwise 시스템을 사용해 범죄 통계 및 트래픽 패턴과 같은 데이터를 분석해 미래 추세를 예측하고 리소스를 보다 효율적으로 할당할 수 있다. 이를 통해 공공 안전을 개선하고 교통 혼잡을 줄일 수 있다.

#### (4) 문서 검토

AI Thinkwise 시스템은 관련 정보 및 패턴을 식별하기 위해 법적 요약서 및 규제 서류와 같은 대량의 문서를 검토하는 데 사용할 수 있다. 이를 통해 공무원의 업무량을 줄이고 문서 검토의 정확성을 높일 수 있다.

### (5) 개인화 서비스

AI Thinkwise 시스템은 인구 통계 정보 및 서비스 이력과 같은 시민 데이터를 분석해 개인화된 공공 서비스를 제공할 수 있다. 이를 통해 시민 만족도를 높이고 공공 서비스의 효율성을 높일 수 있다.

### (6) 의사 결정 지원

AI Thinkwise 시스템은 데이터를 분석하고 정책 결정에 대한 권장 사항을 제공함으로써 공무원에게 의사 결정 지원을 제공하는 데 사용할 수 있다. 이를 통해 의사 결정의 품질을 개선하고 오류 위험을 줄일 수 있다.

결론적으로 AI Thinkwise 시스템은 챗봇 및 가상 비서, 사기 탐지, 예측 분석, 문서 검토, 개인화 서비스 및 의사 결정 지원을 포함해 공무원 분야에서 수많은 응용 프로그램을 보유하고 있다. 공무원은 AI의 힘을 활용해 공공 서비스의 효율성과 효과를 개선하고 궁극적으로 시민과 더 넓은 지역사회에 혜택을 줄 수 있다.

## 2) 금융보험 분야 활용

전문 인공지능(AI) Thinkwise 시스템은 보다 빠르고 정확한 인수, 청구 처리 및 위험 평가를 제공해 보험 업계를 혁신할 수 있는 잠재력을 갖고 있다. 다음은 보험 산업에서 AI Thinkwise 시스템을 적용한 몇 가지 사례이다.

### (1) 언더라이팅

AI Thinkwise 시스템은 의료 기록, 운전 기록, 금융 데이터와 같은 데이터를 분석해 특정 개인이나 기업을 보험에 들게 하는 위험을 판단하는 데 사용할 수 있다. 이를 통해 인수 프로세스의 속도를 높이고 위험 평가의 정확성을 높일 수 있다.

### (2) 청구 처리

AI Thinkwise 시스템은 청구 데이터를 분석해 사기 또는 기타 문제를 나타낼 수 있는 패턴 및 이상 현상을 식별하는 데 사용할 수 있다. 이를 통해 클레임 처리 시간을 단축하고 사기성 클레임의 위험을 줄일 수 있다.

### (3) 위험 평가

AI Thinkwise 시스템은 날씨 패턴, 인구통계학적 데이터, 부동산 가치와 같은 대량의 데이터를 분석해 특정 위치 또는 비즈니스를 보장하는 위험을 평가하는 데 사용할 수 있다. 이를 통해 보험요율을 최적화하고 손실 위험을 줄일 수 있다.

### (4) 개인 맞춤형 보험 상품

AI Thinkwise 시스템은 고객의 생활 습관, 운전 습관, 재산 가치 등 고객 데이터를 분석해 맞춤형 보험 상품을 개발할 수 있다. 이를 통해 고객 만족도를 높이고 고객 유지율을 높일 수 있다.

### (5) 챗봇 및 가상 비서

AI Thinkwise 시스템을 사용해 고객 지원을 제공하고 질문에 답하며 개인화된 보험 조언을 제공할 수 있는 챗봇 및 가상 비서를 개발할 수 있다. 이를 통해 고객 만족도를 높이고 고객 지원 비용을 줄일 수 있다.

### (6) 사기 감지

AI Thinkwise 시스템을 사용해 청구 데이터 및 기타 데이터 소스를 분석하고 잠재적인 사기 행위를 식별할 수 있다. 이를 통해 사기성 청구로 인한 손실 위험을 줄일 수 있다.

결론적으로 AI Thinkwise 시스템은 인수, 청구 처리, 위험 평가, 개인화된 보험 상품, 챗봇 및 가상 비서, 사기 탐지를 포함해 보험 업계에서 수많은 애플리케이션을 보유하고 있다. 보험 회사는 AI의 힘을 활용하여 운영을 개선하고, 더 나은 고객 서비스를 제공하며, 더 많은 정보에 입각한 결정을 내려 궁극적으로 수익을 개선할 수 있다.

## 3) 보험 세일즈맨 분야

전문 인공지능(AI) Thinkwise 시스템은 개인화된 판매 전략과 고객 지원을 제공해 보험 판매 분야를 혁신할 수 있는 잠재력을 갖고 있다. 다음은 보험 영업 분야에서 AI Thinkwise 시스템을 적용한 몇 가지 사례이다.

### (1) 고객 세분화

AI Thinkwise 시스템은 인구통계학적 정보, 구매 이력, 온라인 행동과 같은 고객 데이터를 분석해 선호도와 요구사항에 따라 고객을 세분화 하는 데 사용할 수 있다. 이것은 목표 판매 전략을 개발하고 고객 유지를 개선하는 데 사용할 수 있다.

### (2) 판매 예측

AI Thinkwise 시스템을 사용해 판매 데이터 및 기타 데이터 소스를 분석하고 향후 판매 추세를 예측할 수 있다. 이는 판매 전략을 최적화하고 리소스를 보다 효율적으로 할당하는 데 사용할 수 있다.

### (3) 챗봇 및 가상 비서

AI Thinkwise 시스템은 개인화된 판매 조언을 제공하고 질문에 답하며 고객의 구매 결정을 지원할 수 있는 챗봇 및 가상 비서를 개발하는 데 사용할 수 있다. 이를 통해 고객 만족도를 높이고 고객 지원 비용을 줄일 수 있다.

### (4) 개인화된 판매 전략

AI Thinkwise 시스템은 고객 데이터를 분석해 각 고객의 고유한 요구와 선호도에 맞는 개인화된 판매 전략을 개발할 수 있다. 이를 통해 고객 만족도를 높이고 판매 가능성을 높일 수 있다.

### (5) 리드 생성

AI Thinkwise 시스템은 고객 데이터 및 기타 데이터 소스를 분석해 잠재적인 보험 판매 리드를 식별할 수 있다. 이를 사용해 타겟 아웃리치 캠페인을 개발하고 판매 프로세스의 효율성을 향상시킬 수 있다.

### (6) 고객 유지

AI Thinkwise 시스템은 고객 데이터를 분석해 고객이 보험을 취소하게 만들 수 있는 잠재적인 문제를 식별할 수 있다. 이것은 목표 유지 전략을 개발하고 고객 이탈을 줄이는 데 사용할 수 있다.

결론적으로 AI Thinkwise 시스템은 고객 세분화, 판매 예측, 챗봇 및 가상 비서, 개인화된 판매 전략, 리드 생성 및 고객 유지를 포함해 보험 판매 분야에서 수많은 응용 프로그램을 갖고 있다. 보험 판매팀은 AI의 힘을 활용해 판매 전략을 개선하고 더 나은 고객 서비스를 제공하며 궁극적으로 판매 및 수익을 높일 수 있다.

### 4) 교육 분야(교육청 분야)

씽크와이즈가 청소년 교육에 유익한 점은 다음과 같다.

#### (1) 창의적인 문제 해결 능력 개발 씽크와이즈

창의적인 문제 해결 능력 개발 씽크와이즈는 학생들이 창의적인 문제 해결 능력을 개발하는 데 사용된다. 씽크와이즈는 학생들이 문제를 해결하기 위해 필요한 정보를 곰팡이로 구성해 쉽게 이해할 수 있도록 도와준다. 이를 통해 학생들은 문제를 다양한 각도에서 살펴보고, 문제를 해결하기 위해 필요한 다양한 요소를 파악해 새로운 아이디어를 생각할 수 있게 될 것이다.

#### (2) 내용 구조화 및 정리 씽크와이즈

내용 구조화 및 정리 씽크와이즈는 학생 학습이 학습한 내용을 구조화하고 정리하는 데 매우 유용한다. 학생들은 씽크와이즈를 사용하여 학습한 내용을 수리적으로 구성할 수 있고, 이를 통해 학습한 내용을 더욱 쉽게 이해하고 정리할 수 있게 된다.

#### (3) 정보 기억력 향상 씽크와이즈

정보 기억력 향상 씽크와이즈를 사용하면 정보를 깨끗하게 구성할 수 있어, 학생들의 정보 기억력을 향상시킬 수 있다. 얼룩으로 검사 정보는 학생들의 뇌에 더욱 강한 두드러기를 나타내기 때문에, 정보를 기억하고 이해하는 데 매우 도움이 된다.

#### (4) 협력 능력 향상 씽크와이즈

협력 능력 향상 씽크와이즈는 학생들이 팀으로 일할 때 협력 능력을 향상하는 데 매우 도움이 된다. 씽크와이즈를 사용해 조합들끼리끼리 아이디어를 공유하고, 곰팡이로 얼룩진 정보를 공유할 수 있는 체격 때문에, 남북으로 타이핑된 통신과 협력이 이뤄진다.

### (5) 다양한 활동에 활용 가능한 씽크와이즈

다양한 활동에 활용 가능한 씽크와이즈는 다양한 학습 활동에 최대한 활용할 수 있다. 예를 들어, 학생들이 주제에 관한 연구를 할 때 씽크와이즈를 사용해 연구 결과를 수리로 구성할 수 있다. 또한, 씽크와이즈를 사용해 프로젝트를 계획하고 관리할 수도 있다.

## 5) 씽크와이즈 맵 작성사례

### (1) 씽크와이즈 활용 맵 작성 사례1

일정 관리(연간, 월간, 주간, 일간)

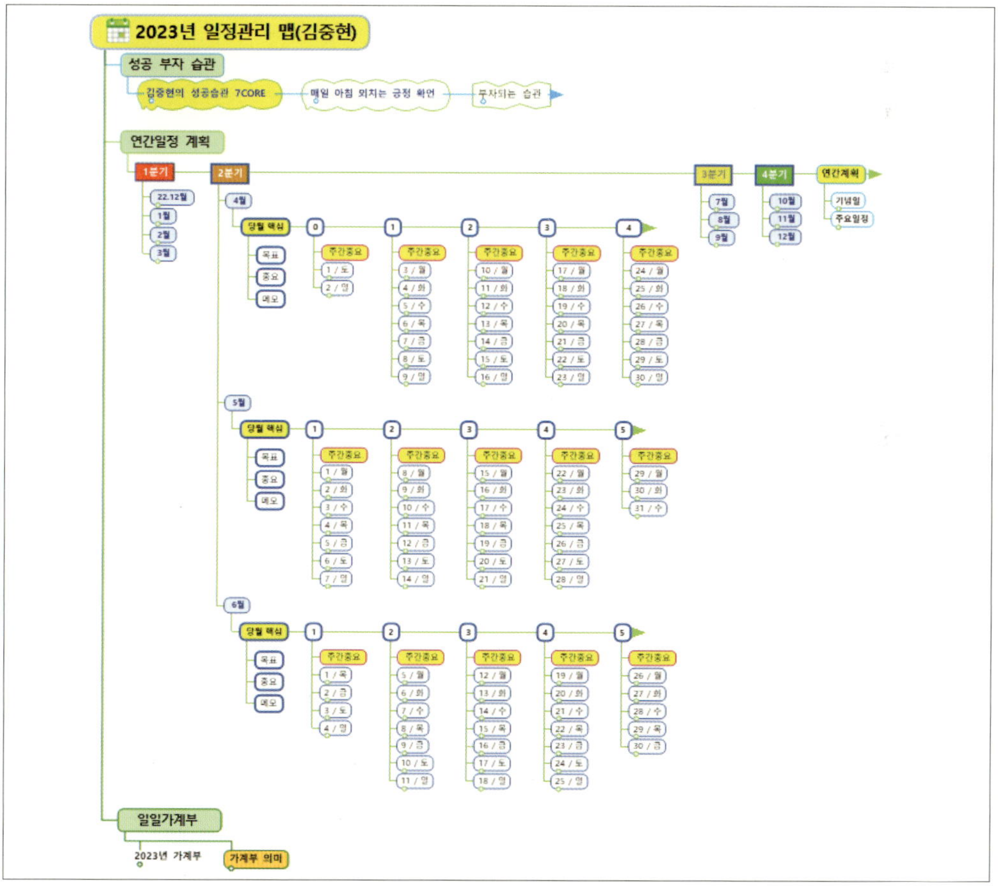


[그림45] 씽크와이즈 맵(일정 관리 구글 카렌더와 연계)

## (2) 씽크와이즈 활용 맵 작성 사례2

강의내용 씽크와이즈로 정리

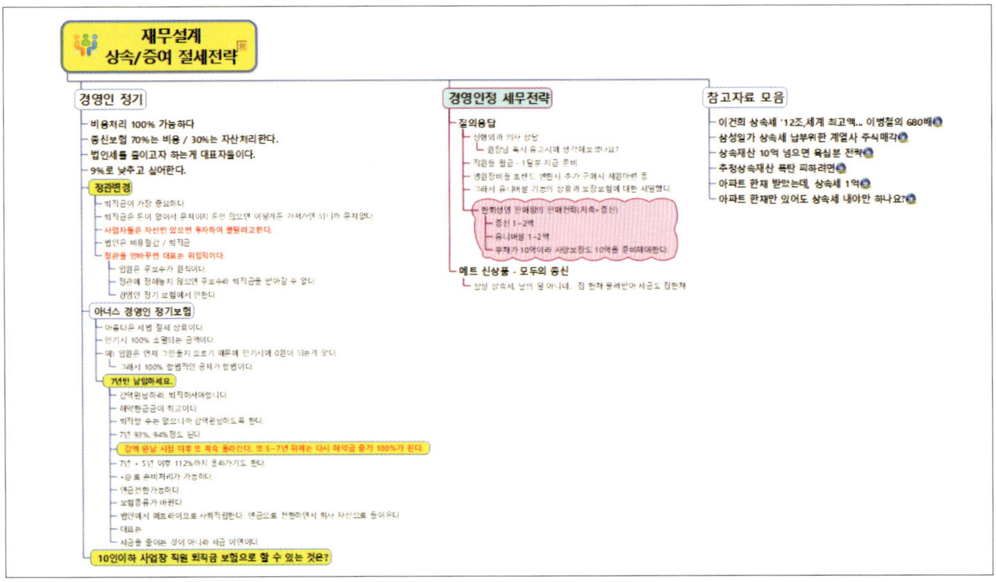


[그림46] 씽크와이즈 맵(재무설계 상속증여)

## (3) 씽크와이즈 활용 맵 작성 사례3

행사 기획 및 진행 시 활용

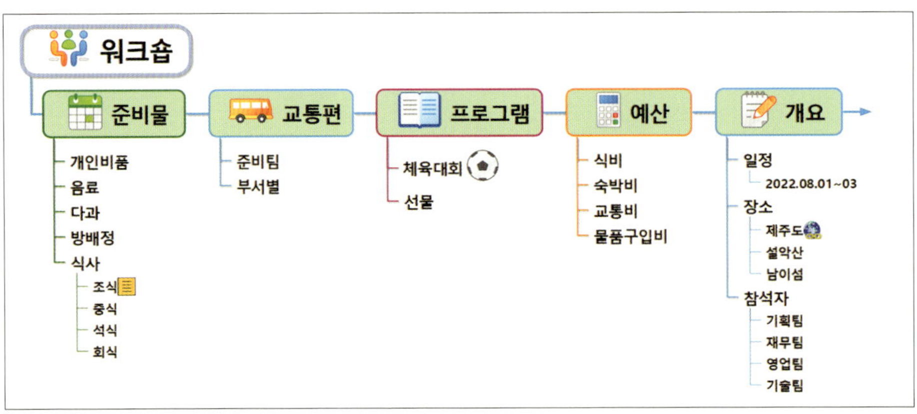


[그림47] 씽크와이즈 활용 워크숍 기획하기

### (4) 씽크와이즈 활용 맵 작성 사례4

책·강의 테이프 자료 정리

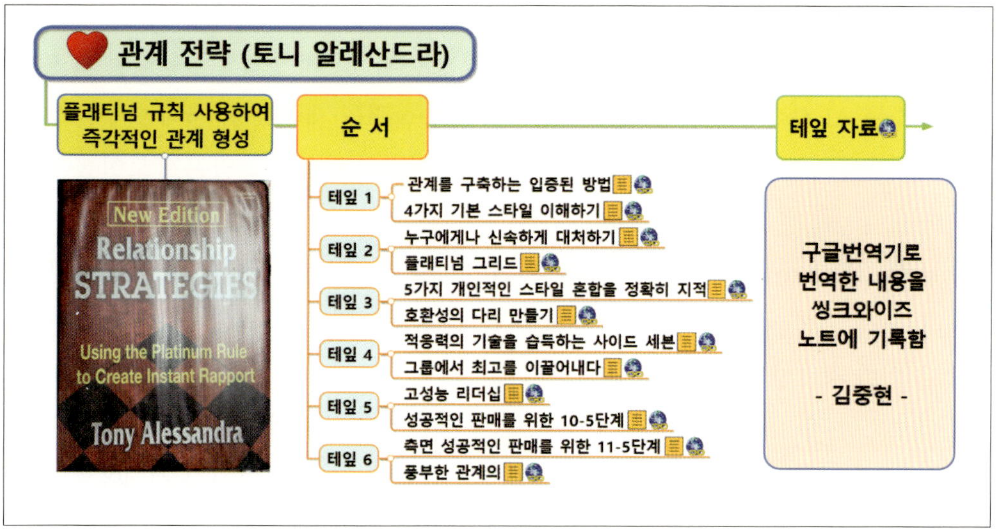


[그림48] 책/강의 테이프 자료 정리하기

## Epilogue

결론적으로 인공지능(AI) 기술의 급속한 발전과 적용은 우리가 살고 일하는 방식을 변화시키고 있다. 데이터를 분석하고, 패턴을 통해 학습하고, 의사결정을 내리는 능력을 갖춘 AI는 의료, 금융, 제조를 포함한 많은 산업과 직업에 혁명을 일으킬 잠재력을 갖고 있다. 그러나 AI 사용이 증가함에 따라 일자리 이동, 데이터 프라이버시 및 의사결정의 편견에 대한 우려도 제기된다.

이 AI 시스템 전문 서적은 다양한 애플리케이션을 위한 AI 시스템 설계, 구축 및 구현에 대한 포괄적인 가이드를 제공한다. AI, 기계 학습, 딥러닝, 자연어 처리, 컴퓨터 비전 및 로봇 공학의 기본 개념을 탐구했다.

AI에 사용되는 특정 알고리즘을 자세히 설명하고, AI 시스템용 데이터를 수집, 전처리 및 관리하는 데 사용되는 기술을 탐구했다. 이 책은 또한 데이터에서 학습하고 예측할 수 있는 AI 모델을 설계하고 개발하는 방법에 대한 지침을 제공했다.

AI 기술의 윤리적·사회적 영향에 대해 심도 있게 논의했으며, 이 책은 윤리적·도덕적 원칙을 준수하는 AI 시스템을 설계하는 방법에 대한 통찰력을 제공했다. 사례 연구는 AI가 의료, 금융 및 교육을 포함한 다양한 산업 및 부문에서 어떻게 사용되고 있는지 보여줬다.

Thinkwise System은 AI 기반 애플리케이션의 개발 및 배포를 지원할 수 있는 전문 AI 플랫폼이다. 모델 기반 접근 방식, 데이터 통합 기능 및 AI 기능은 운영에 AI 기술을 활용하려는 기업을 위한 강력한 도구이다.

AI 기술이 계속 발전함에 따라 전문가는 잠재적 영향을 고려하고, 사회 전체에 이익이 되는 방식으로 사용되도록 조치를 취하는 것이 중요하다. 이를 위해서는 AI 기술의 기능과 이해를 향상하기 위해 지속적인 연구 개발과 새로운 훈련 및 교육 이니셔티브가 필요할 수 있다. 궁극적으로 AI 기술의 책임감 있는 사용은 모두를 위한 더 나은 미래를 만드는 데 도움이 될 수 있다.

Chapter 06

# 퇴근 시간 앞당겨주는 PPT 노하우

김정화

Chapter

# 06

# 퇴근 시간 앞당겨주는 PPT 노하우

## Prologue

요즘 최고의 이슈는 '챗GPT(Chat Generative Pre-trained Transformer)'이다. 누구나 한 번쯤은 들어봤을 것이다. 들어봤지만 사용하지 않는 사람도 있고, 한 번쯤은 사용해봤지만 잘 활용하지 못하는 사람도 있다.

챗GPT를 활용한 프로그램들이 나날이 발전해가고 있다. 이러한 프로그램들을 다양한 분야에서 잘 활용할 수는 없을까? 저자는 요즘 그런 방법들을 연구 중에 있다. 그럼 전문직으로서 챗GPT를 활용할 방법이 뭐가 있을까?

대부분 직장인이나 전문직 종사자들이 PPT를 사용해 발표를 해본 경험이 있을 것이라 생각한다. 또 PPT 제작이나 발표 때문에 스트레스를 받아 본 경험도 있을 것이다. PPT는 내가 전달하고 싶은 정보를 시각화해서 전달해야 하는데, 발표 자료를 만들다 보면 시간이 부족한 경우가 많다. 디자인이나 애니메이션 효과 등 신경 써야 할 부분이 많기 때문이다. 또 시간에 쫓기다 보면 원하는 결과물이 나오지 않거나 아무리 열심히 만들어도 결과물이 만족스럽지 않을 때도 있다.

그래서 준비한 '퇴근 시간 앞당겨주는 PPT 노하우!'를 CHAT GPT가 그 부분을 해결해줄 것이다. 여기서는 꼭 필요한 핵심 기능 위주로 정리했으며 여러분의 부담을 덜어드릴 예정이다. 기획과 디자인, 중요한 포인트와 강조할 부분만 잘 살려도 훌륭한 결과물을 만들 수 있다.

처음 가입 단계부터 마무리까지 모든 과정을 따라 할 수 있도록 친절하게 안내했기 때문에 누구나 쉽게 배울 수 있다. 지금 당장이라도 유용하게 사용하실 수 있을 것이다. 지금 당장 PPT 능력을 향상시키고 싶은 분들께 추천한다.

## 1. 전문직 분야에서 챗GPT 활용 방법

### 1) 챗GPT를 활용한 새로운 비즈니스 아이디어 도출방법

#### (1) 질문 대답 기반 아이디어 도출

시장에서 필요로 하는 정보들을 바탕으로 여러분이 제공할 수 있는 답변을 챗GPT 모델에 묻고, 해당 질문에 대한 적절한 대답을 얻는다. 그 뒤, 이를 정제하고 보완해 새로운 비즈니스 아이디어를 도출할 수 있다.

#### (2) 키워드 기반 아이디어 도출

특정 키워드를 입력해 챗GPT 모델에게 해당 분야의 전문지식을 묻고, 적절한 대답을 받는다. 이후 해당 분야에서 개선할 수 있는 부분이나 파생 가능한 아이디어를 찾아낸다.

#### (3) 새로운 아이디어 생성

챗GPT 모델에게 특정 키워드나 테마를 주면 다양한 아이디어를 생성해준다. 이 중에서 관련성이 높은 아이디어를 선별해 새로운 비즈니스 아이디어로 발전시킬 수 있다.

새로운 비즈니스 아이디어를 도출하기 위해서는 기업이나 시장의 요구사항과 문제점에 대한 이해와 분석이 중요하다. 이를 바탕으로 적절한 질문과 키워드를 활용해 챗GPT 모델에게 제공하면 더욱 세부적이고 구체적인 아이디어를 도출할 수 있다.

## 2) 챗GPT 모델 활용한 문서 요약 및 분류 방법

### (1) 문서 요약

챗GPT 모델은 문서의 내용을 이해하고 문맥에 맞춰 내용을 요약할 수 있다. 따라서 챗GPT 모델에 문서를 입력하면 해당 문서를 핵심 내용으로 요약한 문장을 출력할 수 있다.

문서가 길 경우, 전체 문서를 요약하는 것은 어려울 수 있다. 따라서 특정 구간이나 키워드를 입력해 해당 구간이나 키워드에 대한 내용만 요약하는 것이 효과적이다.

### (2) 문서 분류

챗GPT 모델은 문서의 특성을 파악하고 이를 토대로 문서를 자동 분류할 수 있다. 이를 위해서는 먼저 분류하고자 하는 카테고리를 정의하고, 해당 카테고리에 대한 샘플 데이터를 모아야 한다.

이후, 챗GPT 모델에 샘플 데이터를 학습시켜 해당 카테고리에 속하는 문서와 속하지 않는 문서를 분류할 수 있다. 분류된 문서는 해당 카테고리에 맞는 자동 분류 태그를 부여해 검색 및 관리에 활용할 수 있다.

챗GPT 모델을 활용한 문서 요약 및 분류 방법은 문서의 내용 파악 및 분류 능력이 높기 때문에 많은 분야에서 활용하고 있다. 하지만 적절한 샘플 데이터의 수집과 학습 시간 등에 따라 분류 정확도나 요약 퀄리티의 차이가 있을 수 있다. 따라서 적절한 학습과 테스트를 통해 최적의 모델을 구축해야 한다.

## 2. 자동 생성 PPT 프로그램 종류

### 1) Tome

일반적인 PPT를 자동 생성하는 AI 기반 프로그램이다.

### 2) Canva

온라인 그래픽 디자인 툴로 PPT 자동 생성 기능을 제공한다.

### 3) Gamma

AI가 학습한 이미지와 정보를 활용해 PPT를 자동 생성하는 서비스이다.

### 4) Microsoft 코파일럿

Microsoft에서 개발한 자동문서 및 PPT 생성 기능을 제공한다.

## 3. Tome 활용편

### 1) Tome PPT 자동 생성 서비스 소개

Tome은 자동 PPT 제작 서비스로써 사용자의 선택에 따라 알맞은 템플릿과 폰트 스타일, 색상 등을 이용해 간편하게 PPT를 만들 수 있다. Tome은 일반적인 PPT 프로그램과는 달리, AI 기술을 적용하는 점이 특징이다. 사용자가 원하는 키워드를 입력하면, 해당 키워드와 연관된 이미지, 텍스트, 도표 등을 AI 기술을 통해 자동으로 수집하고, 사용자가 설정한 스타일에 맞게 적절히 배치해 PPT를 생성한다. Tome iOS 앱을 사용하면 모바일에서도 간편한 이용 방법으로 누구나 쉽게 PPT를 제작할 수 있으며, 필요에 따라 수동으로 편집할 수도 있다.

## 2) Tome 웹사이트 접속 방법 및 가입 방법 안내

구글 주소 입력창에 tome 또는 tomeai라고 입력하면 'tome.app'이 나온다. 이 사이트를 클릭해 들어간다.

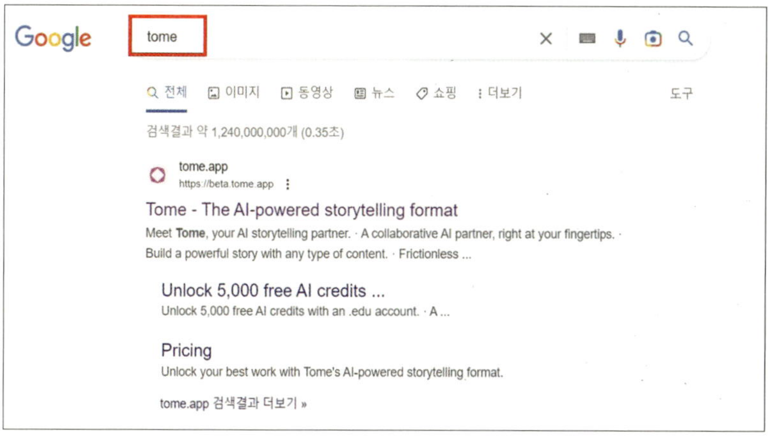


[그림1] 주소 입력창에 tome 입력(출처 : 구글)

tome은 'AI 스토리텔링 파트너'라고 소개하고 있다. 'try tome' 클릭한다.

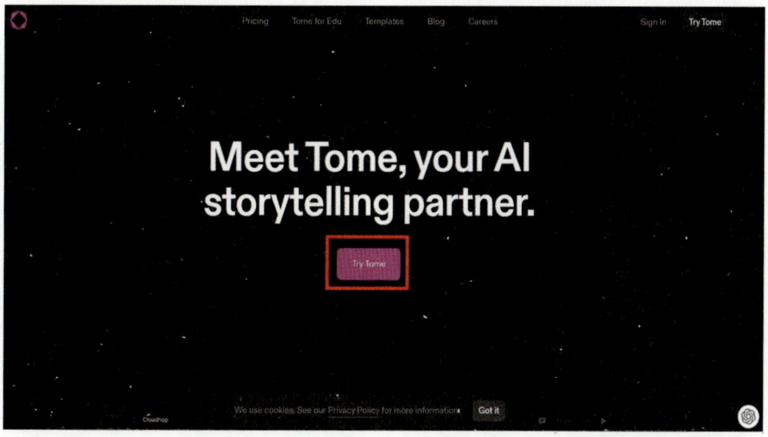


[그림2] tome 사이트 첫 화면(출처 : tome)

'구글'이나 '이메일주소'로 로그인한다.

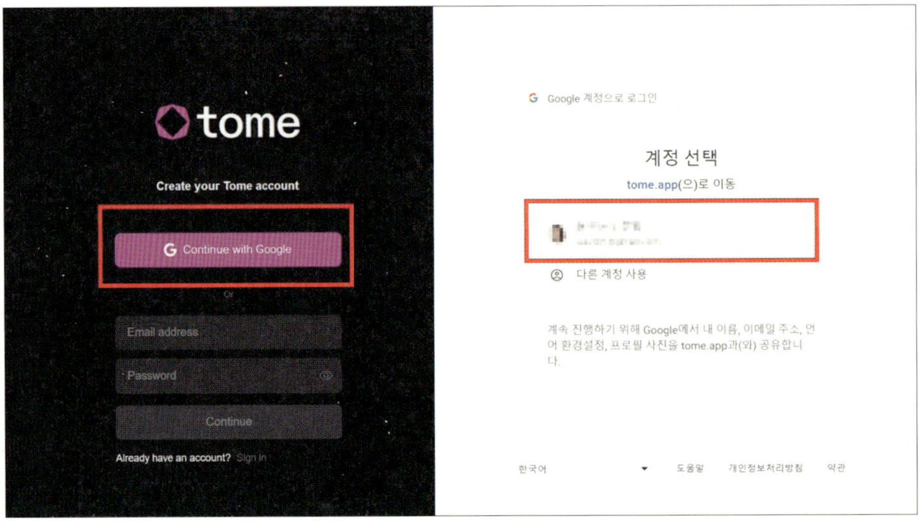


[그림3] tome 로그인 화면(출처 : tome)

'닉네임'과 '역할'을 선택한다.

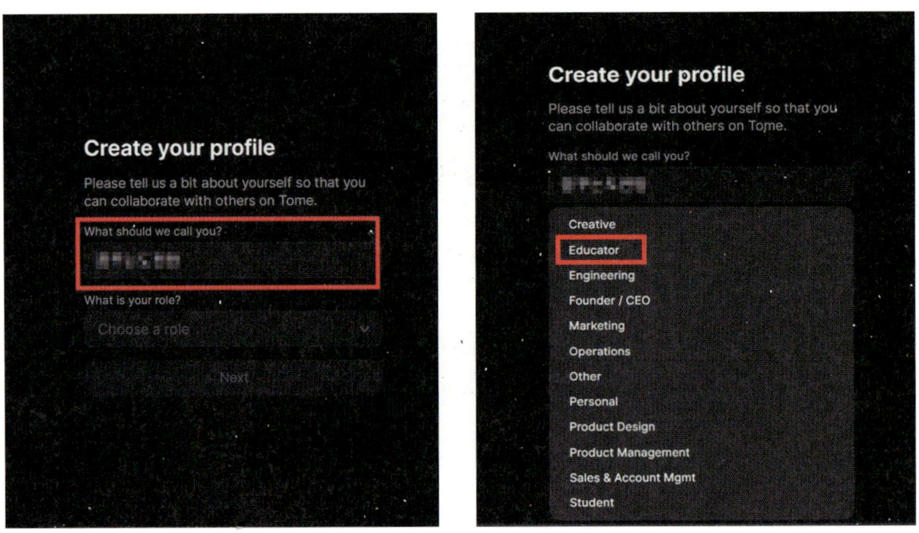


[그림4] tome 프로필 만들기(출처 : tome)

그룹의 이름을 정해서 계속한다.

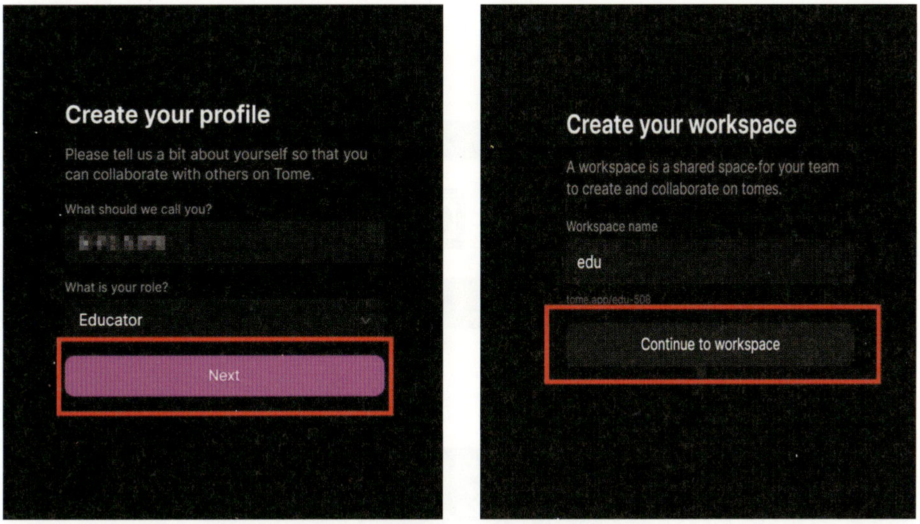


[그림5] 그룹명 설정하기(출처 : tome)

무료로 사용해보고 계속 사용하려면 프로요금을 선택한다. 처음에는 아래부분의 'NOT NOW'를 선택한다.

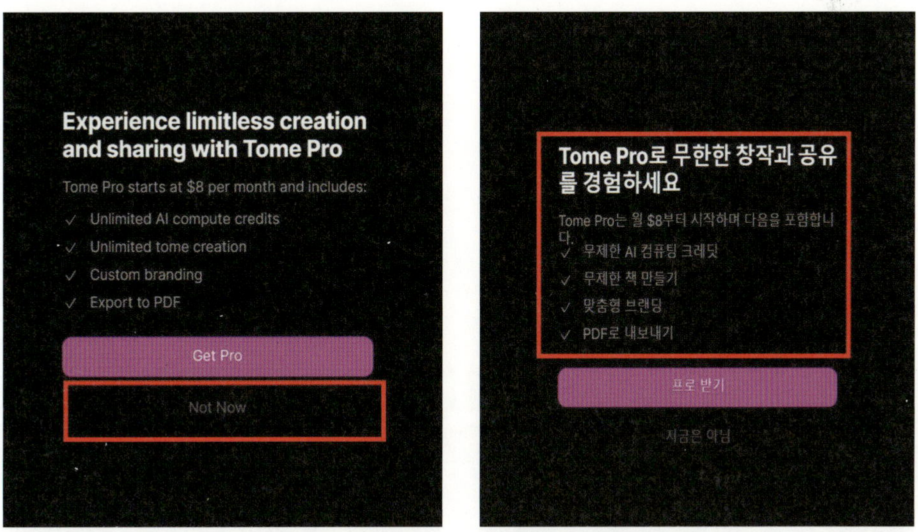


[그림6] 유료 요금제 사용 여부 결정하기(출처 : tome)

### 3) Tome을 활용해 PPT 자동 생성하는 방법 안내

템플릿을 보고 선택할 수 있다. 처음 가입하면 500크레딧이 제공된다. 오른쪽 상단의 'Create'을 누르면 입력창이 나온다.

[그림7] tome 메인 화면(출처 : tome)

PPT로 제작하고 싶은 '주제'를 입력한다.

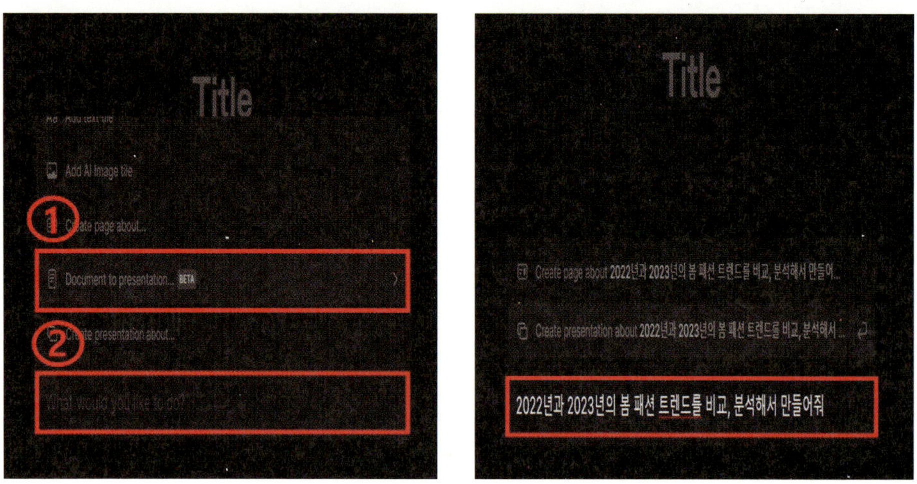


[그림8] tome 프롬프트 입력 화면(출처 : tome)

총 8페이지의 PPT가 자동으로 생성된다.

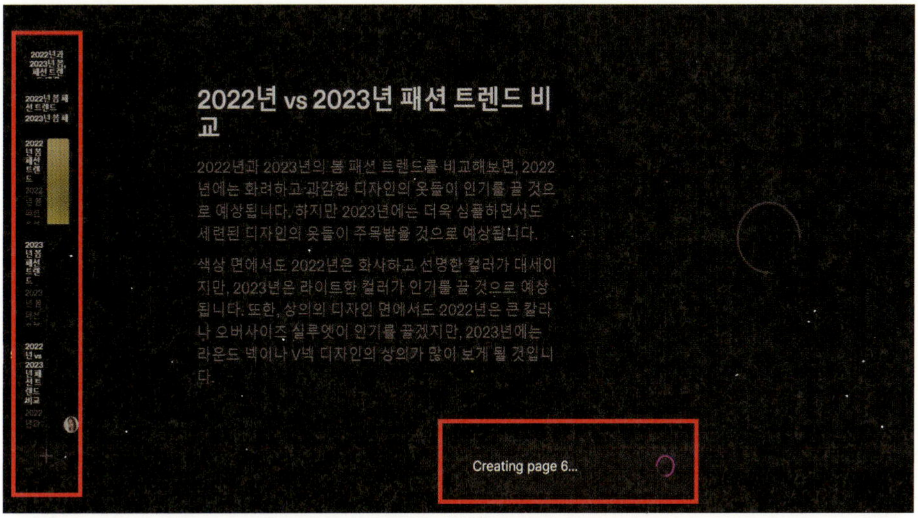


[그림9] 자동 PPT 생성 중(출처 : tome)

1 페이지에는 제목, 2 페이지에는 목차가 만들어졌다.

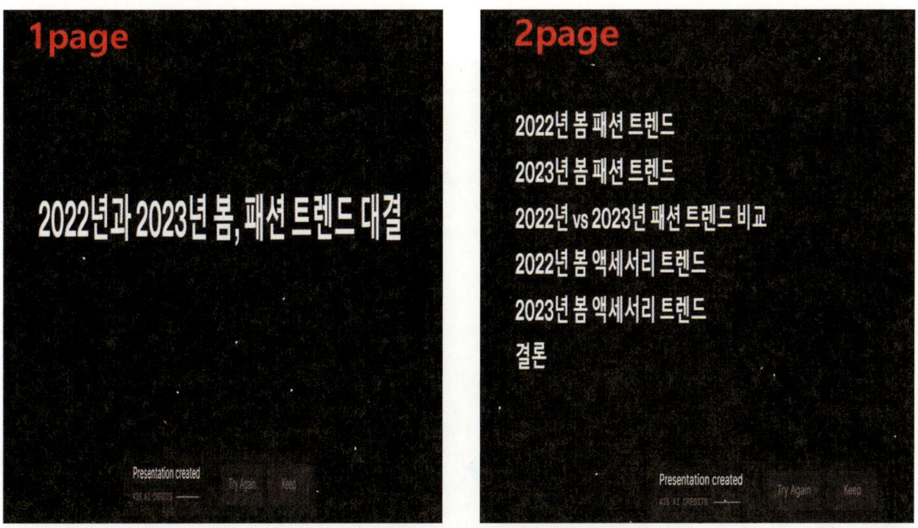


[그림10] 자동 생성으로 완성된 PPT(출처 : tome)

PPT 내용에 어울리는 그림이나 사진도 자동 생성된다.

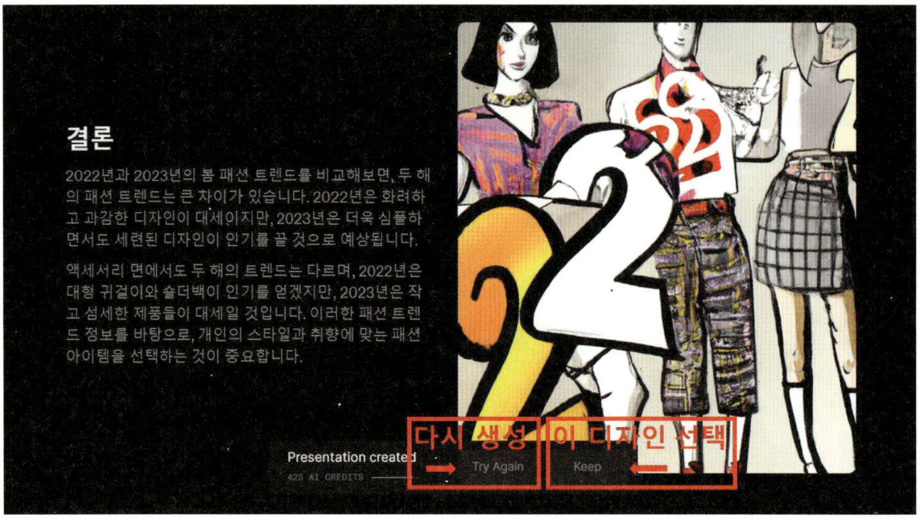


[그림11] 자동생성으로 완성된 PPT(출처 : tome)

이미지를 드로그 앤 드롭으로 상하좌우로 변경할 수 있다. '+ 아이콘'을 눌러 새로운 이미지를 넣을 수도 있다. 또 입력창에 원하는 이미지를 입력하면 AI가 이미지를 찾아준다.

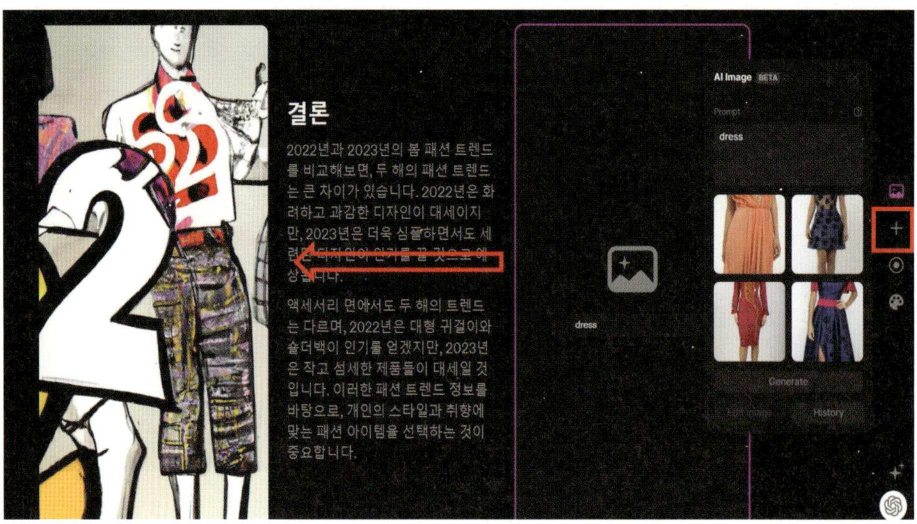


[그림12] 이미지 위치 변경(출처 : tome)

우측 중앙에 '+ 아이콘'을 클릭해 이미지, 테마 색상 등을 수정할 수 있다.

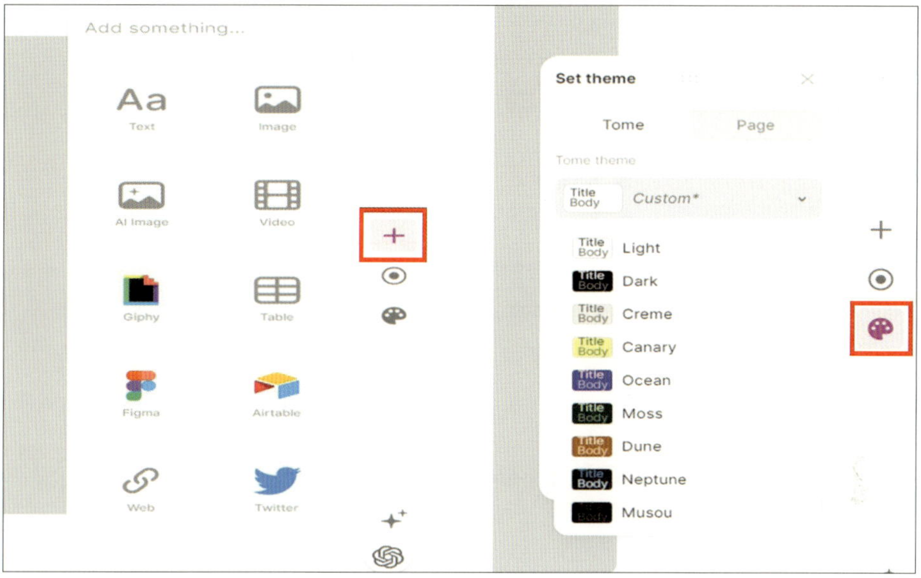


[그림13] 텍스트나 이미지, 테마 색상 수정(출처 : tome)

녹음 버튼을 누르면 '비디오'나 '음성'을 추가해서 PPT를 만들 수 있다.

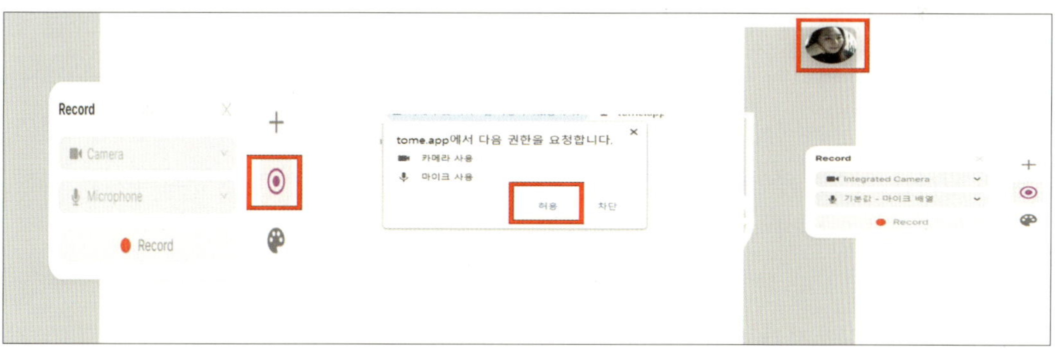


[그림14] 음성이나 비디오 삽입(출처 : tome)

우측 상단에 '…'를 누르면 복사하거나 이름을 바꿀 수 있다. 유료로 사용하면 완성된 결과물을 PDF로 다운받거나 로고를 추가하는 것도 가능하다.

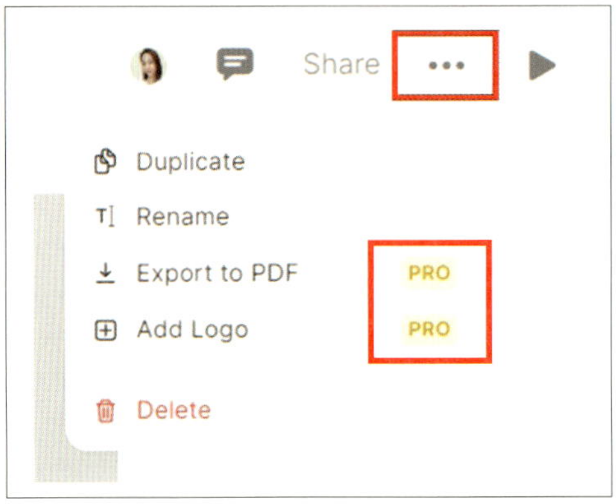


[그림15] 내보내기(출처 : tome)

## 4. Canva 활용편

### 1) Canva의 PPT 자동 생성 기능 소개

'Canva'는 온라인 그래픽 디자인 툴로, 다양한 템플릿, 이미지, 아이콘, 배경 등을 이용해 간편하게 그래픽 디자인 작업을 할 수 있는 서비스이다. 사용자는 자신이 필요한 요소를 선택해 다양한 문서, 미디어 등을 제작할 수 있다. PPT 자동 생성 기능은 Canva에서 제공하는 기능 중 하나이다. 사용자는 PPT 제작 시, 제공된 템플릿 중에서 원하는 스타일을 선택하고, 자신이 원하는 요소를 추가해 PPT를 만들 수 있다. 또한 이미지, 아이콘 등의 추가는 물론, 단순한 텍스트 내용 작업도 쉽게 할 수 있다.

Canva는 많은 사용자가 사용하고 있는 만큼 다양한 기능을 제공한다. 그중에서도 'PPT 자동 생성 프로그램'은 간편하지만 고퀄리티의 PPT 제작을 도와주는 툴 중 하나이다. 따라서 PPT 제작에 필요한 적합한 디자인 요소를 선택해 보다 독창적이면서도 효율적으로 PPT를 제작할 수 있다.

## 2) Canva 웹사이트 접속 방법 및 가입 방법 안내

구글 주소 입력창에 '캔바'라고 입력한다.

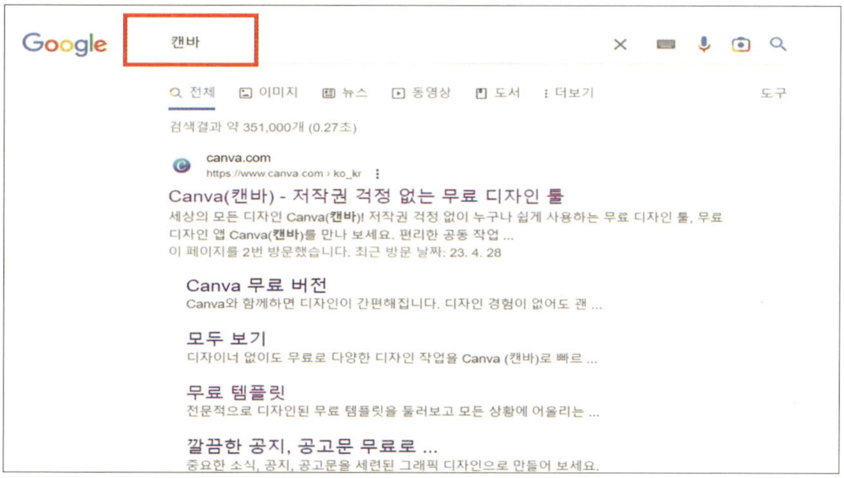


[그림16] 주소 입력창에 캔바 입력(출처 : 캔바)

약관에 동의 여부를 체크하고 동의 및 계속 선택하기를 한다.

[그림17] 캔바 사이트 첫 화면(출처 : 캔바)

구글이나 페이스북, 이메일주소로 로그인한다.

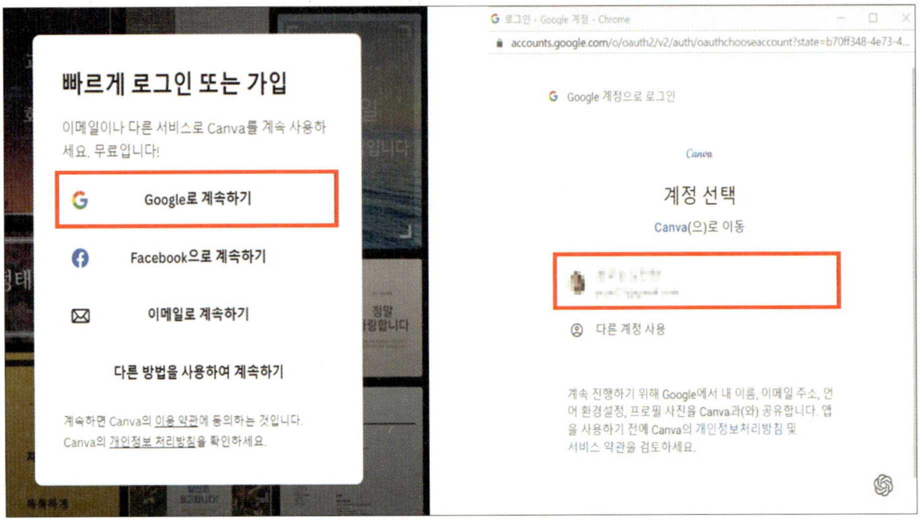


[그림18] 캔바 로그인 화면(출처 : 캔바)

사용 목적에 따라 디자인과 템플릿을 맞춤 추천한다.

[그림19] 캔바 템플릿 사용 목적 선택 화면(출처 : 캔바)

무료로 사용해보고 계속 사용할거면 프로요금을 결제한다. 1개월 동안은 무료로 사용할 수 있다.

[그림20] 무료 체험 사용 여부 결정하기(출처 : 캔바)

## 3) Canva를 활용해 PPT 자동생성하는 방법 안내

다음은 켄바 메인 화면이다.

[그림21] 캔바 메인 화면(출처 : 캔바)

캔바 매직 디자인(자동 생성)은 아직 영어 버전에서만 사용가능하다. 톱니바퀴 모양 아이콘(설정)에서 ① '언어'를 '영어'로 바꾼다. ② 'create a design'을 클릭하고 ③ Presentation(16:9)을 선택한다.

[그림22] 캔바 매직 디자인 들어가기(출처 : 캔바)

① '매직 아이콘'을 클릭하고 ② 'Magic design'을 선택한다.

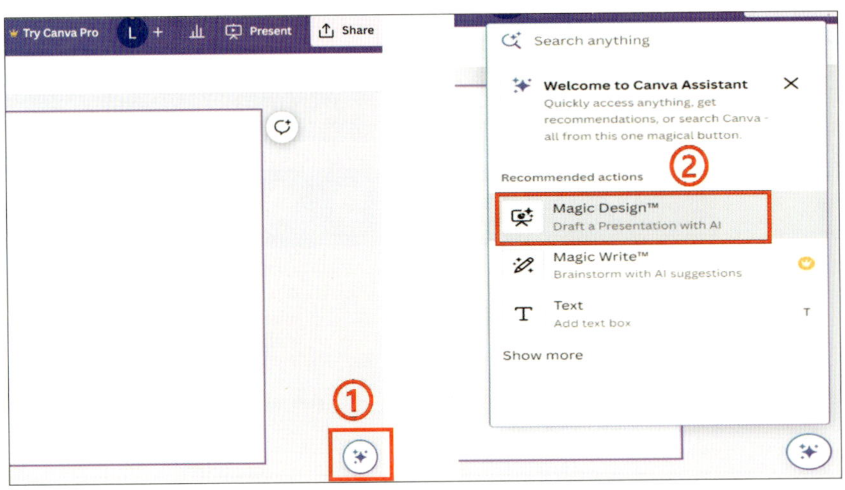


[그림23] 캔바 매직 디자인 선택하기(출처 : 캔바)

'Try it out'을 선택한다.

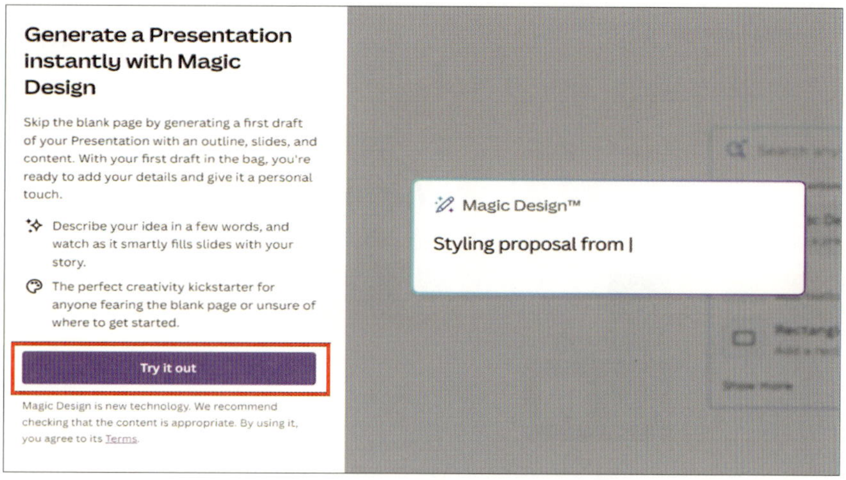


[그림24] 캔바 프롬프트 입력창 들어가기(출처 : 캔바)

영어 버전으로만 사용이 가능하므로 번역 프로그램을 설치하고, 번역해서 명령어를 확인한다. 5개 이상의 단어를 사용을 권장한다. tome에서 입력한 것과 동일한 프롬프트를 입력한다.

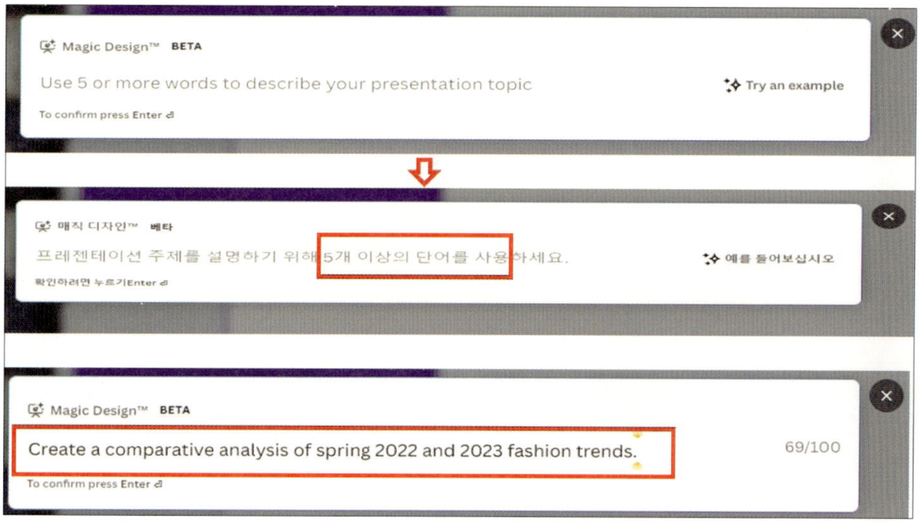


[그림25] 캔바 프롬프트 입력하기(출처 : 캔바)

① 템플릿을 보고 선택할 수 있다. 오른쪽 상단의 ② 'Create my presentation'을 누른다.

[그림26] 디자인 선택 화면(출처 : 캔바)

짧은 시간 내에 9페이지의 PPT가 생성된다. PPT 내용에 어울리는 그림이나 사진도 자동 생성된다.

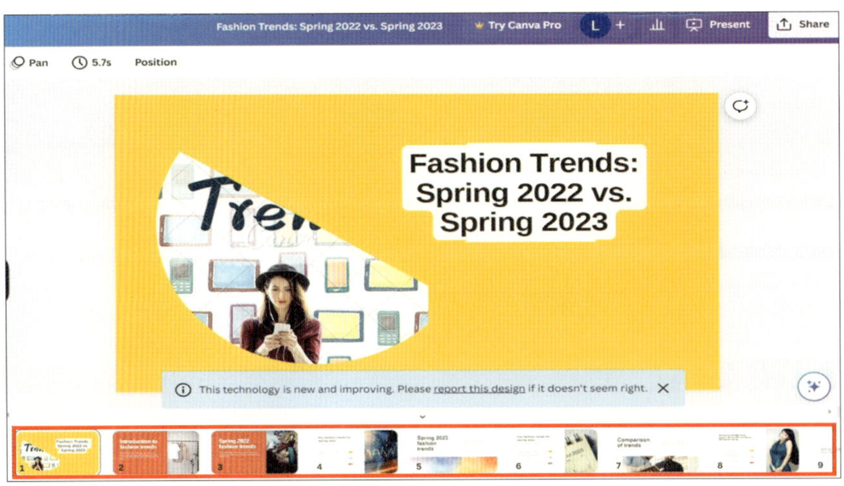


[그림27] 자동 생성으로 완성된 PPT(출처 : 캔바)

입력한 프롬프트를 잘 이해하고 생성해준다.

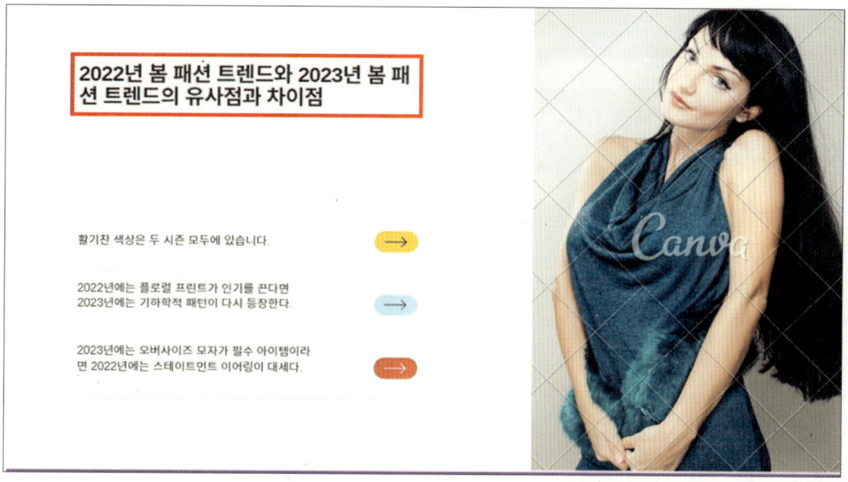


[그림28] 자동 생성으로 완성된 PPT(출처 : 캔바)

이미지를 클릭해 수정할 수 있다. 유료로 사용하면 워터마크 없는 작품이 생성된다.

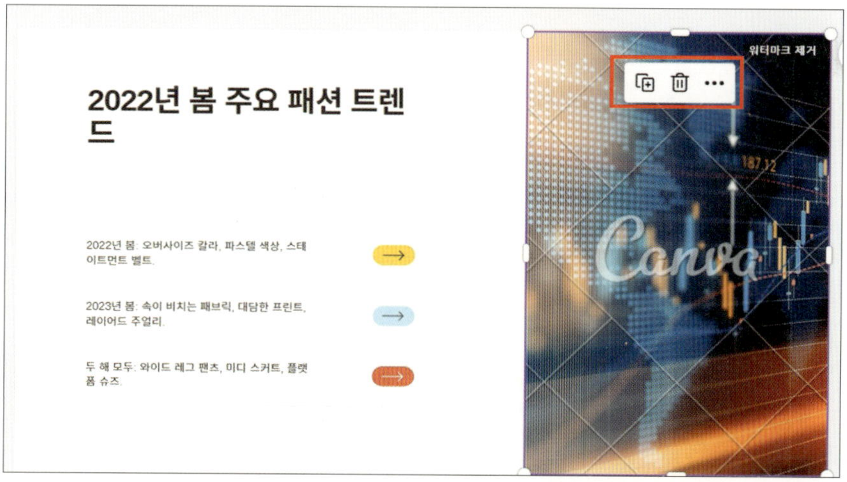


[그림29] 텍스트나 이미지 수정(출처 : 캔바)

원하는 그림을 검색해 수정할 수 있다.

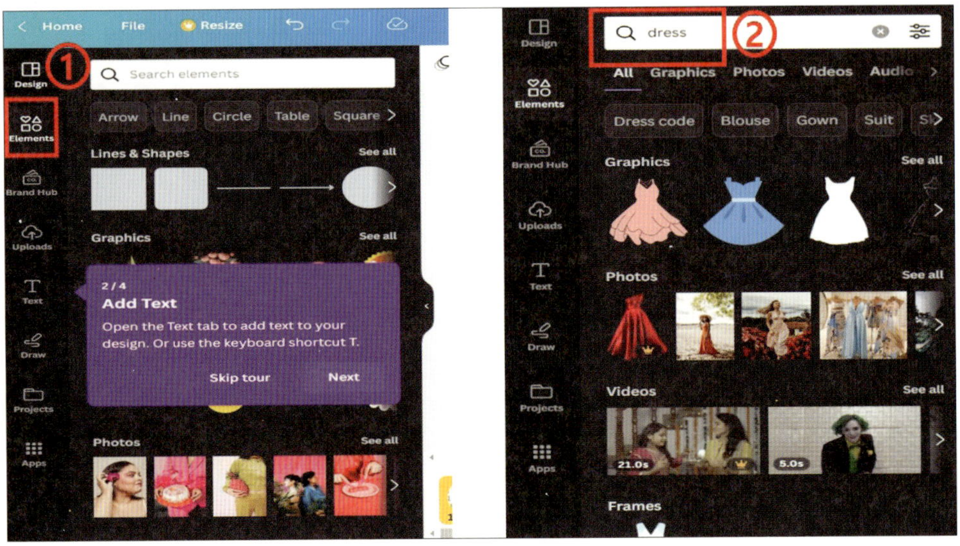


[그림30] 디자인 수정 또는 그림 변경(출처 : 캔바)

원하는 그림이나 사진의 위치를 자유롭게 변경할 수 있다.

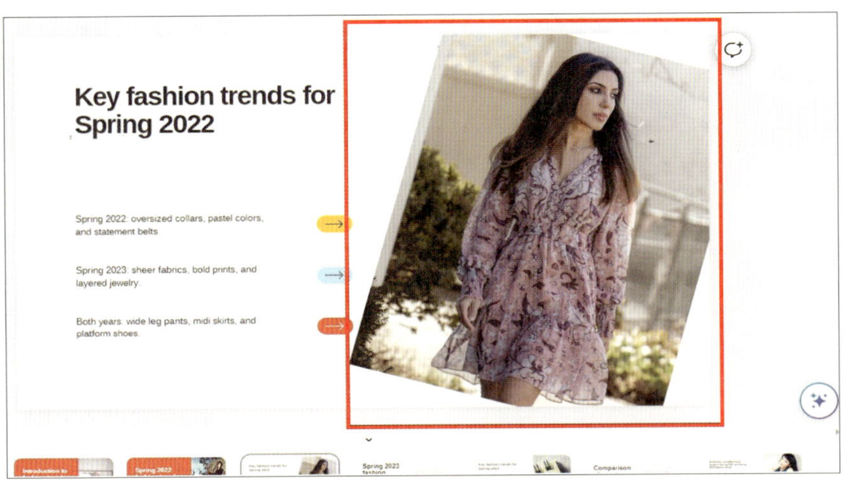


[그림31] 디자인 위치 변경(출처 : 캔바)

우측상단에 ① ‘share’를 누르면 링트를 복사해서 보내거나 ② 다운로드 받을 수 있다. 원하는 ③ 파일 유형으로 선택해 ④ 다운로드한다.

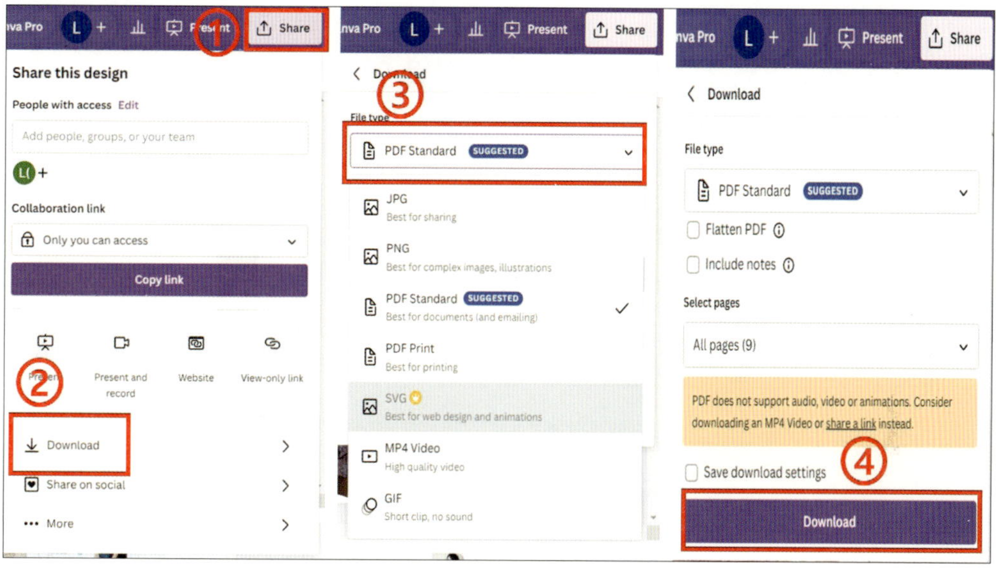


[그림32] 저장하기(출처 : 캔바)

## 5. Gamma 활용편

### 1) Gamma의 PPT 자동 생성 기능 소개

Gamma는 AI가 학습한 이미지와 정보를 활용해 PPT를 자동 생성하는 서비스이다. Gamma는 사용자가 원하는 키워드를 입력하면, 해당 키워드와 관련된 이미지, 도표, 정보 등을 자동으로 수집하고, 그것들을 적절하게 배치해 PPT를 생성한다.

Gamma는 다양한 기업에서 사용할 수 있으며, 분석 리포트, 프레젠테이션 등 다양한 분야에서 효율적이고 품질 높은 PPT 작업을 가능하게 한다. Gamma의 AI는 이미지를 인식해 해당 이미지와 관련된 정보를 자동으로 모아준다. 그리고 이를 기반으로 사용자가 원하는 PPT 프레젠테이션을 자동으로 생성해 준다.

Gamma는 기업과 대학, 건강 관련 기관 등 다양한 분야에서 이용되고 있으며, 동시에 사용자가 직접 손으로 PPT를 작성하는 것에 비해 큰 시간 절감을 제공한다. 사용자는 Gamma를 활용해 짧은 시간 내에 PPT를 생성할 수 있다.

## 2) Gamma 웹사이트 접속 방법 및 가입 방법 안내

구글 주소 입력창에 'gamma'라고 입력한다. gamma,app을 클릭한다.

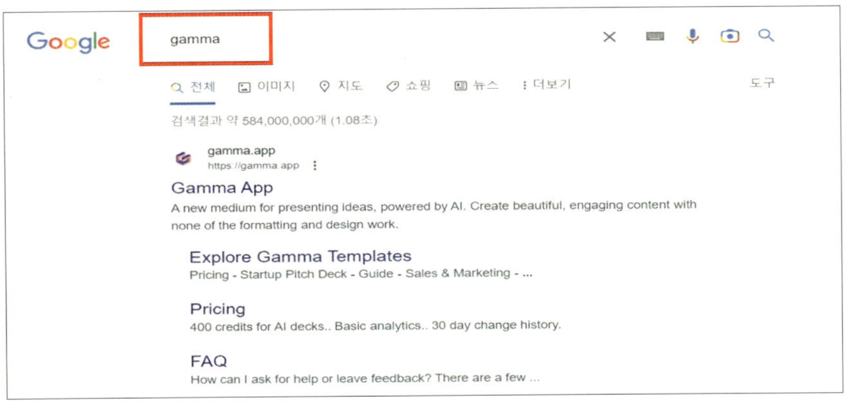


[그림33] 주소 입력창에 gamma 입력(출처 : gamma)

sign up for free를 클릭한다.

[그림34] gamma 사이트 첫 화면(출처 : gamma)

구글이나 이메일주소로 로그인한다.

[그림35] gamma 로그인 화면(출처 : gamma)

① Personal(개인, 단체) 여부와 ② Workspace name(닉네임)을 입력한 후 ③ Create workspace를 클릭한다.

[그림36] gamma 프로필 만들기(출처 : gamma)

① 사용할 곳 체크한 후 ② Get started를 클릭한다.

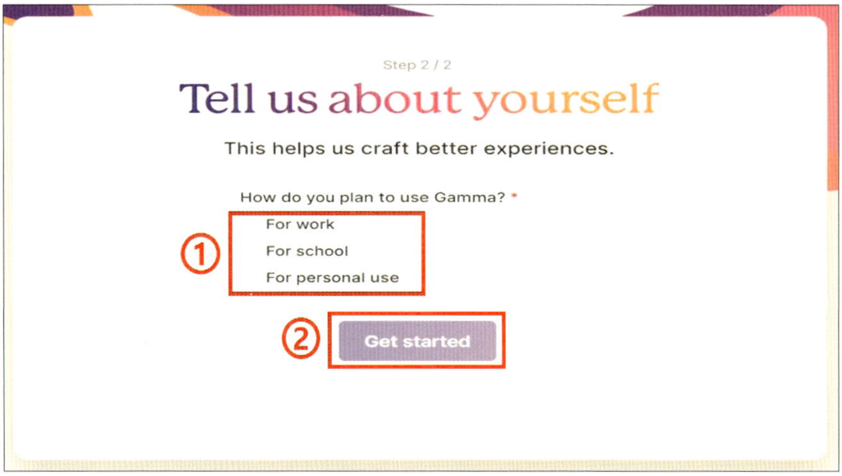


[그림37] gamma 프로필 만들기(출처 : gamma)

### 3) Gamma를 활용해 PPT 자동 생성하는 방법 안내

처음 가입하면 400크레딧이 제공된다. PPT, 문서, 웹페이지 중에 만들고 싶은 유형을 선택한다.

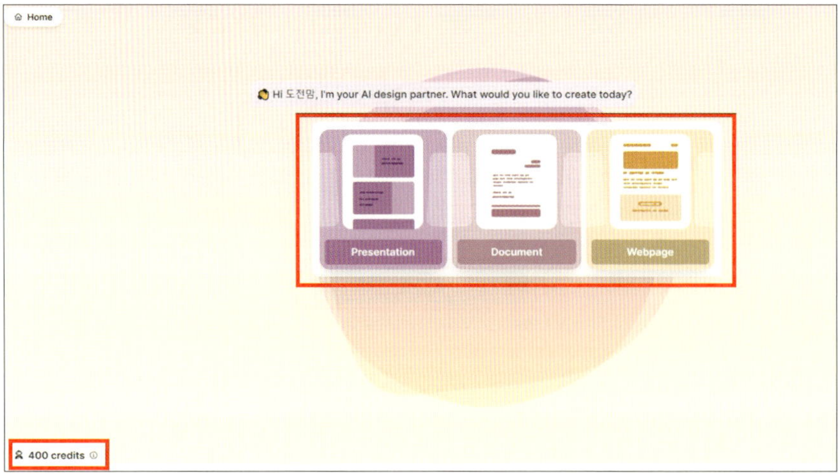


[그림38] gamma 메인 화면(출처 : gamma)

① 원하는 유형을 선택하고 ② 어떤 자료인지 선택한다.

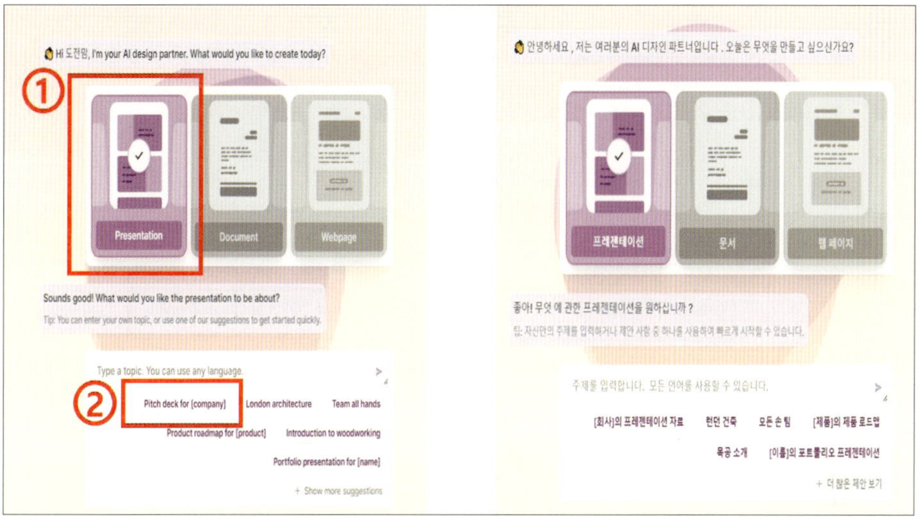


[그림39] gamma PPT 들어가기(출처 : gamma)

원하는 결과물이 아니면 다시 시도한다. 추천 개요로 작성을 시작하려면 'continue'를 클릭한다.

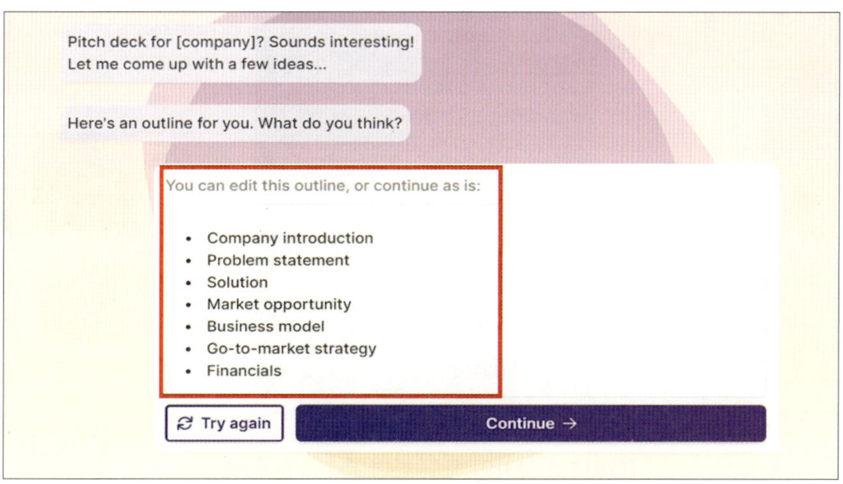


[그림40] 개요 선택 또는 입력 화면(출처 : gamma)

① 자동 생성 PPT 비교를 돕기 위해 동일한 질문을 입력한다. 프롬프트 입력 후 ② continue를 클릭한다.

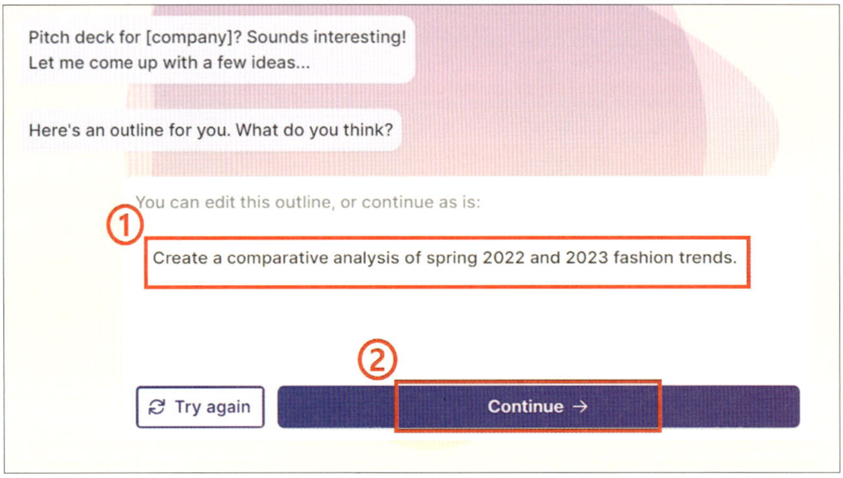


[그림41] 프롬프트 입력 화면(출처 : gamma)

원하는 테마를 선택하고 continue를 클릭한다.

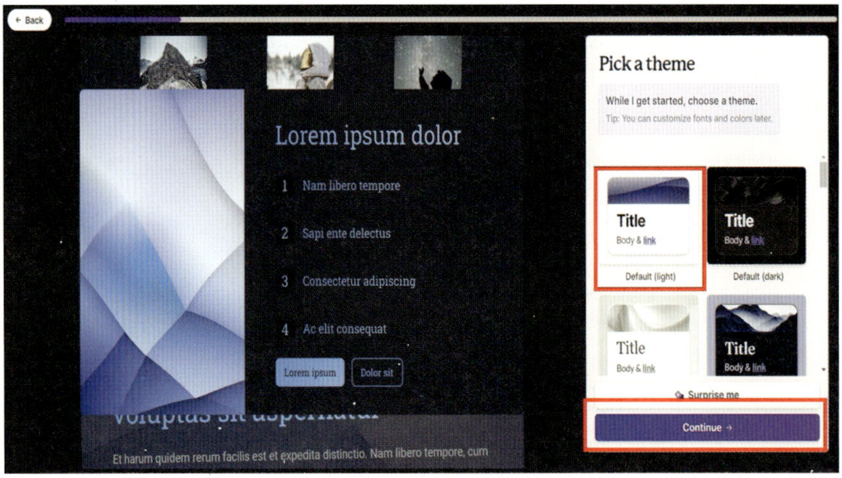


[그림42] 디자인 선택 화면(출처 : gamma)

짧은 시간 내에 9페이지의 피피티가 생성된다. 프롬프트 내용에 어울리는 제목도 자동 생성된다.

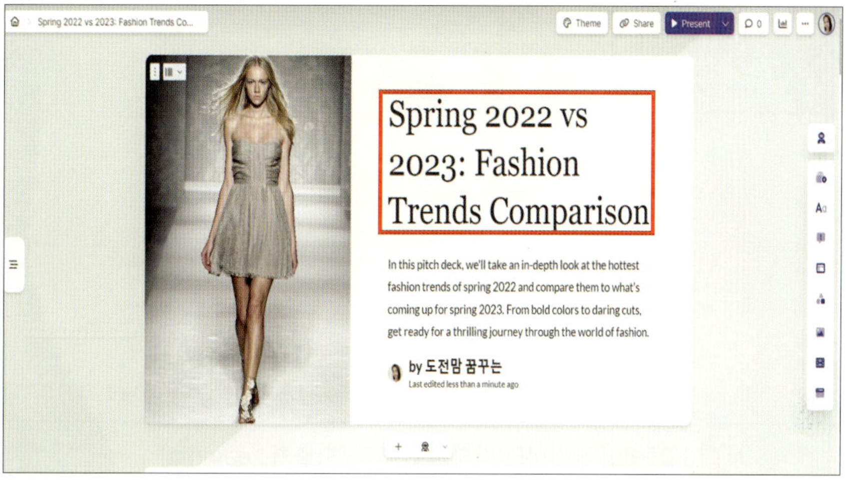


[그림43] 자동 생성으로 완성된 PPT(출처 : gamma)

Present를 누르면 전체화면으로 보거나 링크를 공유해서 볼 수 있다. 우측에 편집 아이콘들이 있어 편집도 쉽게 할 수 있다.

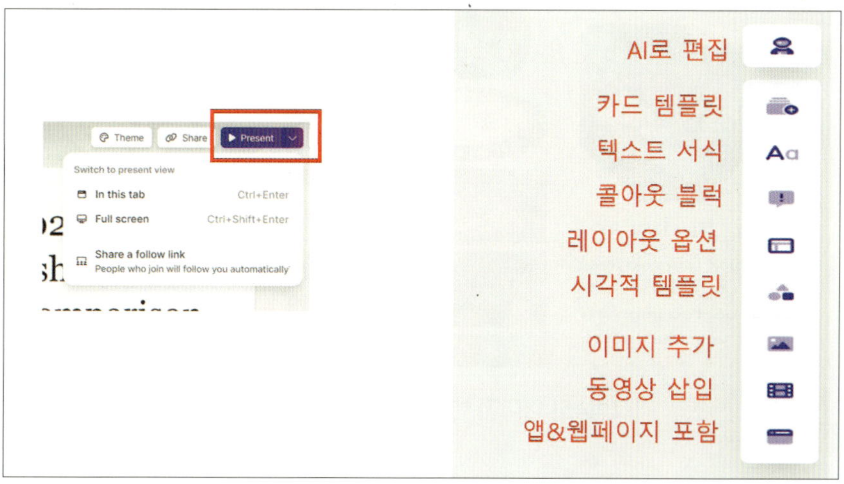


[그림44] 편집 아이콘 화면(출처 : gamma)

슬라이드 탭 좌측 상단을 누르면 템플릿을 수정할 수 있다.

[그림45] 슬라이드 디자인 변경 화면(출처 : gamma)

이미지를 클릭해서 웹 검색을 통해 이미지를 변경할 수 있다.

[그림46] 이미지 변경 화면(출처 : gamma)

① 하나의 슬라이드만 선택해 ② 테마를 변경할 수도 있다. ③ 프롬프트를 입력해서 슬라이드를 추가할 수 있다. (좌측 상단 빨간 박스 안의 '1' +를 누르면 ①번 팝업창, '2' 로봇이미지를 누르면 ②번 팝업창, '3' ∨를 누르면 ③번 팝업창이 생성된다.)

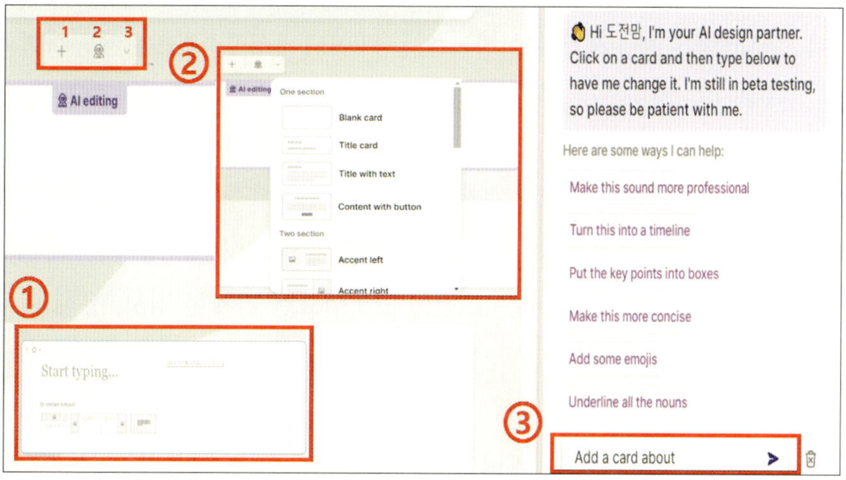


[그림47] 슬라이드 편집 화면(출처 : gamma)

Share를 다른 사람과 링크를 공유할 수 있고, 우측 상단에 '…'을 누르면 복사하거나 PDF 파일로 저장할 수 있다.

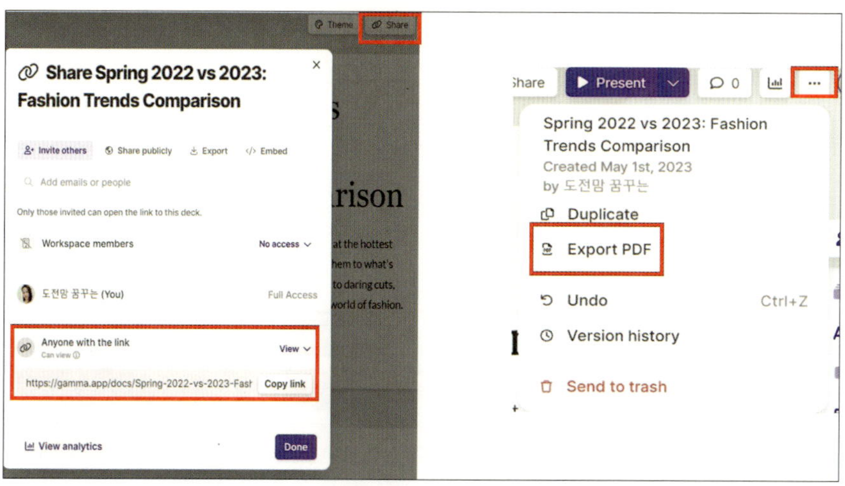


[그림48] 내보내기 화면(출처 : gamma)

## 6. Microsoft 활용편

### 1) Microsoft의 PPT 자동 생성 기능 소개

Microsoft 코파일럿은 Microsoft가 개발한 자동문서 및 PPT 생성 기능을 제공하는 프로그램이다. 이 프로그램은 사용자가 분석하고 있는 데이터에 대한 정보를 제공하며, 데이터를 기반으로 문서나 PPT를 자동으로 생성한다. 코파일럿은 데이터 분석 결과를 통해 PPT, 워드, PDF 문서 등을 자동으로 생성할 수 있다.

사용자는 필요한 요소를 정확하게 지정하면, 코파일럿은 해당 요소를 사용해 매우 효율적으로 문서를 생성한다. 또한 코파일럿은 슬라이드에 필요한 자세한 정보, 통계 데이터, 차트 등을 자동으로 추가하기도 한다.

코파일럿은 거의 모든 브라우저와 플랫폼에서 사용 가능하며, 사용자는 Microsoft Office 365의 기능을 코파일럿에서 활용할 수 있다. 이를 통해 사용자는 더욱 효율적으로 문서와 PPT를 생성할 수 있다. 현재는 아쉽게도 20개의 그룹에서만 시범 사용 중에 있다. 600개 기업에 유료로 먼저 선보일 예정이다. 하지만 곧 대중화 될 프로그램이니 사용 방법을 미리 알아두면 업무에서 효율적으로 사용해 볼 수 있다.

### 2) Microsoft를 활용해 PPT 자동 생성하는 방법 안내

[그림49] 코파일럿 소개 영상화면(출처 : microsoft YouTube)

거대 언어 모델 + Microsoft Graph + Microsoft 365 Apps로 프롬프트를 입력하면 워드, 엑셀을 넣어 PPT를 만들어 준다.

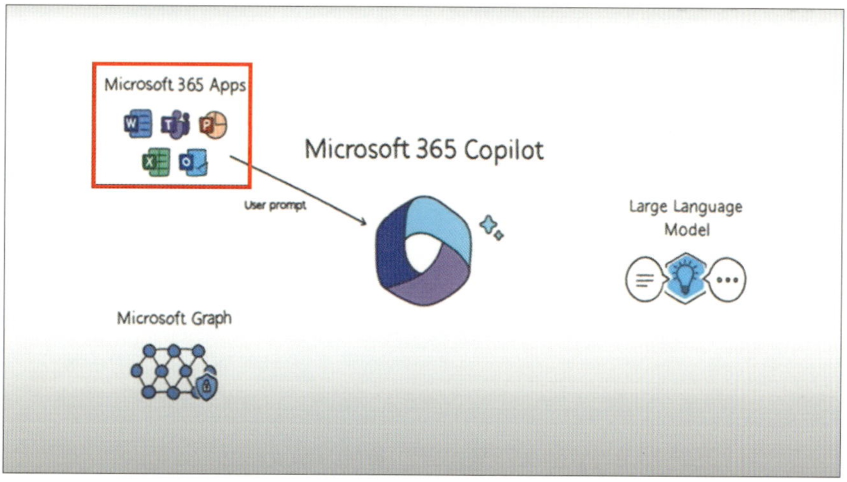


[그림50] 코파일럿 소개 영상화면(출처 : microsoft YouTube)

프롬프트 입력만으로 여러 작업이 가능하다.

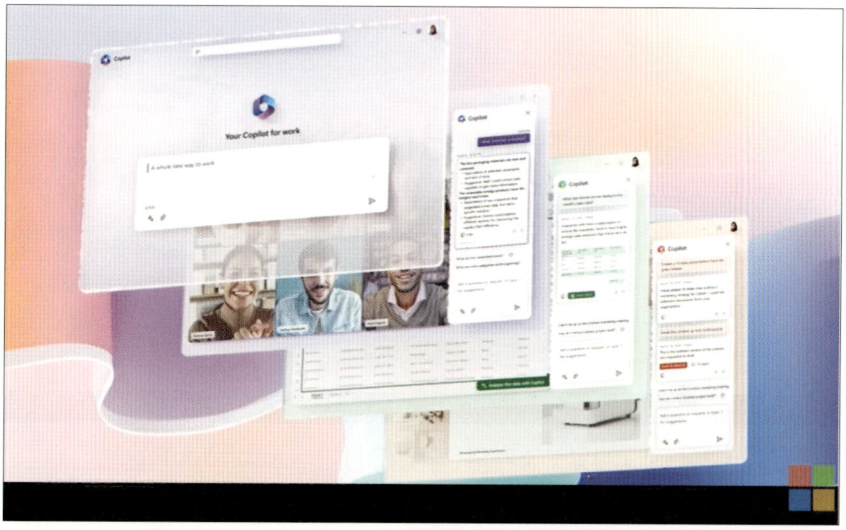


[그림51] 코파일럿 소개 영상화면(출처 : microsoft YouTube)

프롬프트를 입력하고 어떤 작업을 할 것인지 선택한다.

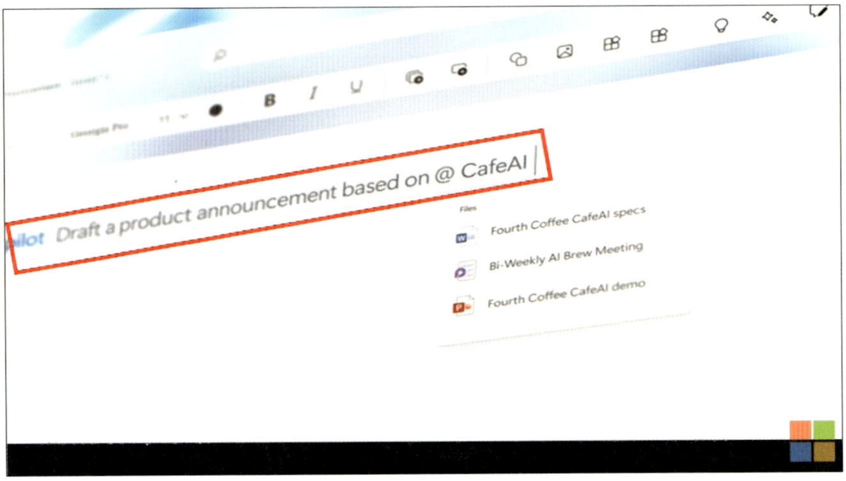


[그림52] 코파일럿 소개 영상화면(출처 : microsoft YouTube)

제목과 함께 여러 장의 슬라이드가 자동 생성된다.

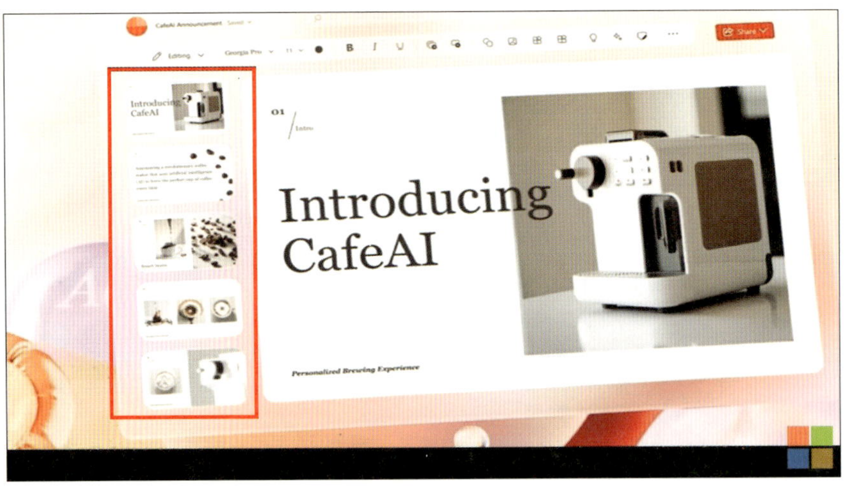


[그림53] 코파일럿 소개 영상화면(출처 : microsoft YouTube)

프롬프트를 입력해서 새 슬라이드를 추가할 수 있다.

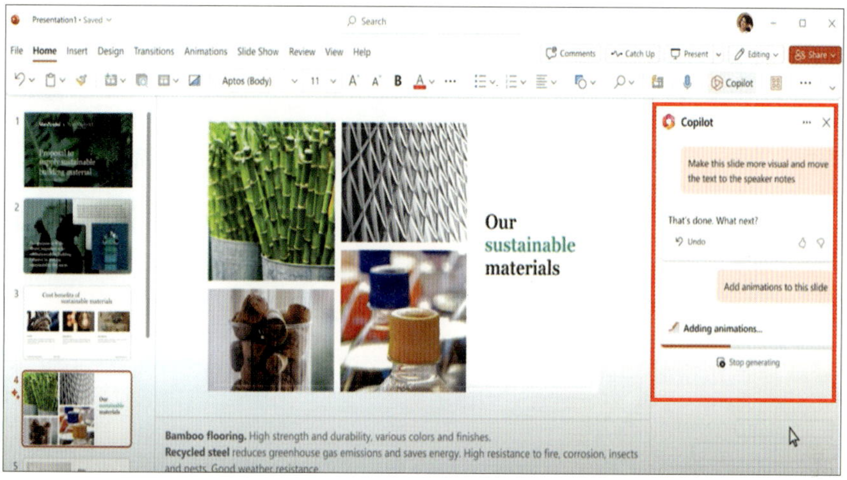


[그림54] 코파일럿 소개 영상화면(출처 : microsoft YouTube)

내 onedrive에서 사진을 검색해 작업할 수 있다. 애니메이션이 적용된 PPT가 자동 생성된다. 테마 변경도 프롬프트 입력으로 가능하다.

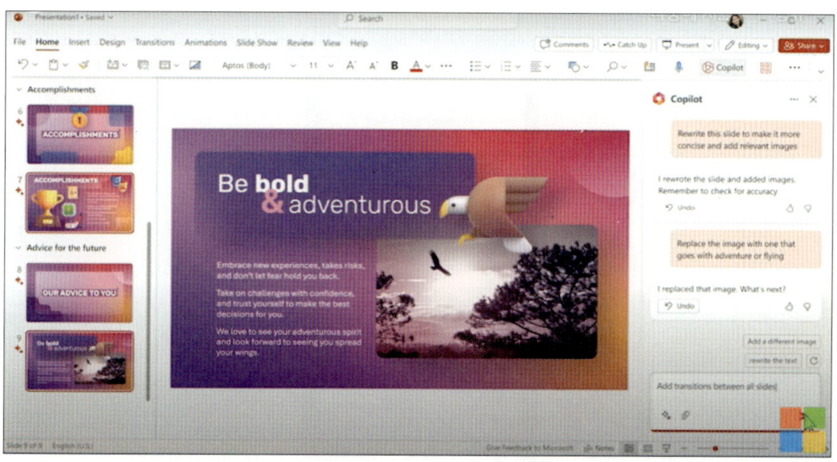


[그림55] 코파일럿 소개 영상화면(출처 : microsoft YouTube)

일정을 계획하는 것도 도움을 받을 수 있다. 자신의 이메일이나 채팅, 문서, 회의록 등에서 관련 정보를 요약할 수 있다.

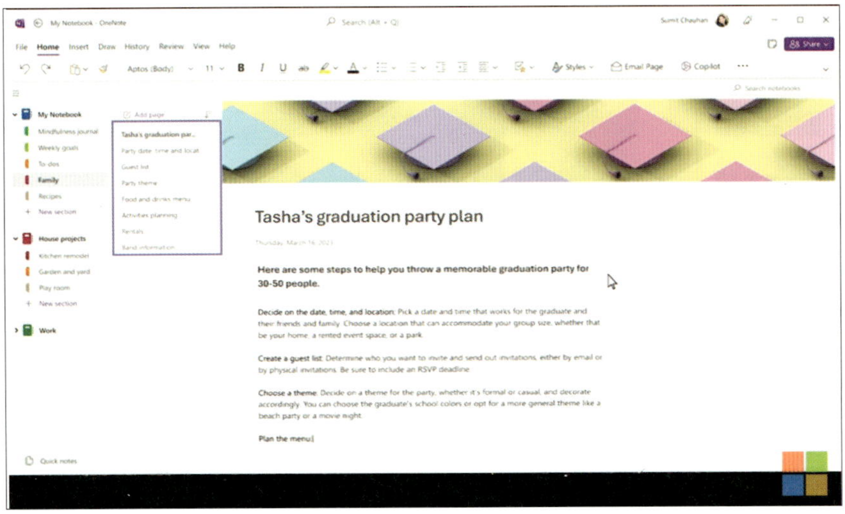


[그림56] 코파일럿 소개 영상화면(출처 : microsoft YouTube)

모바일에서도 사용 가능하다.

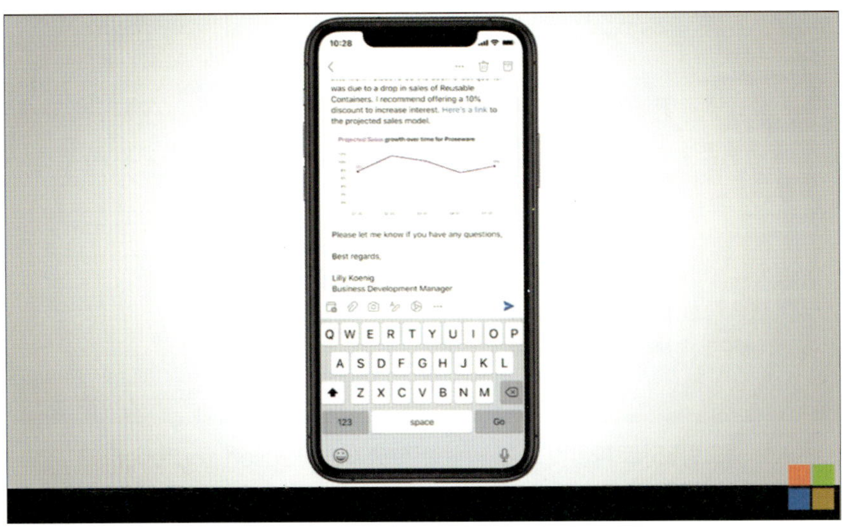


[그림57] 코파일럿 소개 영상화면(출처 : microsoft YouTube)

## Epilogue

이 책은 전문직 분야에서 챗GPT를 활용하는 방법과 자동 생성 PPT 프로그램 그리고 이를 활용한 PPT 제작 방법 등을 다루고 있다. 챗GPT를 활용해 새로운 비즈니스 아이디어를 도출하는 방법과 문서 요약 및 분류 방법 등 다양한 활용 방법을 전문직 분야에서 많이 활용할 수 있다.

또한 여러 개의 자동 생성 PPT 프로그램 중에서는 Tome, Canva, Gamma, Microsoft 코파일럿 등을 살펴보았다. 이 중 각각의 프로그램들이 제공하는 기능과 기능적 차이점들을 살펴볼 수 있으며, 이를 활용해 PPT 제작을 쉽게 할 수 있다.

특히 본 책에서는 각 프로그램의 소개와 이용 방법뿐만 아니라 PPT를 만드는데 필요한 자동화 기술과 함께 AI 기술의 발전과 이에 따른 자동화 트렌드에 대한 이해와 인식을 확대한다. 또한 더욱 발전하는 자동화 기술 혁신을 이어갈 수 있도록 도와주기 위한 책이다. 이 책을 통해 많은 분들이 업무 효율을 높이고 새로운 아이디어를 도출할 수 있기를 바란다.

Chapter
07

# 전문직을 위한 쉽고 빠른 영상 편집 숏폼 '브루(Vrew)' 편집법

김경희

Chapter

07

# 전문직을 위한 쉽고 빠른 영상 편집 숏폼 '브루(Vrew)' 편집법

## Prologue

현재는 동영상 콘텐츠 제작의 중요성이 더욱 커지고 있다. 최근 동영상 시장에서는 짧은 길이의 유튜브용 포맷인 10분 미만(이하)의 세로형 비디오 서비스와 모바일 환경에서의 소통 중심 미디어 플랫폼 등 이른바 '숏폼 콘텐츠'가 대세이다.

하지만 전문적인 영상 편집 소프트웨어를 다루는 것은 어려움이 있고, 높은 학습 비용과 시간이 소요된다. 이러한 문제를 해결하기 위해 이 책에서는 전문적인 영상 편집에 대한 지식이 없더라도, 브루(Vrew)와 캡 컷을 이용해 쉽고 빠르게 영상을 편집하는 방법을 설명코자 한다.

브루는 최근 대세인 숏폼 콘텐츠 제작에 적합한 다양한 기능을 제공하는 동영상 편집 소프트웨어이다. 브루는 AI 음성인식으로 자동 자막을 만들고, 컷 편집을 간편하게 할 수 있는 프로그램이다. 브루를 이용하면 짧은 분량의 동영상을 손쉽게 제작할 수 있으며, 다양한 효과와 필터, 음악 등을 활용해 보다 다채로운 동영상을 제작할 수 있다.

숏폼 콘텐츠는 틱톡, 인스타, 유튜브 쇼츠 등 다양한 플랫폼에서 제작하고 공유할 수 있다. 영상 편집이 처음인 분들도 쉽게 따라 할 수 있도록 세부적인 설명과 함께 실습으로 익힐 수 있다. 또한 이 책은 전문적인 영상 편집 소프트웨어를 사용하기 어려운 개인 또는 소규모 그룹에 많은 도움이 될 것이다.

## 1. 브루(Vrew)의 특징과 장점

브루(Vrew)는 AI를 활용해 효율적인 영상 편집을 할 수 있는 프로그램이다. 브루는 인공지능 기반의 자동 자막 프로그램으로 윈도우와 맥, 우분투에서도 사용할 수 있다. 반복 재생 없이 눈으로 보면서 쉽고 빠르게 컷 편집을 할 수 있다. 음성인식 자동 자막, 빠른 컷 편집, 200종 이상의 AI 목소리, 다양한 무료 소스까지 한 곳에서 만들 수 있다. 유튜브부터 숏폼 영상, 기업 홍보, 교육, 안내용 영상까지 쉽고 간편하게 만들 수 있는 장점을 갖고 있다.

브루는 문서 편집을 할 줄 아는 사람이라면 금방 할 수 있는 직관적이고 간편한 인터페이스를 갖고 있다. 상업적인 영상에도 저작권 걱정 없이 사용할 수 있는 이미지, 영상, 배경 음악, 효과음, 폰트, 자막 템플릿 등의 다양한 무료 소스를 제공하고 있는 한국 회사 제품이다.

## 2. 브루(Vrew) 무료 다운로드 및 설치

브루는 인터넷에서 무료로 이용할 수 있는 편집 프로그램이다. 다음과 같은 순서로 무료 내려받는다.

먼저 컴퓨터를 켜고 인터넷 브라우저를 연다. 구글 웹사이트에 접속하고 [그림1]처럼 검색창에 '브루(Vrew)'라고 입력한다. 검색 결과 중에서 가장 상단에 있는 브루 공식 홈페이지를 클릭한다. 홈페이지에 들어가면 브루의 소개와 기능을 볼 수 있다.

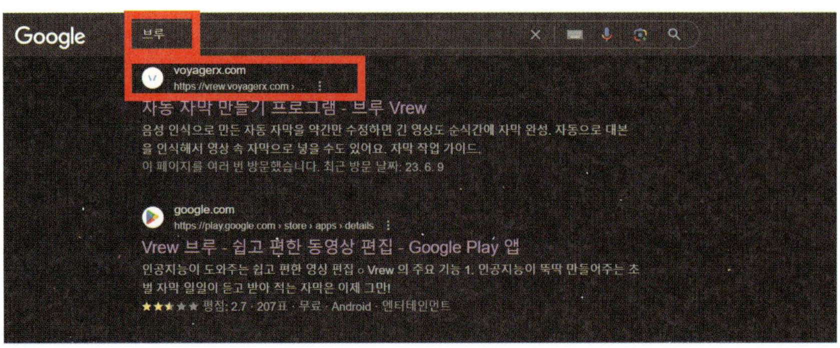


[그림1] 브루 Vrew 사이트 접속

브루 사이트에 접속해 화면에 있는 '무료 다운로드' 버튼을 누른다.

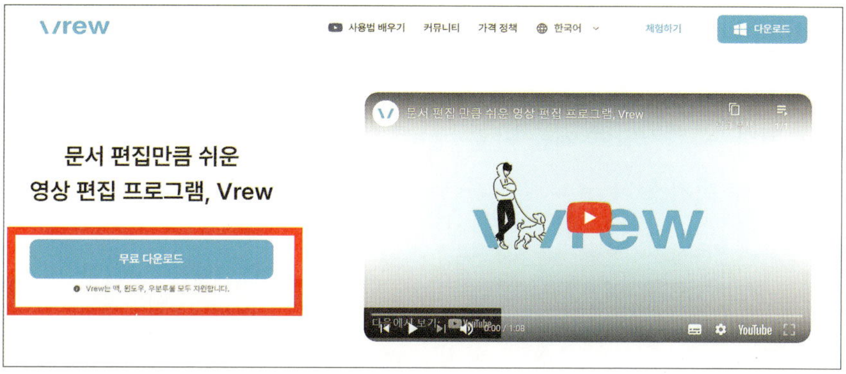


[그림2] 무료 다운로드 하기

## 3. 브루 실행하기

브루 Vrew 다운로드가 완료되면 파일 열기를 클릭해서 파일을 실행한다. 설치 과정에서 나오는 안내문을 따라서 동의하고 계속한다. 설치가 끝나면 브루가 자동으로 실행된다.

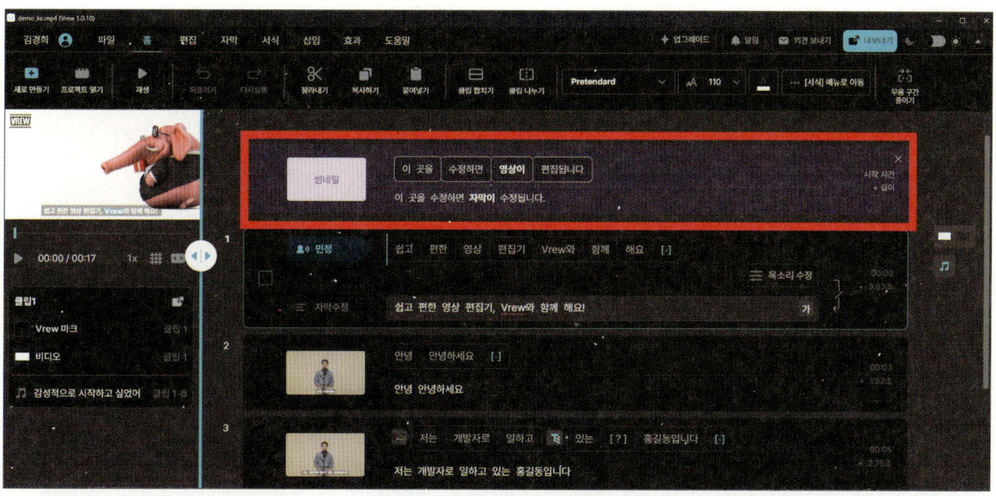


[그림3] 브루 Vrew 실행하기

## 4. 브루 무료 회원가입 하기

브루를 처음 사용하려면 회원가입을 해야 한다. 화면에 나오는 양식을 작성하고 가입하기를 누른다. 회원가입은 ① 이름, ② 이메일, ③ 비밀번호를 입력하고 ④ 본인 인증 이메일을 확인하면 완료된다. 회원가입 후에는 파일 메뉴를 클릭해 편집 화면으로 돌아갈 수 있다. 이제 브루를 사용할 준비가 됐다.

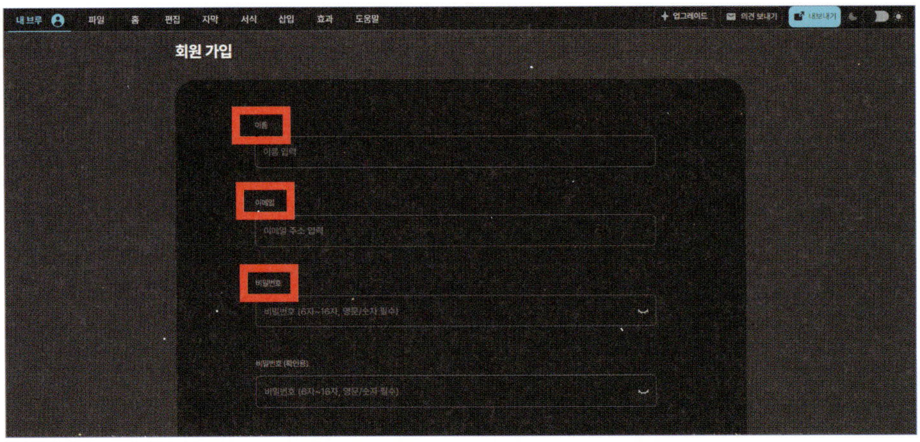


[그림4] 브루 Vrew 무료 회원가입 하기 1

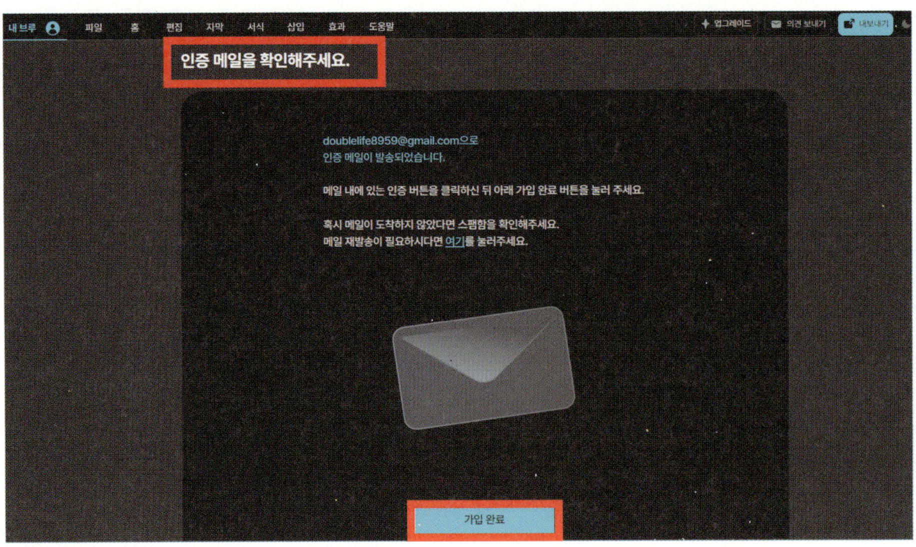


[그림5] 브루 Vrew 무료 회원가입 하기 2

## 5. 브루 도구 모음 제대로 살펴보기

브루 프로그램을 실행하면 [그림6] 처럼 화면이 구성돼 있다. 메뉴 탭 하위 메뉴 미리보기 화면, 영상, 자막, AI 목소리 편집 영역 등 다양한 편집 작업이 가능하다.

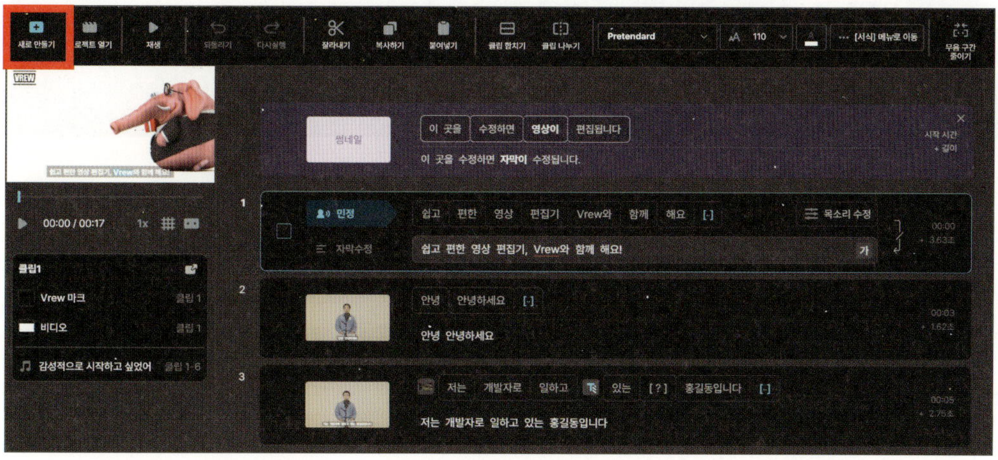


[그림6] 화면구성

### 1) 파 일

- 프로젝트 열기 : 내가 만든 프로젝트를 볼 수 있다.
- 영상 추가하기 : PC에서 불러오기, 스마트폰에서 불러오기, 녹화 및 녹음 등을 추가할 수 있다.
- 화면 비율 : 원본 비율, 쇼츠(9:16) 정방형(1:1) 인스타그램(4:5) 클래식(4:3) 유튜브(16:9)
- 프로젝트 저장하기, 다른 프로젝트 저장기로 작업한 프로젝트를 저장한다.
- 영상으로 내보내기 : 대상 클립을 선택(전체 클립)하고 해상도(1080X1920) 화질(고화질) 하드웨어 가속을 선택한 후 내보내기 버튼을 눌러 동영상을 내보내기도 한다.
- 다른 형식으로 내보내기 : 자막파일, 텍스트, Premiere pro xml, Final cut pro xml, Davinci resolve xml, 투명 배경 자막 영상, 오디오 파일, 이미지 등으로 내보내기 할 수 있다.

• 프리뷰 공유 : 현재 편집 중인 내용을 링크로 만들어 간편하게 공유한다. 프로젝트 데이터를 업로드하면 프리뷰 링크가 만들어진다.
• 작업 파일 정보 : 현재 프로젝트 파일 상태와 사용 중인 영상 개수를 표시해 준다. 폴더 열기를 클릭하면 바로 확인할 수 있다.

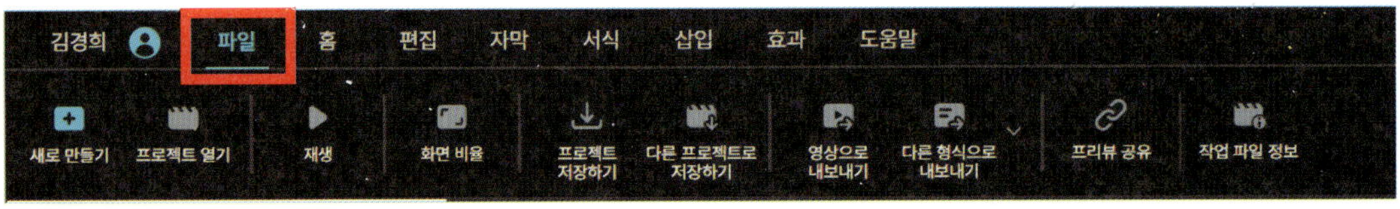

[그림7] 파일

## 2) 홈 메뉴

영상 작업을 시작하기 위해서 [그림8] '홈'을 클릭한 후 왼쪽 상단에 있는 '새로 만들기'를 누른다.

• 되돌리기 : 적용 범위 변경, 새 클립으로 변경, 삭제하기 등 전 단계로 되돌리거나 다시 실행할 수 있다.
• 잘라내기 : 영상 탭과 자막 탭에서 원치 않는 부분을 각각 잘라내기 할 수 있다.
• 복사하기 : Ctrl+C를 눌러 원하는 클립을 복사할 수 있다.
• 붙여 넣기 : 앞의 복사한 클립을 Ctrl+V 눌러 붙여넣기 한다.
• 클립 합치기 : 합치고자 하는 클립을 체크한 후에 클립 합치기 버튼을 누르면 클립이 합쳐진다.
• 클립 나누기 : 나누고자 하는 클립을 체크한 후에 클립 나누기를 클릭하면 나눠준다. 또 나눌 단어 앞에 커서를 놓고 클립 나누기를 누르면 그 사이의 클립이 나뉘게 된다.
• 무료 폰트 설정 : 폰트를 선택할 수 있다. 무료 폰트도 사용할 수 있으며 즐겨 쓰는 폰트는 즐겨찾기 저장도 가능하다.
• 글자 크기와 글자 색 선택 : 영상에 나타나는 글자 크기와 색깔을 선택한다.
• 무음 구간 줄이기 : +와 – 버튼을 이용해 [..] 무음 구간 조정이 가능하다.

[그림8] 홈 메뉴

### 3) 편집 기능

- 위쪽 클립은 영상 편집을 할 수 있다. 단어에 커서 갖다 대면 영역이 표시되고 'X 버튼'을 누르면 단어가 삭제되면서 그 부분의 영상도 지워진다.
- 클립 합치기와 클립 나누기를 클릭하여 씬을 합치거나 나눌 수 있다.
- 아래쪽 클립의 단어를 수정하면 영상 위에 표시되는 자막을 수정할 수 있다.
- 되돌리기 : 영상을 수정하다가 전 단계로 갈 수 있다.

이제 어떤 방법으로 영상을 만들 것인지 선택하면 된다. 영상 만들기 방법은 6. 기본 사용법에 자세히 설명한다.

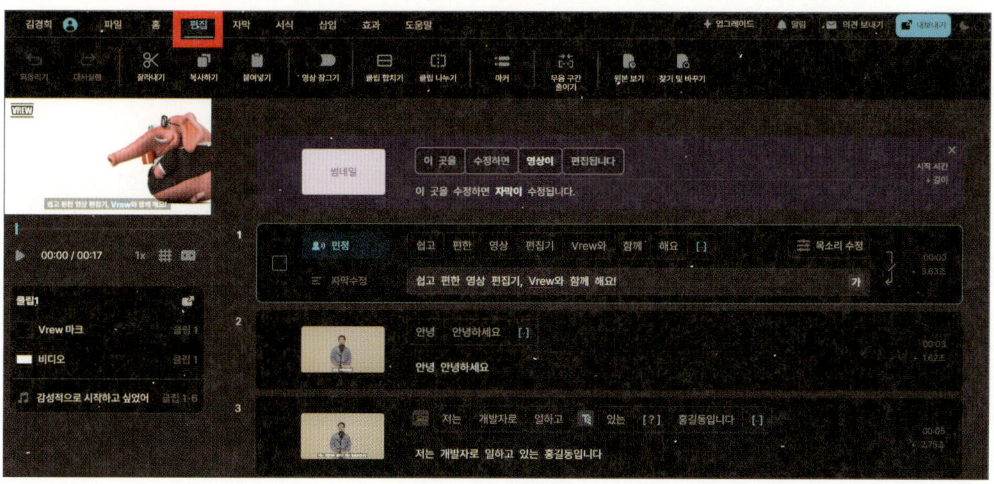


[그림9] 편집 기능

## 4) 자 막

### (1) 타임 텍스트 불러오기

타임코드를 사용해 자막 줄 텍스트를 한 번에 교체할 수 있다.

① 현재 편집 중인 영상의 텍스트를 타임코드 포함해 다운로드한다. (다른 형식으로 내보내기 〉 텍스트로 내보내기)

② 다운로드 받은 파일의 텍스트 부분을 수정한다. 이때 텍스트를 제외한 타임코드 부분은 추가/수정/삭제하면 안 된다.

③ 아래 '불러오기' 버튼을 눌러서 수정한 파일을 불러온다.

### (2) 원고 불러오기

파일을 갖고 오거나 직접 입력해 원고를 자막으로 만들어 준다.

① 첨부된 파일의 줄 바꿈 된 곳에서 클립을 나눈다.

② 마침표, 느낌표, 물음표가 있는 곳에서 클립을 나눈다.

### (3) 전체 자막 복사하기와 전자막 지우기

① 자막 전체를 복사하거나 지울 수 있다.

② [자막] 메뉴의 [자막 표시] 스위치를 이용하면 자막 내의 내용을 지우지 않고 화면에서 한 번에 숨길 수 있다.

### (4) 번역 자막 추가하기

자막 수정을 끝낸 뒤 번역하면 더욱 좋은 품질의 번역 결과를 얻을 수 있다.

### (5) 맞춤법 검사

맞춤법 검사는 한국어, 영어, 스페인어에 한해 제공된다.

[그림10] 자막

## 5) 서 식

Step 1. 프리뷰 화면의 자막 박스에서 원하는 형태의 서식을 설정한다.

Step 2. 상단 서식 툴바에서 저장된 서식 중에 원하는 서식을 선택해 저장된 서식으로 변경한다.

- 위치 : 글자의 좌우 간격과 상하 위치를 숫자나 화살표를 통해 조정한다.
- 저장된 서식 : 본인이 저장해 놓은 서식을 불러올 수 있다.
- 고급 : 고급 기능에서도 서식 편집이 가능하다.

[그림11] 서식

## 6) 삽 입

- 기본 텍스트 : 클립에 사용된 애셋을 쉽게 확인하고 선택할 수 있다.
- 디자인 텍스트 : 다양한 디자인의 텍스트와 움직이는 텍스트 말풍선 등이 있다.

[그림12] 삽입

• 이미지 : 툴바에서 체크하면 이미지를 PC에서 불러올 수 있고, 무료 애셋에서 제공되는 이미지를 불러올 수도 있다.

• 비디오 : 툴바에서 체크하면 비디오를 PC에서 불러올 수 있고, 무료 애셋에서 제공하는 무료 비디오를 불러와 이용할 수 있다.

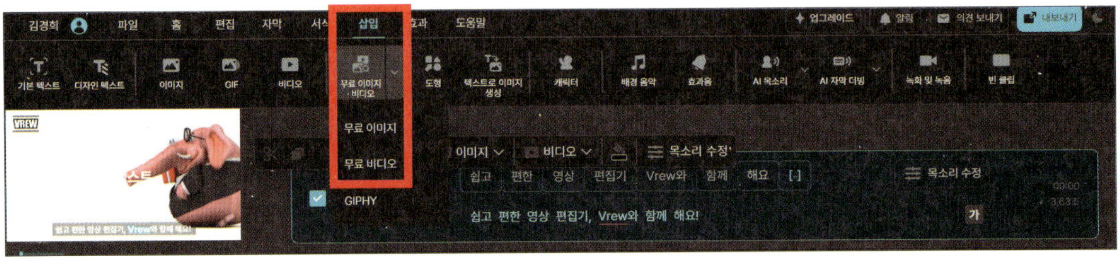


[그림13] 이미지 불러오기

• 도형 : 무료 애셋에서 제공하는 다양한 도형을 사용할 수 있다.

• 텍스트로 이미지 생성 : 텍스트를 입력하면 인공지능이 즉석에서 이미지를 만들어 준다.

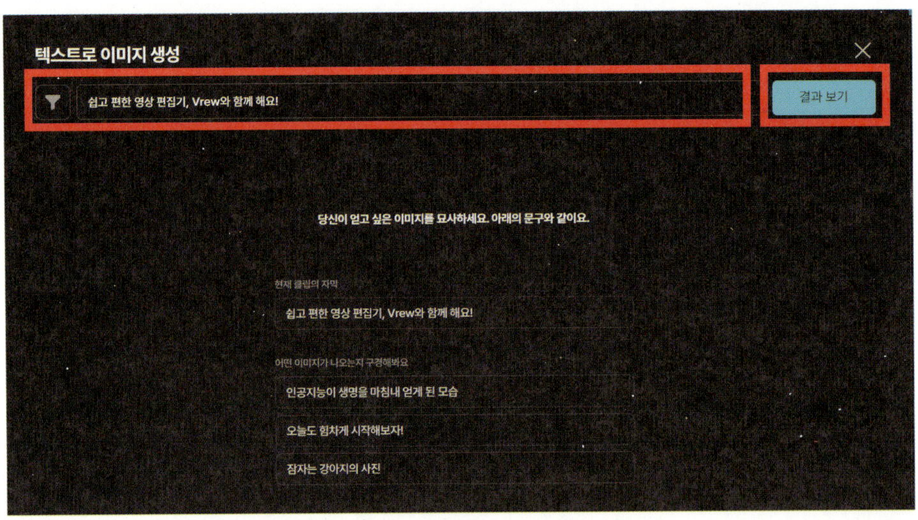


[그림14] 텍스트로 이미지 생성 1

[그림15] 텍스트로 이미지 생성 2

- 캐릭터 : 다양한 캐릭터를 선택해 적용하면 음성에 맞게 입 모양을 움직여 말을 하는 것 같다. 캐릭터는 사람, 동물, 기타, 2D, 3D 등이 있으며 자막을 입력해서 직접 캐릭터를 만들 수 있다.

[그림16] 캐릭터

- 배경 음악 : 무료로 제공되는 배경 음악은 저작권 걱정 없이 이용할 수 있다. 분위기에 맞는 음악, 인트로 나레이션, 스토리 등 상황에 맞게 골라서 쓸 수 있다.
- 효과음 : 984개의 무료 효과음이 제공된다.
- AI 목소리 : 언어와 AI 목소리를 선택해서 새 클립이나 기존 클립 위에 삽입할 수 있다.
- AI 자막 더빙 : AI 목소리를 선택해서 음량, 속도 높낮이를 조절해서 더빙할 수 있다.
- 녹화 및 녹음 : 촬영하기, 화면 녹화하기, 녹음하기 기능을 사용할 수 있다.

## 7) 효 과

- 필터 : 클립을 선택한 후 필터를 불러와 적용한다.
- 좌우 반전 : 이미지의 좌우 반전, 상하 반전을 할 수 있다.
- 확대 및 회전 : 선택한 클립을 크기 조절할 수 있다. 가로와 세로 위치를 px로 조절한다. 이미지를 360도 회전할 수 있다.
- 볼륨 조절 : 선택한 클립의 볼륨을 최대 400%까지 조절할 수 있다.
- 배속 효과 : 클립 선택 후에 최대 4배 속도를 조절할 수 있다.
- 클립 배경색 바꾸기 : 전체 클립이나 선택한 클립의 배경색을 변경할 수 있다.

[그림17] 효과

## 8) 도움말

### (1) 설 정

① 테마 : 툴바와 프리뷰 영역의 색이 바뀐다.(라이트, 다크)

② 프리뷰 위치 : 왼쪽에 고정하기, 위쪽에 고정하기, 오른쪽에 고정하기

③ 편집

- 영상 잠그기 : 편집 과정에서 의도치 않은 영상 삭제를 막는다.
- 워드 삭제 버튼 : 마우스로 쉽게 누를 수 있는 워드 삭제 버튼을 표시한다.

④ 영상 미리보기 : 워드 위에 마우스를 올리면 영상을 미리 보여준다.

⑤ 긴자막 경고 : 글자 수 제한보다 긴 자막이 있으면 경고를 표시한다. 한글·한자·일본어는 2자, 영문·기호는 1자로 계산한다.

⑥ 맞춤법 검사 : 자막에서 맞춤법이 잘못된 부분을 표시한다. 이 기능은 한국어, 영어, 스

페인어에 대해서만 지원된다.

⑦ 하드웨어 가속

- 플레이어 설정 : 이 기능을 사용하면 프리뷰에 영상을 읽어오는 속도가 빨라진다. 단, 경우에 따라서는 영상을 읽어오는 데 문제가 생길 수 있다. 영상이 제대로 재생되지 않는다면 '사용 안 함'으로 설정해 둔다.
- 내보내기 설정 : 하드웨어 가속에 QSV를 사용한다. 이 기능을 사용하면 영상의 내보내기 시간이 단축된다. 단, 경우에 따라서는 내보내기 한 영상의 화질에 문제가 생길 수 있다.

⑧ 실시간 채팅 상담 : 왼쪽 하단에 브루팀과 실시간으로 채팅할 수 있는 버튼을 표시한다.

⑨ 언어 : Vrew의 표시 언어를 설정한다.

### (2) 의견 보내기

자주 질문, 채팅 상담, 오류 신고

### (3) 단축키

파일, 재생, 이동, 선택, 편집, 도움말 단축키를 이용할 수 있다.

### (4) 정 보

오픈소스 라이센스, 사용 엔진, Vrew 커뮤니티, Vrew 서비스

### (5) 튜토리얼

영상 편집 방법 소개

### (6) 커뮤니티

브루 영상에 관한 질문과 답변

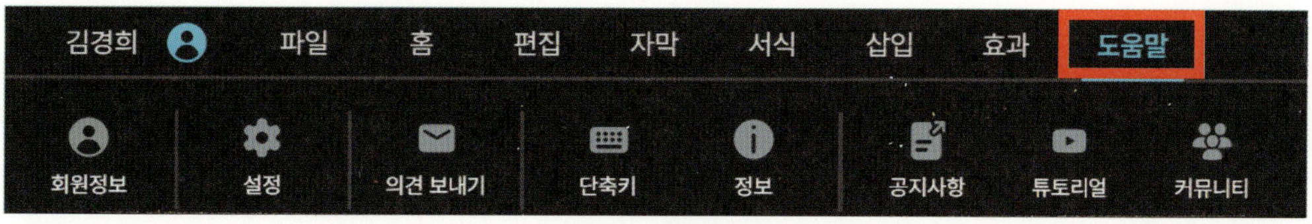


[그림18] 도움말

## 6. 브루(Vrew)의 기본적인 사용법과 인터페이스

이제부터 브루로 쉽고 간편하게 영상 편집하는 방법을 알아보자. 브루 영상 만들기 템플릿은 AI 목소리로 시작하기, 녹화 및 녹음으로 시작하기, 텍스트로 비디오 만들기, 템플릿으로 쇼츠 만들기, PDF로 비디오 만들기 등 템플릿이 제공되고 있어 편리하게 활용할 수 있다.

### 1) AI 목소리로 시작하기

텍스트를 입력하면 AI 목소리가 텍스트를 읽어준다.

#### (1) 새로 만들기

'새로 만들기'에서 'AI 목소리로 시작하기'를 선택한다.

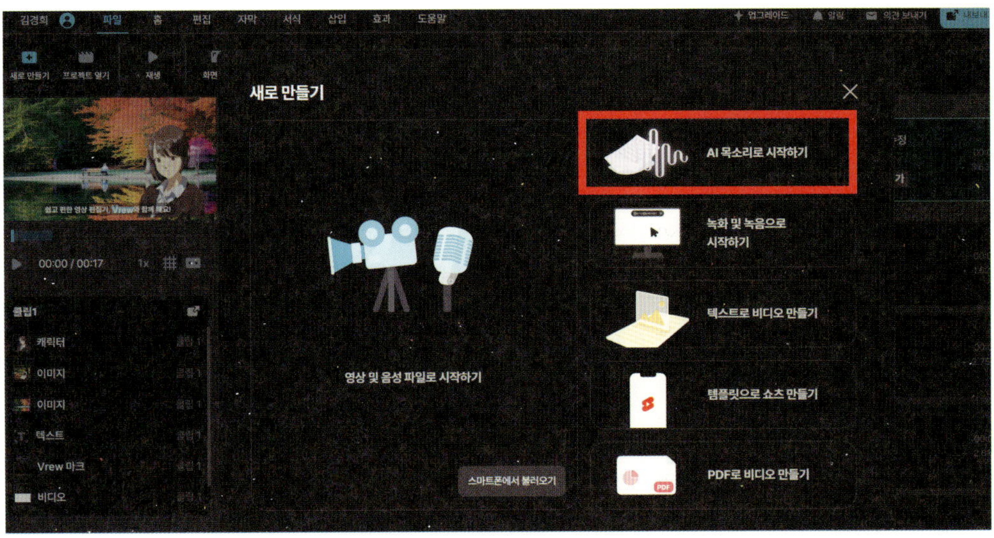


[그림19] 새로 만들기

### (2) 문구 입력

AI 목소리 클립에 원하는 문구를 입력한 다음 파란색 화살표 버튼을 누른다.

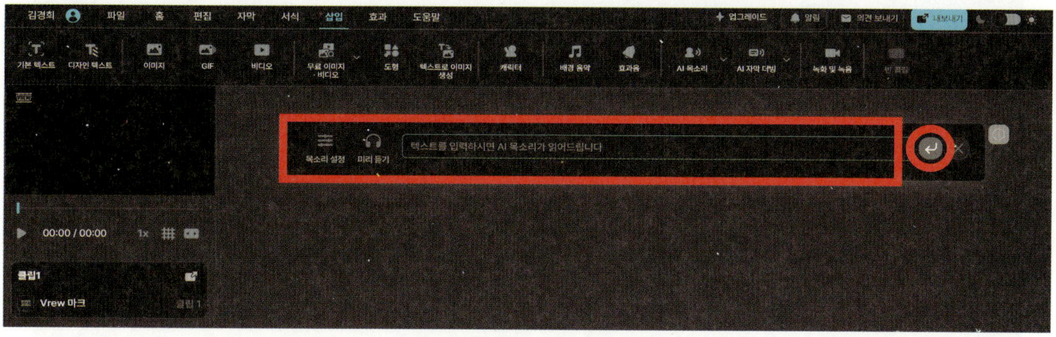

[그림20] 문구 삽입하기

### (3) 목소리 수정

'목소리 수정'을 눌러 원하는 AI 성우 목소리를 설정한 후 확인 버튼을 누른다. '미리 듣기'로 목소리를 확인할 수 있다. 일부 AI 성우 목소리에 감정 조절 기능이 있다.

아래쪽 클립을 눌러서 '문구를 다시 입력'할 수 있다. '목소리 수정' 버튼을 눌러서 선택하고 확인 버튼을 누르면 다른 목소리를 선택할 수도 있다. '자주 사용하는 목소리'는 별표를 눌러 '즐겨찾기'에 저장할 수 있다. 목소리의 '음량과 속도, 높낮이'도 화살표로 조절할 수 있다. 작업을 마치고 나면 '확인' 버튼을 눌러 적용한다.

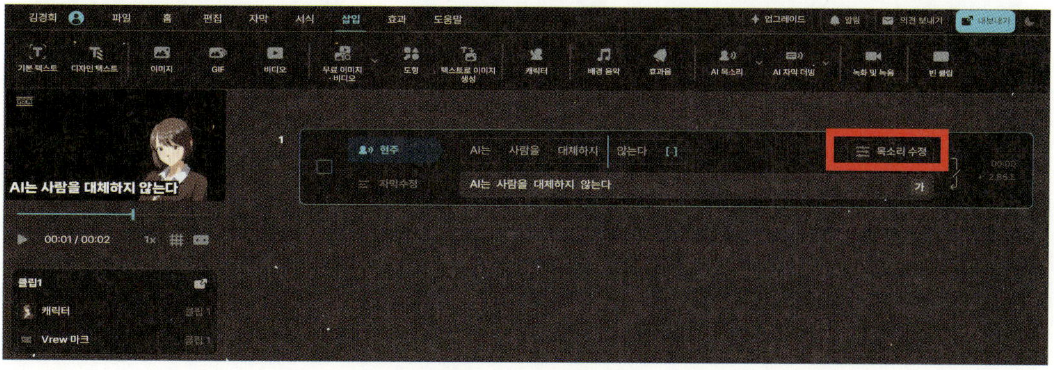

[그림21] 목소리 수정 1

[그림22] 목소리 수정 2

## 2) 녹화 및 녹음으로 시작하기

### (1) 새로 만들기

새로 만들기에서 '녹화 및 녹음으로 시작하기'를 선택한다.

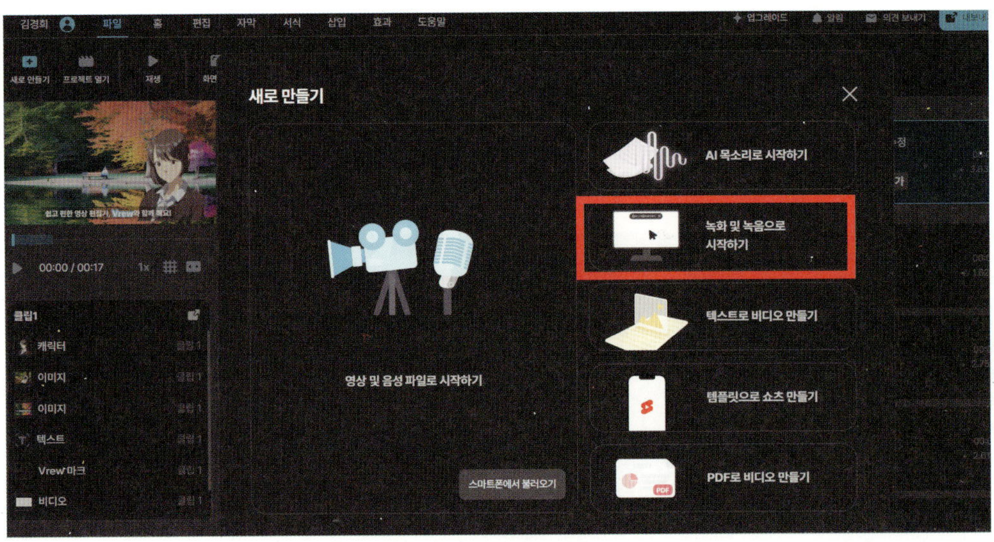


[그림23] 녹화 및 녹음으로 시작하기

바로 촬영하기, 화면녹화하기, 녹음하기 기능을 이용할 수 있다.

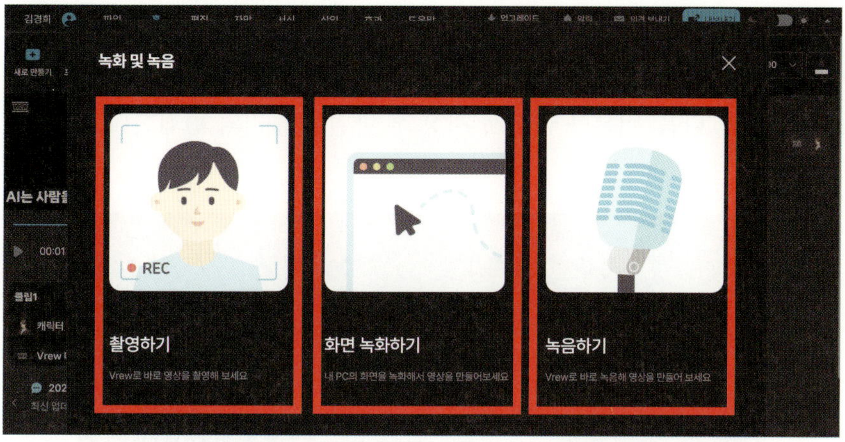


[그림24] 촬영하기, 화면 녹화하기, 녹음하기

## (2) 촬영하기

Vrew로 바로 영상을 촬영한다.

① 카메라 선택 후에 촬영한다.

② 촬영을 마치면 '다음' 버튼을 눌러서 저장 후 파일을 불러와 편집한다.

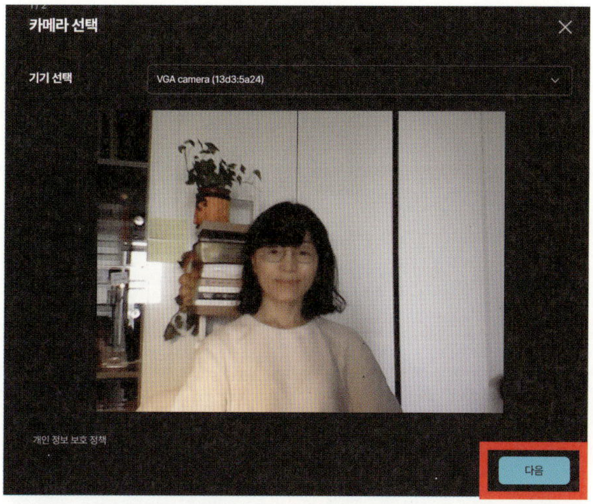


[그림25] 촬영하기

### (3) 화면 녹화하기

내 PC의 화면을 녹화해서 영상을 만든다.

① 녹화할 화면을 전체 화면이나 창 1개 중 선택한 후 녹화를 진행한다,

② 녹화를 다 하면 '다음' 버튼을 눌러서 저장 후 파일을 불러와 편집한다.

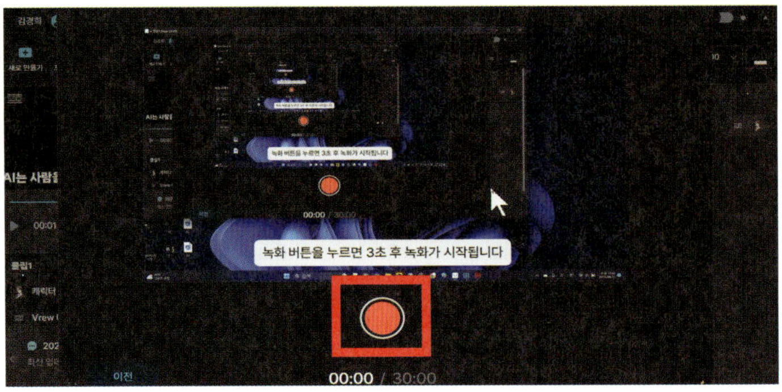


[그림26] 화면 녹화하기

### (4) 녹음하기

브루로 바로 녹음해서 영상을 만든다.

① 녹음 버튼을 누르면 3초 후에 녹음이 시작된다.

② 녹음을 다 하면 '다음' 버튼을 눌러서 저장 후 녹음 파일을 불러와 편집한다.

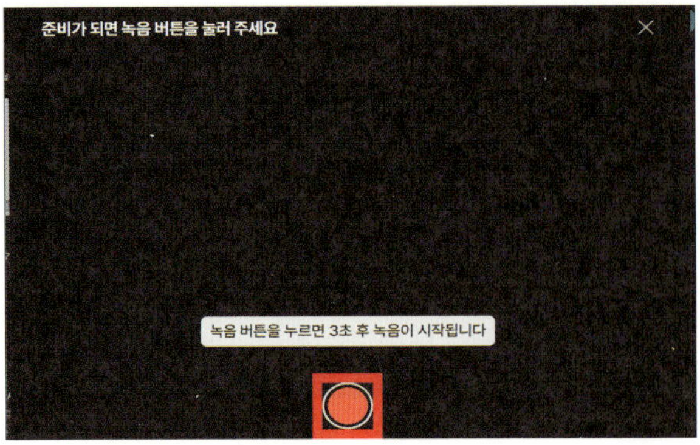


[그림27] 녹음하기 1

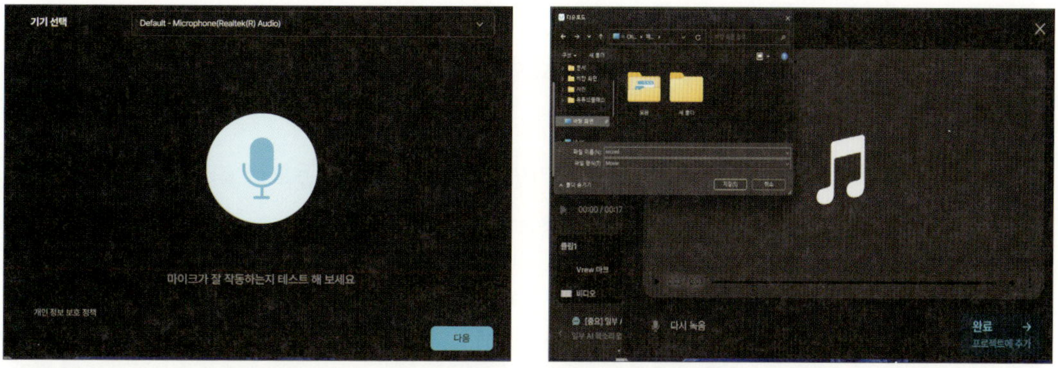


[그림28] 녹음하기 2

## 3) 텍스트로 비디오 만들기

제목만 입력하면 영상과 대본 삽화까지 AI가 만들어 준다.

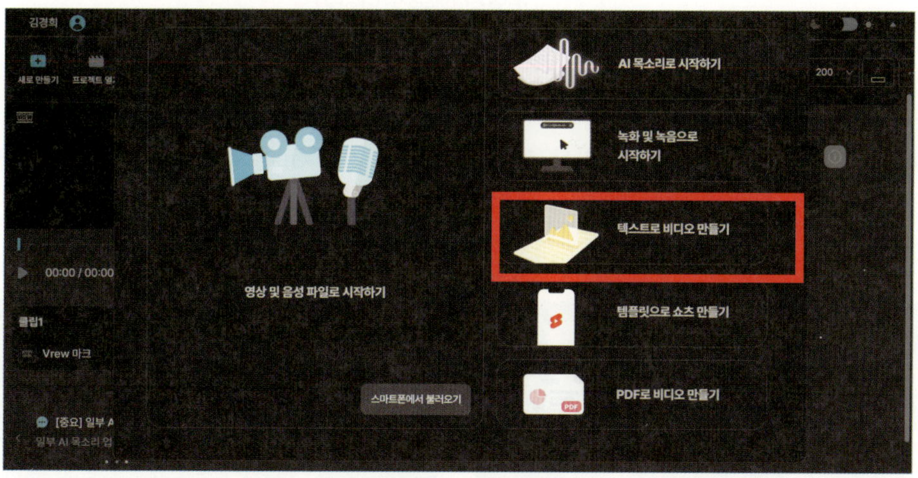


[그림29] 새로 만들기

- '텍스트로 비디오 만들기'를 클릭한 후 영상 대본의 '주제'(제목)를 입력한다.(예: 화성으로 간 난쟁이) 영상의 주제(제목)을 명확하고 구체적으로 적으면 퀄리티 높은 대본을 만들 수 있다.

- 아래에 화면 비율 버튼을 선택한다.(유튜브 16:9, 쇼츠 9:16, 인스타그램 4:5, 직사각형 1:1, 클래식 4:3) 버튼 선택을 안 하면 기본 설정돼있는 유튜브 16:9로 크기로 진행된다.
- 'AI 글쓰기' 버튼을 클릭한다.
- 'AI 글쓰기'를 클릭하고 30초 정도 기다리면 AI가 대본을 자동으로 작성해 준다. 내용이 마음에 안 들거나 표현이 이상하면 수정한다.

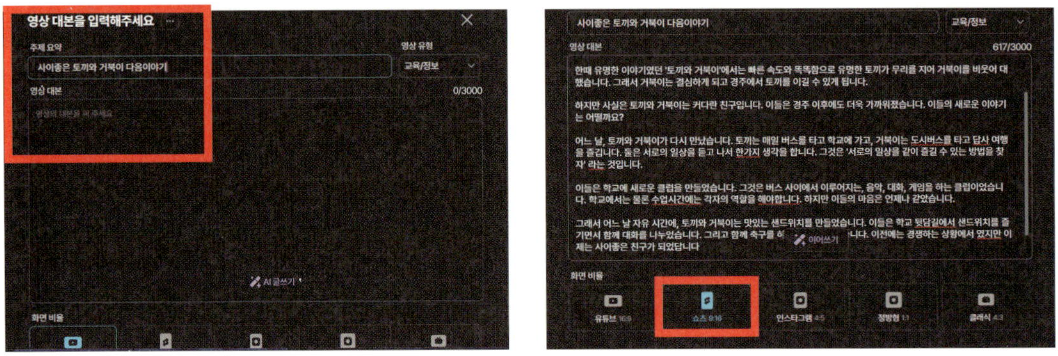


[그림30] 영상 대본 입력하기

- 대본을 읽어줄 'AI 성우' 목소리를 선택한다. 목소리를 고른 후에 완료를 누르면 자동으로 영상이 만들어진다.

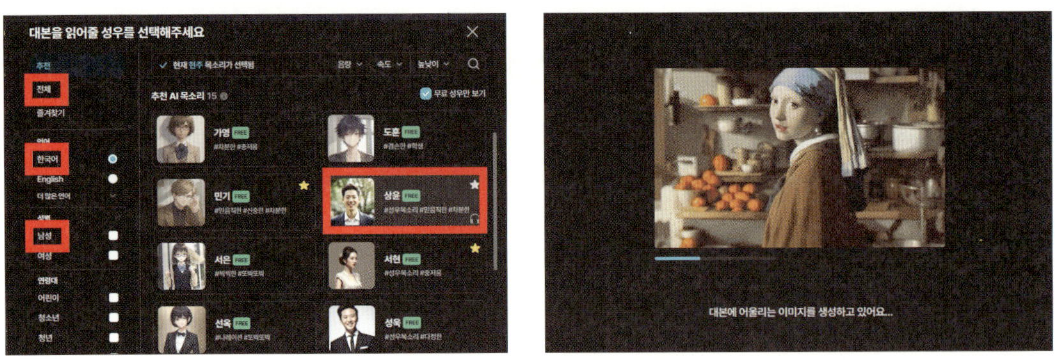


[그림31] 성우 목소리 선택

• '필터' 버튼을 누르고, 스타일을 고른다. 그리고 다음 버튼을 누른다.

[그림32] 스타일 선택하기

• 재생하기 : 편집 화면에서는 각 영상이 네모 모양의 클립으로 표시된다.

① 클립 안에 파란색 커서가 있으면 키보드의 스페이스 바를 눌러서 영상을 재생할 수 있다.

② 탭을 누르면 클립 하나만 재생된다.

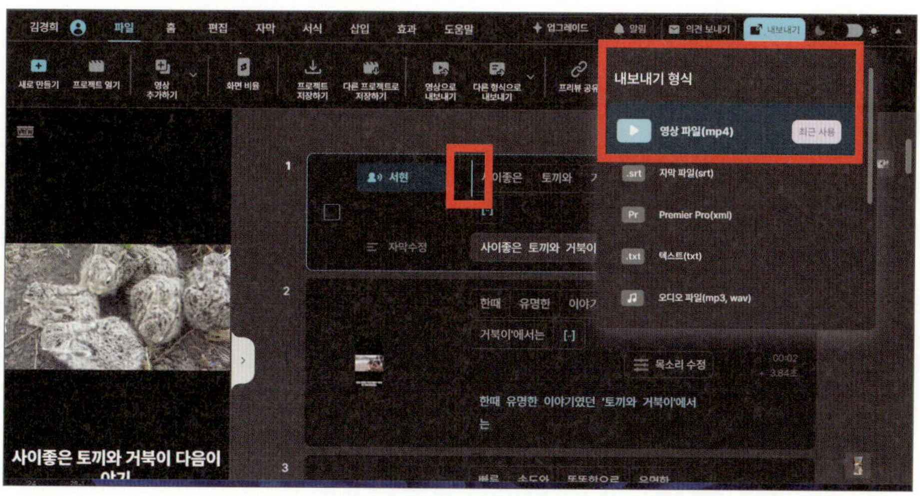


[그림33] 재생하기

• 내보내기

① '내보내기 형식'에서 형식을 선택한다. ② 영상이 필요할 때는 '영상 파일'을 선택한다. ③ '동영상 내보내기'에서 전체 클립 선택한다.

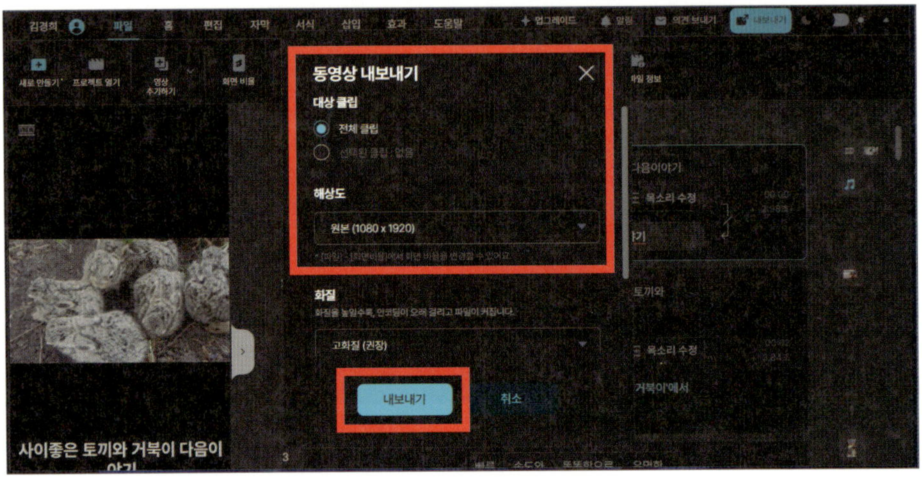


[그림34] 내보내기

④ 해상도를 선택해 내보내기 한다. 화질이 높을수록 인코딩이 오래 걸리고 파일이 커진다.

⑤ '폴더 열기'를 클릭해서 확인하고 파일을 원하는 플랫폼에 업로드한다.

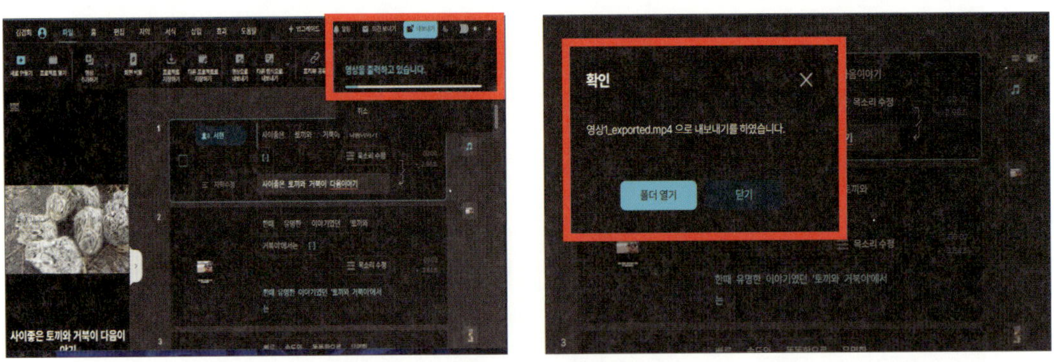


[그림35] 영상 출력하고 내보내기

이렇게, 인공지능 성우의 목소리와 자동 수채화 삽입하고 자동 배경 음악이 들어간 영상을 만들었다.

• 다른 이미지 또는 비디오로 교체하기

① 영상 편집 과정에서 마음에 안 드는 이미지는 '교체하기'를 눌러주면 이미지나 비디오 변경이 가능하다.

② 결과 보기를 누르면 이미지가 또 생성되고, 원하는 이미지를 골라주면 된다.

③ 오른쪽 위에 내보내기를 눌러 준다.

④ 내보내기를 누르고 영상 파일로 내보내기를 누르면 동영상이 완성된다.

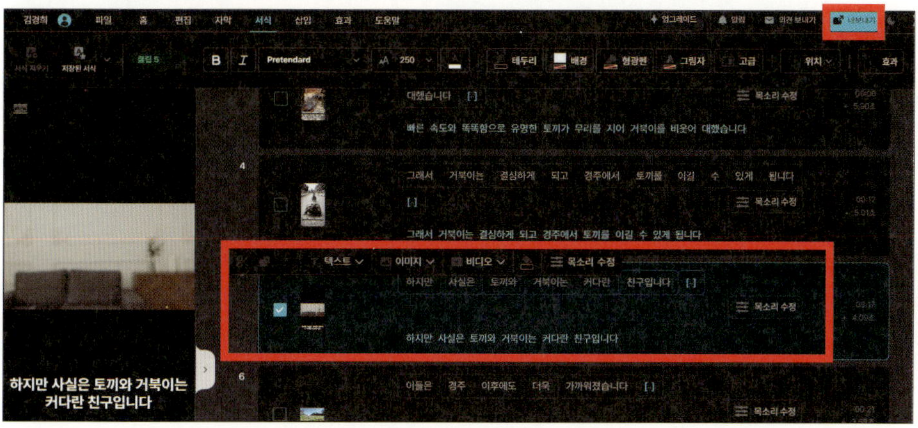


[그림36] 교체하기

## 4) 템플릿으로 쇼츠 만들기

'새로 만들기'에서 스마트폰이나 PC에 저장된 영상을 불러와 템플릿으로 쇼츠를 만들 수 있다.

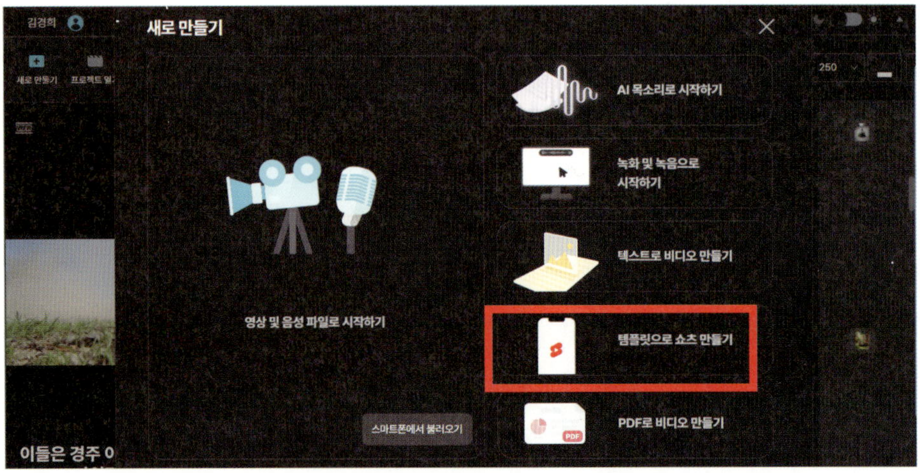


[그림37] 템플릿으로 쇼츠 만들기

① '스마트폰에서 불러오기'를 클릭한다.

스마트폰 속 영상/이미지를 쉽게 PC로 불러올 수 있다. 품질 저하 없이 원본 그대로 불러올 수 있으니 안심하고 사용할 수 있다.

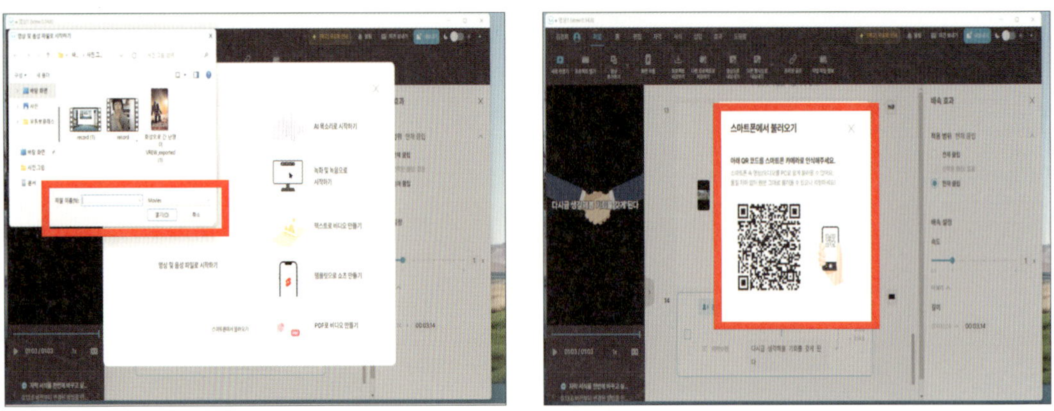


[그림38] 스마트폰에서 불러오기 1

② 스마트폰 카메라로 QR코드를 인식해 준다. 그러면 링크 옵션 보기가 나타난다.
③ 링크 열기를 클릭해 이미지 보내기와 영상 보내기에서 파일 PC로 불러온다.
④ PC에서 원하는 방법으로 영상 편집을 진행한다.

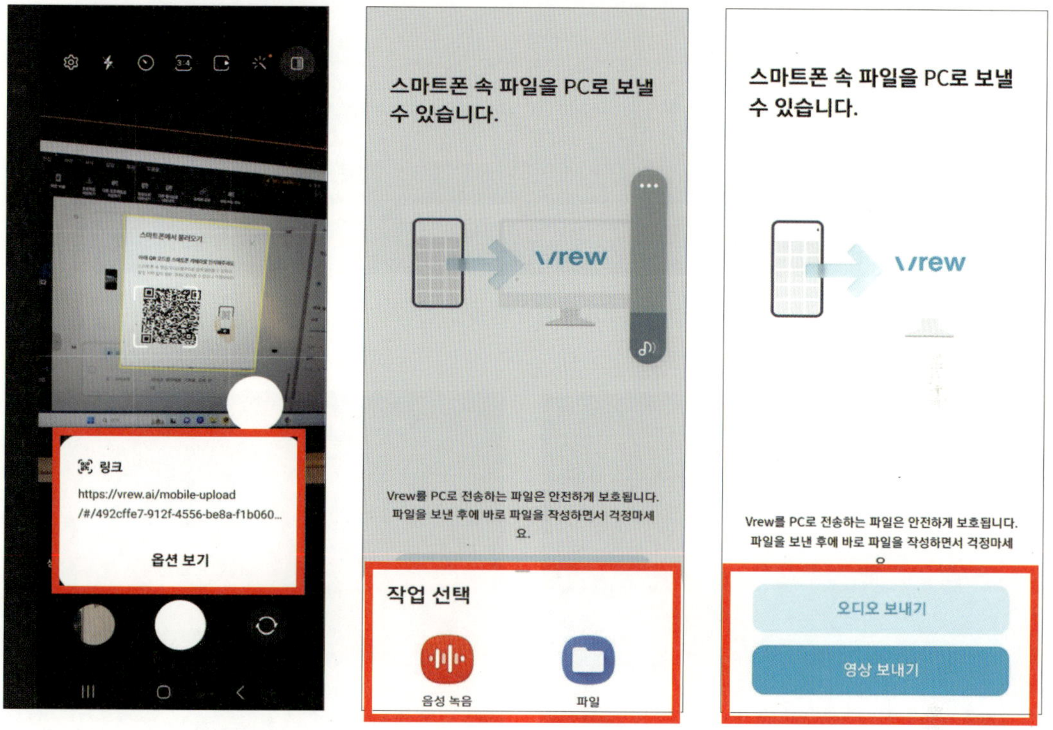


[그림39] 스마트폰에서 불러오기 2

소스 영상이 없어도 제공된 템플릿을 사용해 영상을 만들 수 있다.

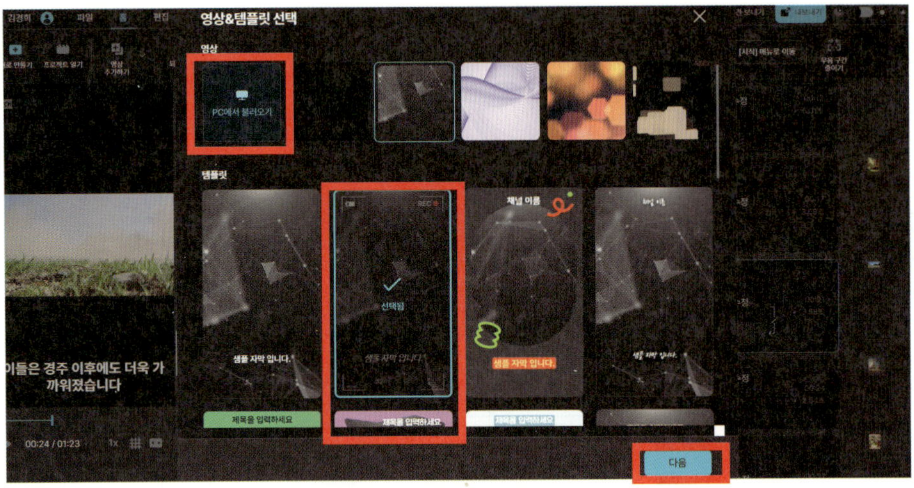


[그림40] 영상& 탬플릿 선택 1

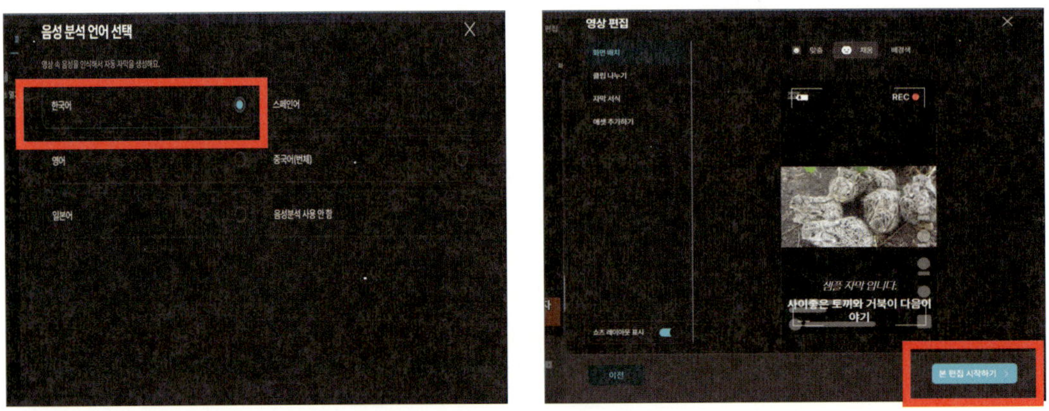


[그림41] 영상& 탬플릿 선택 2

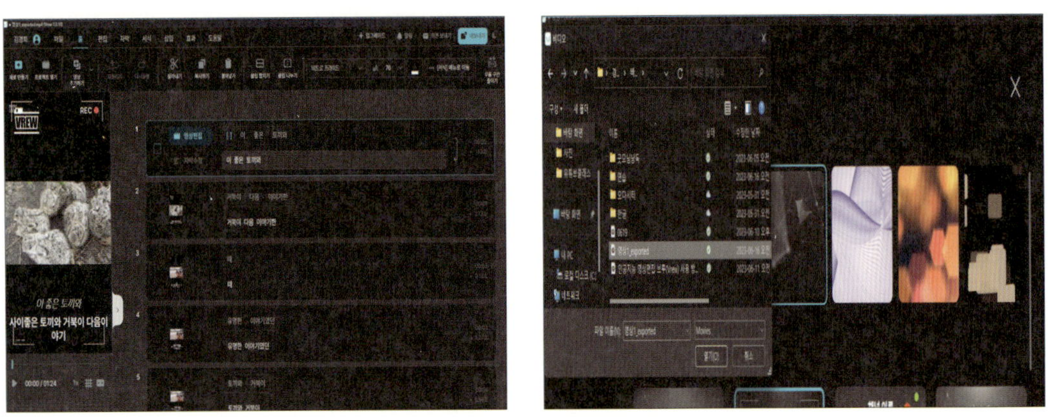


[그림42] 영상 편집 1

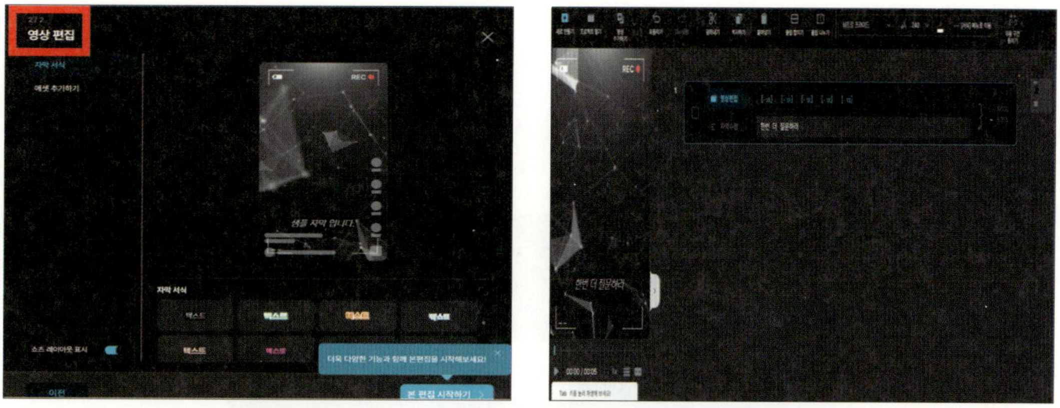


[그림43] 영상편집 2

## 5) PDF로 비디오 만들기

새로 만들기에서 'PDF로 비디오 만들기'를 선택한다.

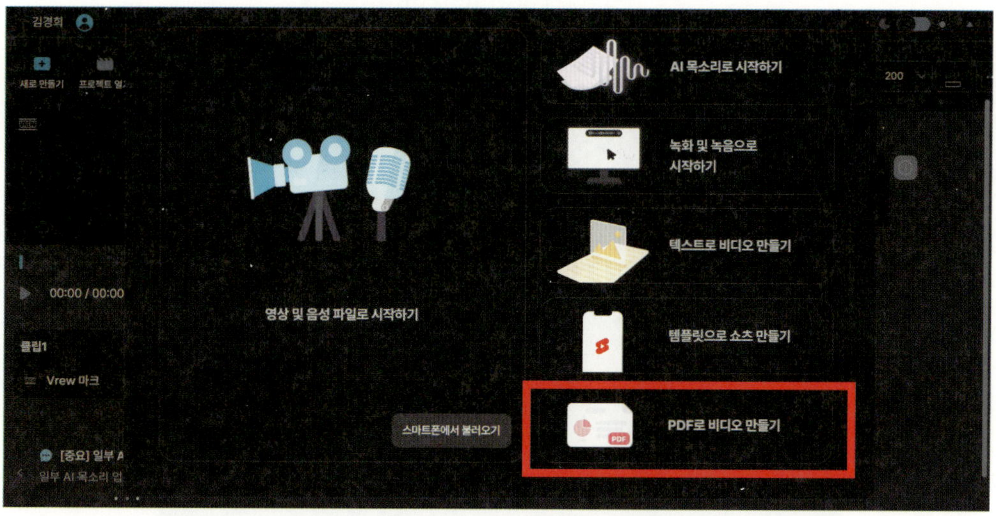


[그림44] PDF로 비디오 만들기

- PDF 파일 불러오기 : 만약 PPT 파일이 있다면 PDF로 먼저 변환시킨다.
- 자막 입력하기 : 슬라이드마다 텍스트를 입힌다. 입력한 텍스트는 자막도 생성된다.

• AI 목소리 선택하기 : AI 목소리가 자막을 읽어준다. AI 목소리 기능을 사용하고 싶다면 이 기능을 ON으로 설정한다.

• 영상을 자르고 자막을 넣는다. 이 두 단계를 반복하면서 원하는 영상을 만들 수 있다.

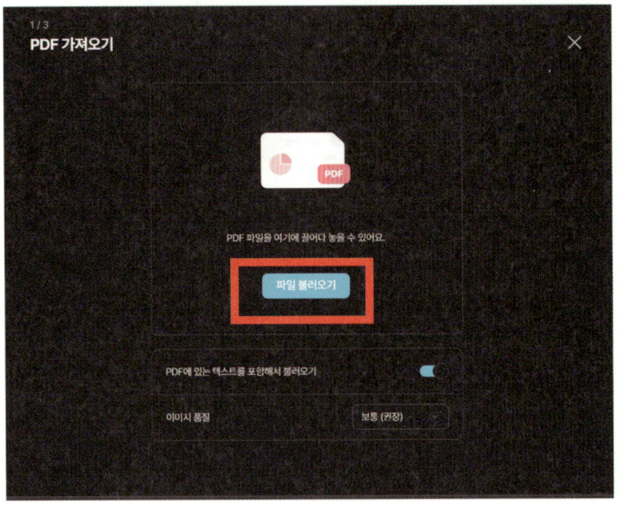


[그림45] PDF 가져오기 1

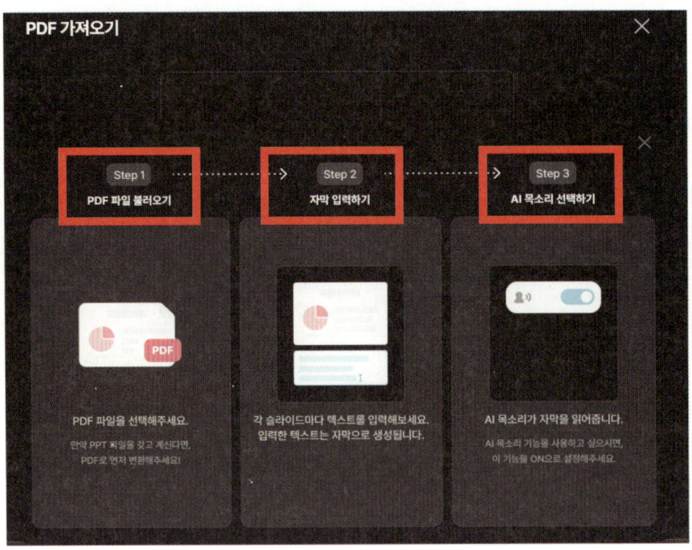


[그림46] PDF 가져오기 2

## 7. 알아두면 편리한 단축키 모음

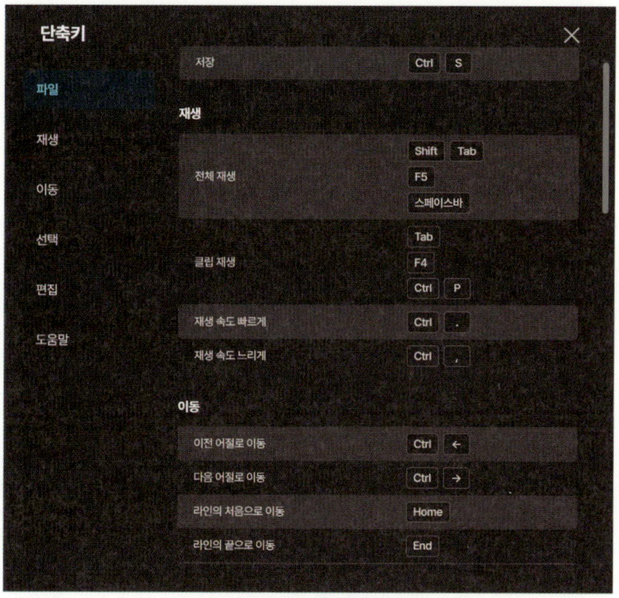


[그림47] 단축키 파일

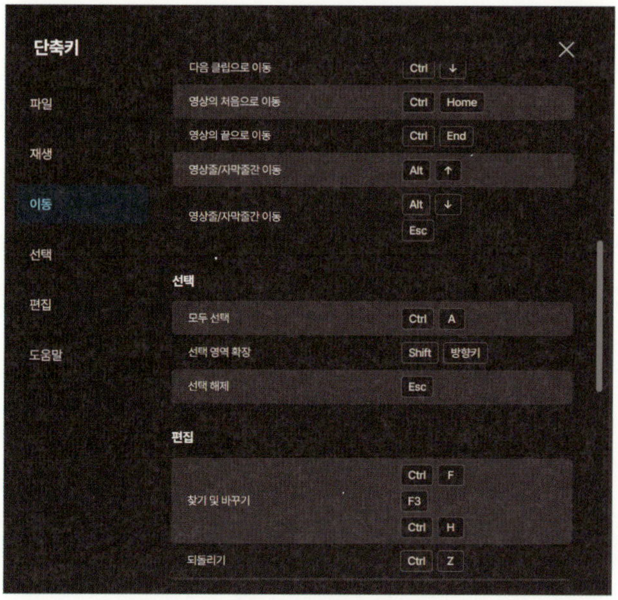


[그림48] 단축키 이동

# Epilogue

"AI는 사람을 대체하지 않는다. AI를 활용하는 사람이 활용하지 않은 사람을 대체할 것이다." (출처-챗GPT)

"AI는 사람을 대체하지 않는다. AI를 활용하는 사람이 활용하지 않은 사람을 대체할 것이다." 이 말은 필자에게 큰 울림을 줬다. 필자는 '목소리로 밑줄 긋는 여자' 유튜브 채널을 운영하고 있는데 백만 유튜브 크리에이터가 되는 것이 꿈이었다. 하지만 영상을 만드는 과정은 쉽지 않았다. 콘텐츠를 기획하고 촬영하고 편집하고 업로드하는데 많은 시간과 노력이 들었다. 그런데 브루 앱을 잘 활용하면 편집하는 시간을 줄여 줄 것이라는 확신이 들었다.

이제는 협업을 잘하는 사람이 어느 분야에서건 유리한 위치에 서게 되는 시대이다. 브루 앱은 AI와의 협업을 통해 영상 편집을 쉽고 빠르게 할 수 있도록 도와줄 것이다. 브루의 다양한 편집 기능과 템플릿을 활용해 여러분의 창의력과 취향에 맞는 영상을 꾸밀 수 있도록 도움이 되길 바란다.

AI에 대체되지 않는 사람이 되기 위해서는 무엇보다 크리에이티브가 필요하다고 생각한다. AI를 유능한 비서로 활용한다면 시간을 단축해 더 많은 콘텐츠를 생산하게 되고, 이는 더 질 높은 콘텐츠의 생산으로 이어질 수 있을 거로 생각한다.

이 책에서 저는 브루 앱의 다양한 기능과 사용법을 소개했다. 이 책이 여러분에게 도움이 됐으면 좋겠다. 당신의 영상이 세상에 빛나기를 바란다.

[참고문헌]

• 이미지 출처 : vrew.voyagerx.com

Chapter

08

# 인공지능을 활용한 블로그 상위노출 방법

황충빈

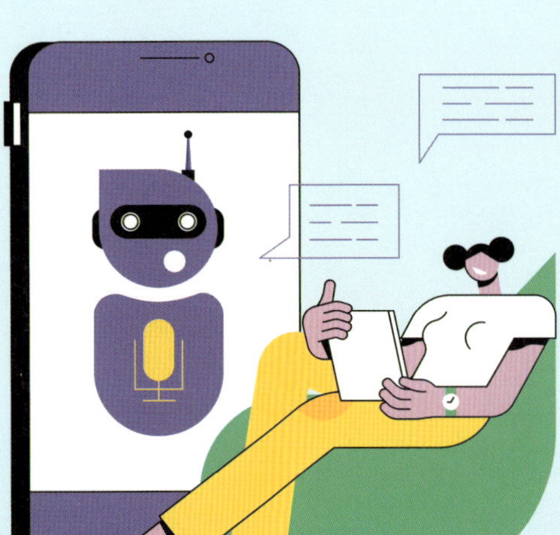

Chapter
# 08

# 인공지능을 활용한 블로그 상위노출 방법

## Prologue

취미 삼아 일상을 기록하는 용도로 블로깅을 하는 분들을 제외하고는, 대부분의 블로그 운영자들은 인기 주제선정, 키워드분석, SEO 등을 반영해 블로그를 상위에 노출시켜 방문자수와 조회수를 증가시키고 그것을 바탕으로 일정 수준 이상의 수익화를 기대할 것이다.

목표 달성을 위해 글 제목이나 키워드분석, 이미지 선정부터 검색 엔진 최적화(SEO), 마케팅까지의 전 과정을 세심히 신경 쓰는 다양한 전략을 적절하게 활용해야 한다. 그런 결과를 얻기까지는 네이버 데이터랩, 키워드 도구, 아이템 스카우트, 빠른 주기로 변경되는 네이버 SEO와 정책 등 생각보다 많은 것들을 배우고 익히는 시간이 필요하다.

그런데 말이죠, 그 시간과 노력을 획기적으로 단축 시킬 방법이 있다면 여러분은 배워볼 생각이 있는가?

최근 챗GPT를 필두로, 인공지능 기술이 발전함에 따라 블로그의 성과를 높이기 위한 새로운 방법들이 앞다투어 나오고 있다. 만약 이미 만들어진 콘텐츠를 기반으로 새롭게 발행하는 포스팅이라면 어떨까? 일일이 SEO를 고려하지 않아도 될 것이며, 바로 여기에 AI의 신기술이 적용된다. 쉽게 말해 A라는 블로거가 쓴 특정 주제의 글을 활용해, B라는 업체에서는 자연어처리 방식을 이용해 비슷한 느낌의 C라는 포스팅을 생성할 수 있다.

A가 쓴 글을 읽어 본 독자라면 자연스레 C글을 클릭할 것이고, 이렇게 유입된 고객들로부터 발생한 매출 일부를 A블로거에게 지급하는 형식이다. 이러한 구조 덕에 마케터 입장에선 시간 대비 고효율 성과를 낼 수 있고, 블로거의 입장에서도 큰 노력 없이 부수입을 창출할 수 있다. 물론 마케터에게 의뢰하지 않고, 내가 직접 AI를 활용해 포스팅을 자동 발행할 수도 있다, 이 챕터는 바로 그 부분에 대한 내용을 다루고 있다.

본문에서는 인공지능이 블로그 노출에 어떤 역할을 할 수 있는지, 어떤 인공지능 도구를 사용하는 것이 좋은지, 어떻게 블로그 콘텐츠와 사용자 경험을 최적화하는지 등을 알려줄 것이다.

무언가를 새롭게 배운다는 것은 기대와 두려움을 동시에 불러오는 법이다. 제목만 봐서는 내용이 복잡하고 힘들다는 생각도 하겠지만, 생각보다 어렵지 않으니 잘 따라오길 바란다. 또한 인공지능을 사용하는 블로그 운영의 윤리적 고려 사항과 앞으로의 블로깅 방향성에 대한 전망도 다루고 있다. 이 책을 통해 인공지능을 활용한 블로그 노출의 중요성과 이를 효과적으로 사용하는 방법을 익힐 수 있다.

잠깐! 이 책에서는 네이버 블로그, 티스토리가 아닌 구글의 블로그 스팟에 대한 효율화 과정을 설명하고 있다.

필자가 이와 같은 주제를 선정한 목적은 블로그 노출과 성능을 향상하기 위해 인공지능이 어떻게 사용될 수 있는지에 대한 포괄적인 이해를 독자들에게 제공하는 것이다. 또한 AI 기반 블로그 노출의 장단점에 대해 논의하고, 윤리적 고려 사항을 탐구하며, AI를 사용해 블로그 콘텐츠를 최적화하기 위한 실용적인 전략을 제공하기 위함이다. 이로써 블로거, 콘텐츠 제작자 및 온라인 마케터가 온라인에서의 입지를 강화하고 보다 효과적으로 독자들을 타깃팅하게 한다.

궁극적으로 본문을 통해 갈수록 경쟁이 치열해지는 온라인 생태계에서 성공하는 데 필요한 지식과 도구를 독자에게 제공하는 것을 목적으로 한다.

## 1. 블로그 노출

### 1) 블로그 노출의 정의

수익을 목적으로 하는 블로그 활동은 쉬운 일이 아니다. 블로그의 성과를 높이기 위해서는 시간과 노력이 필요하지만, 몇 시간 공들여 작성한 글이 상위에 노출되지 않는다면 그 노력은 무의미해져 버리기 때문이다.

블로그 성과는 노출, 즉 블로그가 인터넷상에서 많은 이들에게 보여지도록 만들어주는 것에 달려있다. 블로그의 노출을 높이기 위해서는 적절한 키워드를 선정한 후 이를 제목과 본문, 태그에 잘 녹이고 검색 엔진 최적화(SEO)와 백링크를 잘 활용해야 하며, 경쟁이 심한 대형키워드를 주제로 할 때는 광고를 포함한 전략적인 마케팅활동을 해야 한다.

결국 노출이란 보다 많은 타깃 독자에게 내가 제작한 블로그와 관련 콘텐츠를 광범위한 매체에서 발견하게 하고 소비하게 하는 행위이다. 콘텐츠 품질, 검색 엔진 최적화(SEO), 소셜 미디어 마케팅, 사용자 경험 및 기타 홍보 노력과 같은 다양한 요인이 노출에 영향을 준다.

### 2) 블로그 노출의 힘

'블로그 노출의 힘'은 타깃 독자 사이에서 인식, 관심 및 참여를 생성하는 능력에 있다. 블로그가 효과적으로 노출되면 더 많은 방문자를 유도하고 더 오래 유지하며 구독, 댓글 달기, 공유 또는 구매와 같은 특정 작업을 수행하는 것을 기대할 수 있다.

블로그가 더 많이 노출될수록 경쟁 시장에서 보다 신뢰할 수 있고, 권위 있는 정보의 원천으로 인식될 가능성이 높아진다. 또한 블로그의 다양한 곳에서의 노출은 노출 순위상승으로 이어질 수 있는데, 구글 엔진은 고품질의 관련성이 있고 인기 있는 콘텐츠를 우선시하는 경향이 있기 때문이다. 또한 블로그 노출은 업계의 다른 블로거, 인플루언서 및 파트너와의 새로운 네트워크를 형성해 협업 및 기타 형태의 상호 이익으로 이어지기도 한다.

## 2. 블로그 노출에 영향을 미치는 요인

그렇다면 블로그 상위노출에 영향을 미칠 수 있는 요소에는 어떤 것들이 있을까?

### 1) 콘텐츠 품질

구독자의 관심사와 연관이 높고 유용한 지식과 통찰을 줄 수 있는 고품질의 콘텐츠는 독자를 재방문하게 하고 이는 공유 및 링크 가능성을 높여 상위노출 가능성을 높인다.

키워드 최적화 블로그 제목, 헤드라인 및 콘텐츠 전체에 주제와 관련한 키워드를 포함하면 (네이버의 C랭크 개념) 검색 엔진이 블로그 게시물의 내용을 이해하고, 검색 결과에서 더 높은 순위를 매길 수 있다.

블로그 구조 및 디자인이 잘 구성돼 시각적으로 매력적인 블로그는 사용자 경험을 향상시켜 체류 시간을 늘리고 이탈률을 낮춰 노출에 +점수를 줄 수 있다.

### 2) 백링크

'인바운드링크'라고도 하는 백링크는 한 웹사이트에서 다른 웹사이트로 연결되는 링크이다. 블로그 SEO에서 매우 중요한 요소이다. 다른 웹사이트가 사용자의 콘텐츠를 가치 있고 관련성이 있다고 간주한다는 사실을 검색 엔진에 알리기 때문이며, 이 역시 사용자 블로그 노출 순위에 +점수가 된다.

### 3) 소셜 미디어 존재

블로그 트래픽을 유도하는 것과 관련해 블로그 상위노출과 소셜 미디어는 밀접한 관련이 있다. 블로그의 상위노출은 '검색 엔진 결과 페이지(SERP)'에서 블로그의 노출 순위를 의미하지만, 소셜 미디어 플랫폼은 블로그에 트래픽을 유도하는 대체 채널을 제공한다.

Facebook, Twitter, LinkedIn, Instagram 등의 소셜 미디어 플랫폼은 블로거들이 자신의 콘텐츠를 홍보하고 구독자와 소통할 수 있는 강력한 도구이다. 소셜 미디어에서 블로그 포스트를 공유함으로써 블로거들은 신규 독자를 유치하고, 브랜드 인지도를 높이며, 블로그를 중심으로 커뮤니티를 형성할 수 있게 된다.

또한 소셜 미디어는 블로그의 검색 엔진 순위에 간접적으로 영향을 미치기도 한다. '좋아요', '공유', '댓글' 등의 시그널은 해당 블로그 게시물이 가치 있고 유익하다는 사실을 검색 엔진에 전달해 SERP에서 순위를 높이는데 기여한다.

고품질 웹사이트나 소셜 미디어에서 생성된 백링크는 블로그의 도메인 권한을 향상시켜 검색 결과에서 상위노출 되는데 있어 도움이 되기 때문이다.

### 4) 콘텐츠 최신성

일반적으로 검색 엔진은 특정 검색 요청에 가장 적합한 최신 결과를 제공하는 것을 목표로 한다. 즉, 시기에 민감하거나 현재 이벤트와 관련된 키워드의 경우 최신 콘텐츠가 이전 콘텐츠보다 순위가 높을 수 있다.

그러나 최신성이 높다고 해 게시물 상위에 반드시 노출되는 것은 아니다. 노출 순위에는 키워드에 대한 콘텐츠의 관련성, 콘텐츠의 품질, 콘텐츠를 호스팅하는 웹사이트의 권한 등의 기타 요소가 복합적으로 고려되기 때문이다.

다만, 검색 엔진은 최신 콘텐츠가 포함된 웹사이트를 선호하는 경향이 있는 것은 분명하기 때문에 제목, 주제와 관련성 높은 콘텐츠를 새롭고 지속적으로 포스팅하면 노출 순위를 높일 수 있다.

### 5) 사용자 참여

체류 시간, 공유, 댓글 등의 사용자 참여 지표와 블로그 상위노출과의 관계는 매우 중요하다. 사용자가 블로그 게시물에 더 오랜 시간 체류하고, 다른 사람에게 공유하고, 댓글을 달고, 좋아요를 누르는 등의 행동으로 게시물에 참여하게 되면, 이는 콘텐츠의 품질과 유익성에 대해 검색 엔진에 긍정적인 신호를 보낸다.

이는 곧 독자에게 '콘텐츠가 가치 있고 매력적으로 인식된다'라는 것을 보여주며, 시간이 지남에 따라 게시물의 노출 순위 상승에 기여할 수 있다.

## 3. 블로그 성능에서 인공지능의 역할

AI가 블로그 품질을 향상시킬 수 있는 방법은 다음과 같이 다양한 방법으로 블로그의 품질을 향상시킬 수 있다.

### 1) 콘텐츠 제작

AI는 유저 행동, 검색 트렌드 및 기타 데이터를 분석해 독자가 관심을 가질 만한 주제를 식별함으로써 고품질 콘텐츠를 만드는 데 도움을 줄 수 있다. 또한 뉴스 기사, 제품 설명 및 전체 블로그 게시물과 같은 콘텐츠 자체를 생성할 수도 있다.

### 2) 개인맞춤화

AI는 사용자 데이터를 분석해 해당 사용자의 선호도와 관심사를 파악한다. 이를 토대로 구독자 맞춤형 콘텐츠를 만드는 데 필요한 다양한 정보를 추출한다. 예를 들어, 구독자가 이전에 좋아했던 콘텐츠를 분석하고 해당 콘텐츠와 비슷한 요소를 가진 다른 콘텐츠를 제안하거나, 사용자의 검색 기록, 구매 기록, 이메일 내용, 소셜 미디어 활동 등 다양한 데이터를 분석해 사용자의 선호도와 관심사를 더욱 정확하게 파악할 수 있다. 이를 통해 AI는 사용자가 좋아할 만한 콘텐츠를 추천하고, 특정 키워드나 주제에 대한 정보를 검색하도록 안내할 수 있다.

### 3) 검색 엔진 최적화(SEO)

AI는 검색 트렌드 및 기타 데이터를 분석해 블로그로 트래픽을 유도할 가능성이 가장 높은 키워드와 문장을 식별할 수 있다. 또한 웹사이트 구조 및 기타 요소를 분석해 해당 블로그가 검색 엔진에 최적화돼 있는지 확인할 수 있다.

## 4) 콘텐츠 배포

AI는 콘텐츠 발행에 가장 효과적인 채널을 식별하기 위해 다양한 데이터를 분석하는데 다음과 같은 방법으로 가장 적합한 채널을 찾아낸다.

### (1) 사용자 선호도 분석

AI는 사용자의 선호도와 관심사를 파악해 해당 사용자가 가장 많이 사용하는 채널을 식별한다. 예를 들어, 사용자가 가장 많이 이용하는 소셜 미디어 플랫폼이나 이메일 서비스를 파악할 수 있다.

### (2) 플랫폼 데이터 분석

AI는 특정 콘텐츠가 어떤 플랫폼에서 가장 많이 공유되거나 조회되는지를 분석해 가장 효과적인 채널을 찾아낸다.

### (3) 경쟁사 데이터 분석

AI는 경쟁사가 사용하는 채널을 분석해 해당 업계에서 가장 효과적인 채널을 찾아낸다. 이를 통해 AI는 경쟁사와 경쟁을 할 수 있는 채널을 파악하고, 이를 활용해 더욱 효과적인 콘텐츠 전략을 구상할 수 있다.

### (4) 시장 데이터 분석

AI는 해당 콘텐츠가 가장 많은 수요를 받는 시장을 분석해 해당 시장에서 가장 많이 사용되는 채널을 찾아낸다. 또한 포스팅 프로세스를 자동화해 시간을 절약하고 효율성을 높일 수 있다.

## 5) 콘텐츠 큐레이션

AI는 사용자 행동 및 기타 데이터를 분석해 웹에서 가장 관련성이 높은 고품질 콘텐츠를 식별할 수 있다. 이를 통해 블로거는 새로운 콘텐츠에 대한 아이디어를 찾고 독자가 관심 가질 만한 기존 콘텐츠를 선별해 낼 수 있다.

AI는 사용자 행동 및 기타 데이터를 분석해 페이지 조회수, 이탈률 및 참여율과 같은 지표를 포함해 블로그 순위상승에 대한 유의미한 데이터를 제공한다. 이를 통해 블로거는 개선이 필요한 영역을 식별하고 그에 따라 콘텐츠 전략을 최적화할 수 있다.

전반적으로 AI는 시간이 많이 소요되면서 반복적인 작업을 자동화하고, 깊은 통찰력과 분석을 제공하며 블로거가 보다 매력적이고 관련성 높은 콘텐츠를 만들 수 있도록 지원함으로써 블로그 품질을 극적으로 향상시킬 수 있는 잠재력을 갖고 있다. 따라서 순위를 높이고 더 많은 독자를 모으고 싶은 블로거라면 반드시 활용해야만 하는 강력한 도구이다.

## 6) AI 기반 블로그 노출의 이점

### (1) 향상된 타깃팅

AI 기반 타깃팅을 사용하면 블로그 콘텐츠를 타깃이 분명한 대상에게 전달할 수 있으므로 콘텐츠가 보다 많이 소비되고 공유될 가능성이 높아진다. 이를 통해 독자 참여 및 전환이 증가해 보다 많은 사용자와 긍정적인 사용자 경험을 얻을 수 있다.

### (2) 개별 맞춤화

AI는 독자가 블로그에서 보는 콘텐츠를 맞춤화해 관심사와 선호도에 맞출 수 있다. 이렇게 하면 블로그를 독자에게 더욱 매력적이고 가치 있게 만들어 나의 팬으로 만들 수 있는 가능성이 높아진다.

### (3) 향상된 SEO

AI는 관련 키워드 식별, 콘텐츠 구조 분석 및 메타데이터 최적화를 통해 블로그 콘텐츠의 검색 엔진 최적화(SEO)를 개선하는 데 도움을 줄 수 있다. 이는 검색 엔진 결과 페이지(SERP)의 노출 순위를 높이고 블로그 트래픽을 증가시킬 수 있다.

### (4) 콘텐츠 생성 자동화

AI기반의 도구는 미리 정해둔 기준에 따라 텍스트, 이미지 및 비디오를 생성하는 알고리즘을 사용해 콘텐츠를 자동으로 생성할 수 있다. 이를 통해 블로거와 게시자는 시간과 리소스를 절약할 수 있으므로 다른 작업에 집중하고 전반적인 생산성을 높일 수 있다.(생성된 포스팅은 발행자의 최종 검수가 필요할 수 있다.)

### (5) 예측 분석

AI는 과거 성과 및 기타 요인을 기반으로 미래에 어떤 블로그 콘텐츠가 좋은 성과를 거둘지 예측하는 데 도움을 줄 수 있다. 이를 통해 블로거와 게시자는 콘텐츠 생성 및 프로모션의 우선 순위를 지정해 보다 효과적인 캠페인과 더 나은 ROI를 얻을 수 있다.

### (6) 향상된 사용자 경험

AI는 콘텐츠를 개인화하고, 페이지 로드 시간을 최적화하며, 사용자 행동을 기반으로 기타 개선 사항을 적용해 블로그의 사용자 경험을 개선하는 데 도움을 줄 수 있다. 이는 참여도와 충성도를 높이고 독자에게 전반적으로 긍정적인 경험을 제공할 수 있다.

### (7) 실시간 최적화

AI는 블로그 퍼포먼스를 실시간으로 모니터링하고 콘텐츠, 타깃팅 및 기타 요소를 조정해 최대 참여 및 전환을 위해 최적화할 수 있다. 이를 통해 블로거와 게시자는 신속하고 데이터 중심적인 결정을 내리고 경쟁에서 앞서 나갈 수 있다.

전반적으로 AI를 기반으로 한 블로그 활동은 블로거가 콘텐츠를 개선하고 독자를 늘리며 궁극적으로 온라인 세계에서 더 큰 성공을 거두는 데 큰 도움이 될 수 있다.

## 4. 블로그 상위노출을 위한 인공지능 활용

### 1) 블로그(블로그스팟) 개설 방법

① 구글에서 blogspot 검색 ② 구글 계정 로그인 ③ 블로그 이름 선택 ④ 블로그 URL 선택 완료

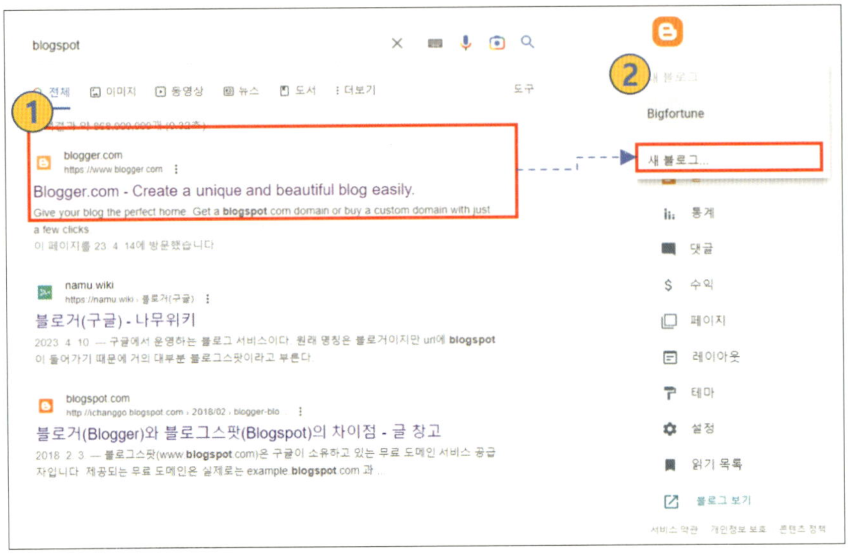


[그림1] 블로그스팟 블로그 개설 절차1

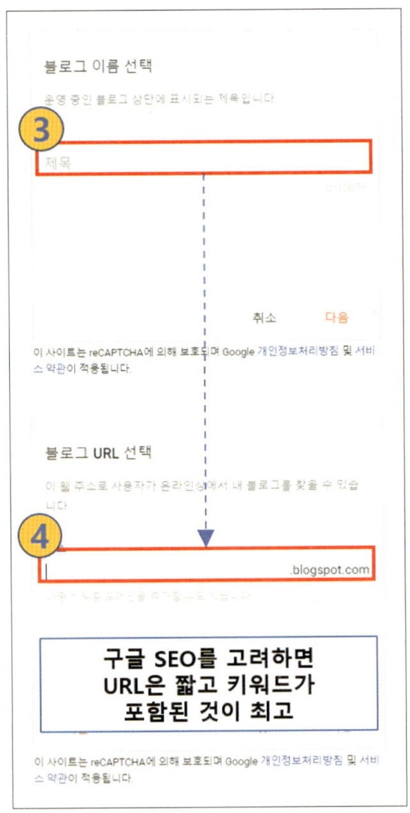


[그림2] 블로그스팟 블로그 개설 절차2

## 2) 블로그 테마 설정 방법

몇 가지의 테마 중에서 1. Contempo와 Essential을 추천. 구글 SEO에서는 페이지 로딩속도가 SEO에 영향을 주기 때문에 비교적 가벼운 스킨을 추천한다.

좌측 메뉴 중 '테마'를 클릭해 스킨 선택한다. [그림3]은 테마 중에서 Contempo를 선택한 화면이다.

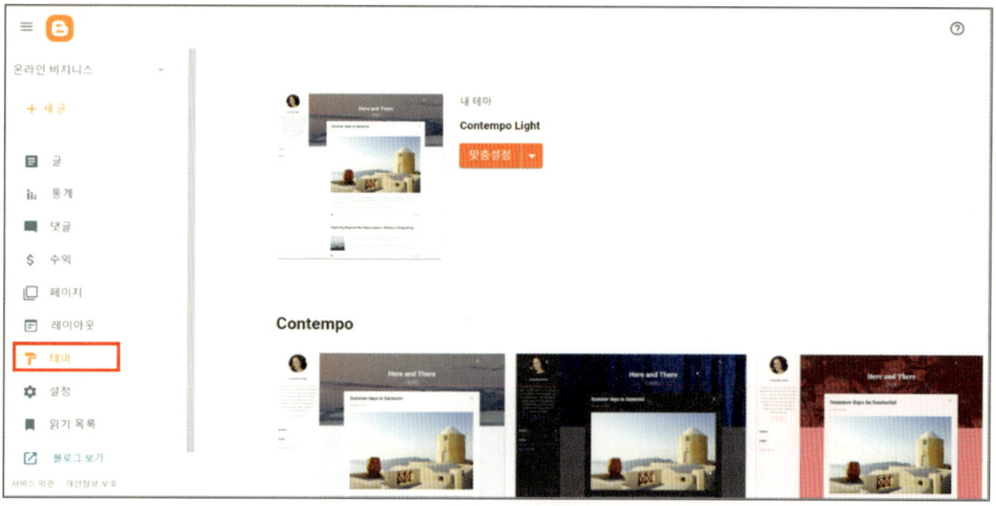


[그림3] Contempo 스킨 선택

[그림4]는 Essential Light 테마를 선택한 화면으로 여기서는 맞춤 설정을 통해 글꼴, 폰트 사이즈, 폰트 색상/테마 색상 등을 변경할 수 있다.

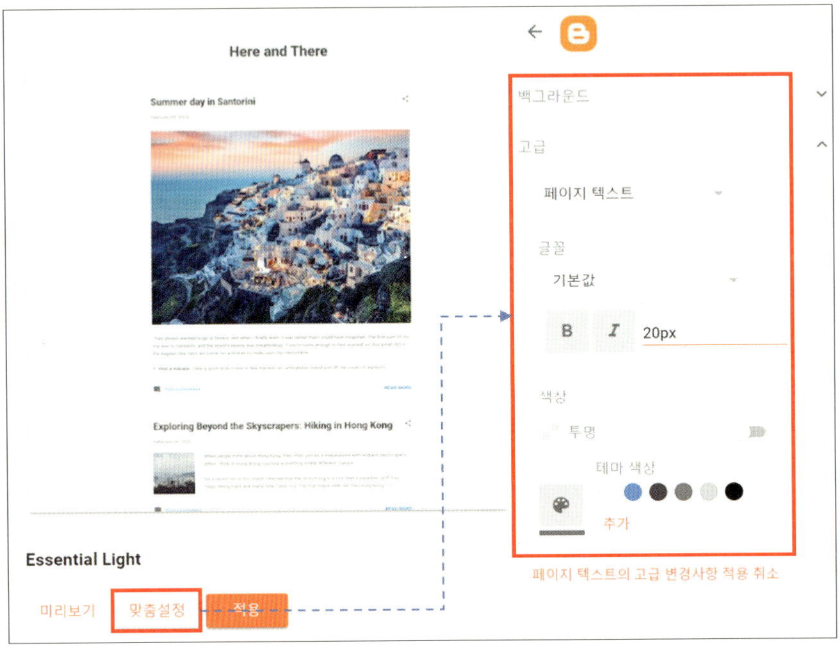


[그림4] Essential Light 테마 설정하기

[그림5]와 같이 하단의 저장하기를 클릭한다. 저장하기 버튼을 반드시 눌러야 변경된 내용이 반영된다.

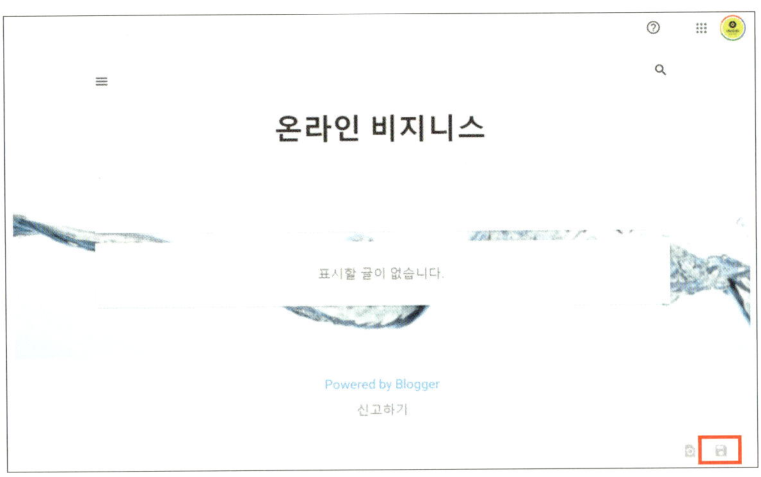


[그림5] 저장하기

레이아웃에서 '추천글'과 '가장 많이 본 글'의 상태를 비활성화한다. 향후 블로그가 활성화되면 경쟁자들에게 키워드나 아이디어 등의 정보를 도용당할 수 있는 위험을 방지할 수 있다.

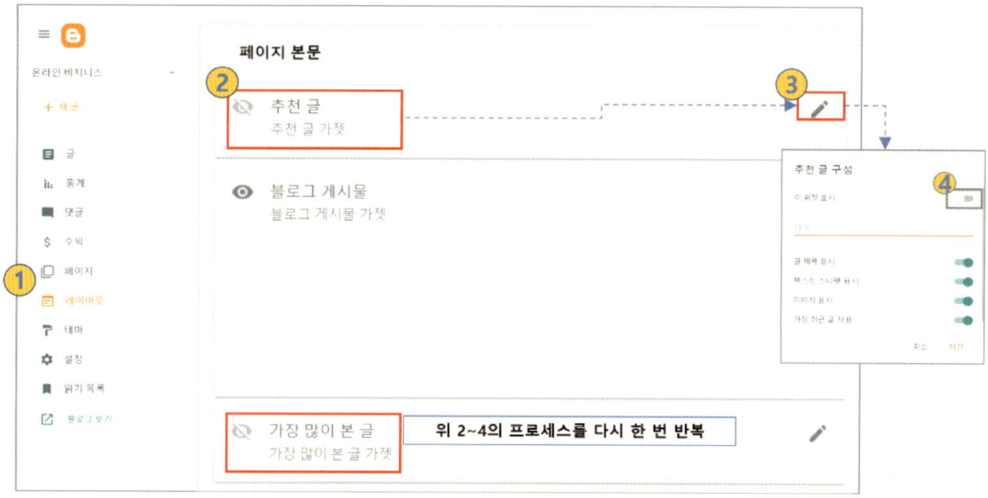


[그림6] '추천 글'과 '가장 많이 본 글' 비활성화 처리

## 3) 설정

'댓글을 달 수 있는 사람'을 '이 블로그의 회원만'으로, '댓글 검토'는 '항상' 하는 것으로 설정한다. 한국의 블로그는 친목이나 커뮤니티의 성격이 강하지만 블로그스팟의 경우는 철저히 수익화를 위해 활용되기 때문에, 경쟁자들의 스팸이나 공격성 댓글에 노출될 위험성이 높고, 이는 SEO에 불리하게 작용한다.

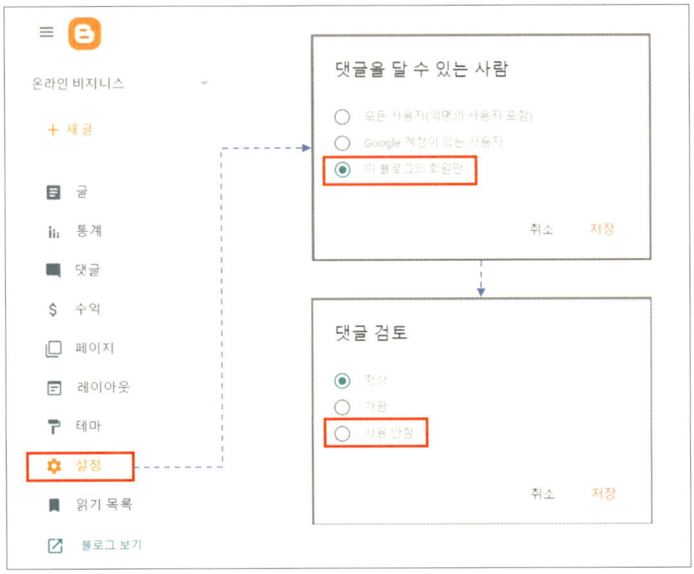


[그림7] 댓글 권한 조정 방법

시간대는 미국 표준시가 기본으로 설정돼있어, 한국의 표준시로 변경한다.

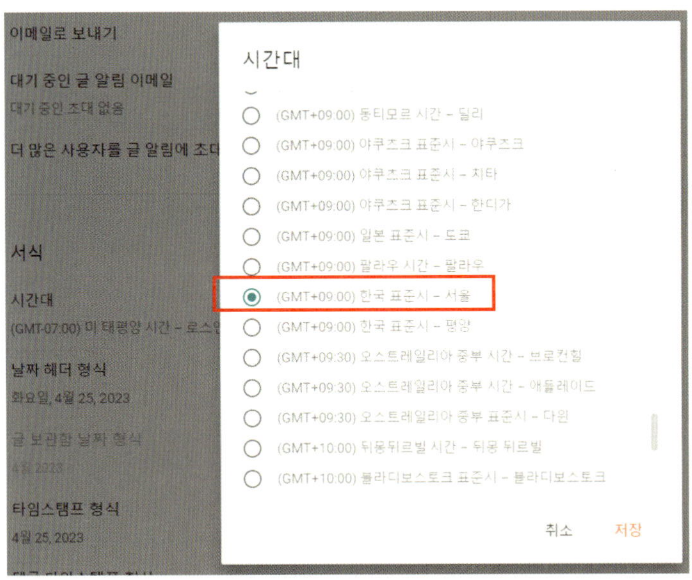


[그림8] 한국 표준시로 변경하는 방법

'메타태그'와 '크롤러 및 색인 생성'을 전부 활성화한다.

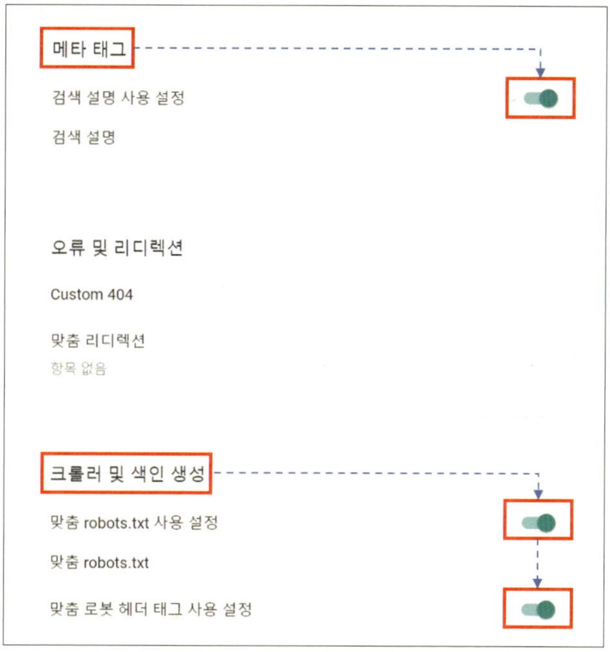


[그림9] 메타태그 및 크롤러 활성화 방법

### 4) AI를 블로그 전략에 통합하는 방법

AI를 블로그 상위노출과 포스트 자동 발행에 활용할 수 있으나 지면 관계상 블로그 상위노출 방법에 관해서만 소개하고자 한다.

## (1) 황금 키워드 추출 방법

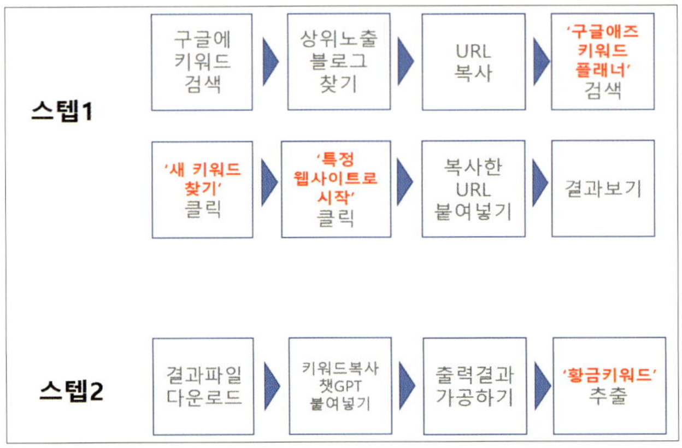


[그림10] 황금 키워드 추출과정의 전반적인 프로세스

먼저 구글에서 검색하고자 하는 제품/서비스의 키워드를 검색한다. 참고로 검색량이 많은 키워드는 마케팅업체나 기존 블로거들이 선점하고 있는 경우가 많다. ① 구글에서 키워드를 검색했을 때 1페이지 상위에 노출되는 블로거나 ② 개인 웹 페이지를 찾아 URL을 복사한다. 그들이 어떤 키워드를 많이 썼는지 분석해 우리의 블로그 포스팅에 반영하기 위함이다.

[그림11] 타깃 키워드 검색해 블로그 찾는 방법

물론 블로그 상위노출이 황금 키워드로만 되는 것은 아니다. 다만 다른 요인들은 인터넷이나 유튜브 검색을 통해 비교적 어렵지 않게 배우실 수 있기에, 난이도가 있다고 판단되는 키워드 추출에 대해서만 다루는 점을 양해해 주길 바란다.

검색량 확인에 편리한 '네이버 키워드 도구'라는 툴이 있다.(https://searchad.naver.com) 유튜브에 검색하면 가입부터 활용법까지 자세히 설명돼 있으니, 키워드 분석에 꼭 한 번 활용해보기를 바란다.

③ 구글에서 '구글애즈 키워드플래너'를 검색한다. 제일 처음 나오는 곳은 구글 광고 전체를 다루는 곳이기에 패스하고 ④ [그림12]와 같이 중간쯤에 있는 곳으로 들어간다. '키워드플래너 이동하기'라는 버튼을 클릭한다.

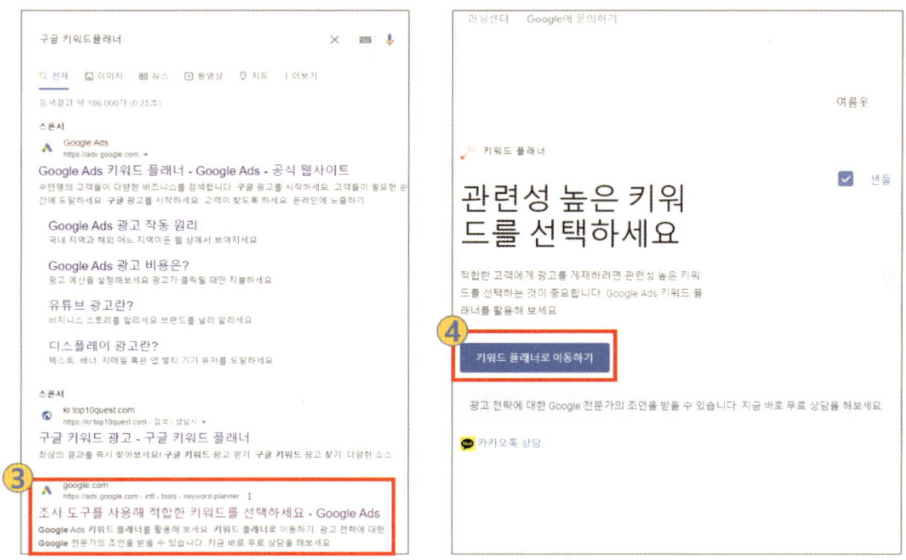


[그림12] 구글애즈 키워드플래너 검색 방법

⑤ '새 키워드 찾기'를 클릭하신 후 다음 페이지에서 ⑥ '특정 웹사이트로 시작'을 클릭해야 한다. 그 후에 복사해두었던 URL을 아래 그림의 ⑦번에 붙여넣는다. ⑧번은 해당 페이지가 속해있는 전체 웹사이트를 대상으로 할 건지, 그 페이지만 할 것인지에 대한 선택이다. 본인이 추출하고 싶은 키워드에 따라 적절히 선택하면 된다.

[그림13] 분석하고자 하는 블로그 URL 붙여 넣기

결과 보기를 클릭하면 [그림14]와 같은 화면이 나온다. ⑨ '키워드 아이디어 다운로드'를 클릭하면 파일형태를 선택할 수 있는 작은 창이 하나 뜬다. ⑩ 'CSV'를 선택하면 오른쪽과 같이 엑셀 파일이 다운로드 된다. A 열에 있는 키워드를 복사한다.

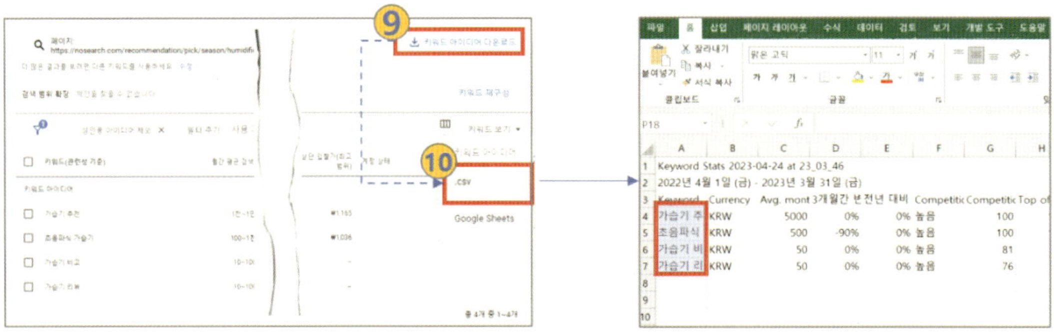


[그림14] 키워드 내려받기 1차

## (2) 인공지능 활용하기

이제부터 본격적으로 인공지능을 활용한다. 위에 복사한 키워드를 챗GPT에 붙여넣으면서 ⑪ '위의 가습기 관련 키워드에 포함되지 않는 새로운 가습기 키워드와 카테고리와 관련 단어를 알려줘'라고 프롬프트를 작성한다.(프롬프트는 얼마든지 변경할 수 있다.) ⑫ [그림15]와 같은 결과를 생성해주는데, 이 결과를 복사한다.

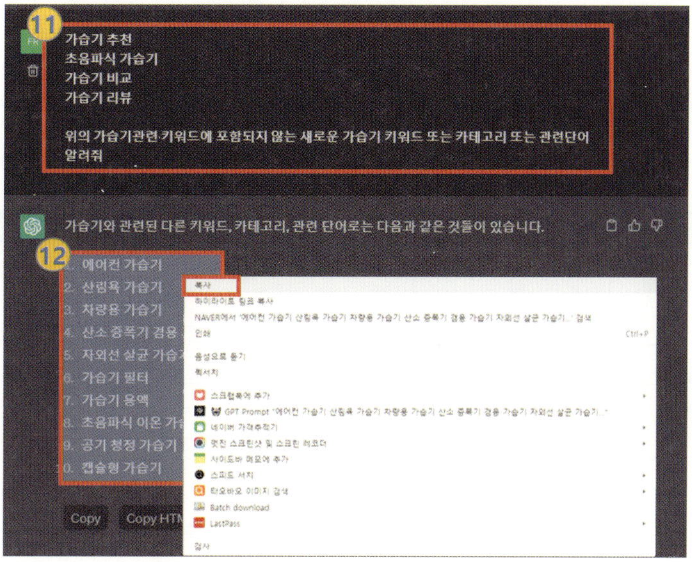


[그림15] 챗GPT에 관련 키워드 요청하기

구글애즈 키워드플래너에서 ⑬ '새 키워드 찾기'로 돌아와 이번에는 '키워드로 시작'을 클릭해 챗GPT에서 복사한 키워드를 붙여넣기하고 하단의 '결과 보기'를 클릭한다. 앞에서 한 번 봤던 화면이다. ⑭ '키워드 다운로드' → 'CSV'를 선택 후 다운로드한다.

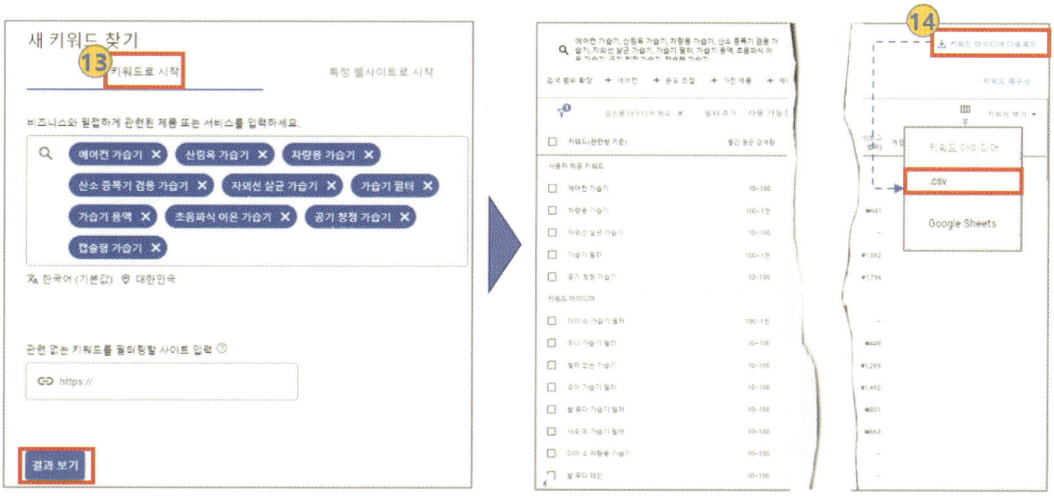


[그림16] 관련 키워드 입력 후 다운로드 받기 2차

다운로드하면 ⑮ [그림17]과 같은 엑셀 파일이 다운로드 될 것이고, 파일을 열어준다. ⑯ 복사를 할 건데 1~3행을 제외하고 4행부터 전체를 복사해서, 처음 다운로드 받았던 엑셀 파일에 붙여넣는다. 이때 꼭 기존 키워드 아래에 붙여넣기 해야 한다.

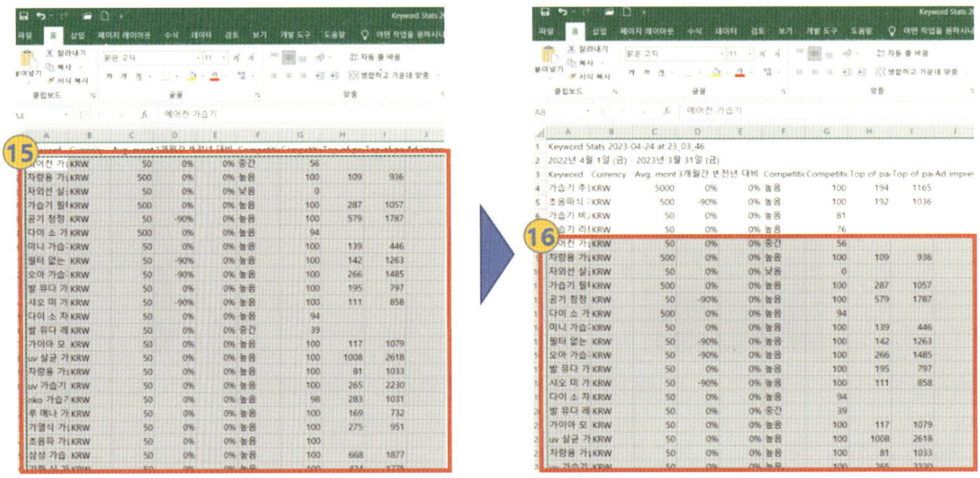

[그림17] 관련 키워드를 1차 다운로드 받은 파일에 붙여넣기

## (3) 엑셀 데이터 가공하기

이제는 엑셀 데이터를 가공해 주는 작업을 하고자 한다. [그림18]에서 좌측 표에서 이미지 빨간색으로 표시된 부분을 모두 지우고, 우측 표처럼 열 너비를 넓혀 준다.

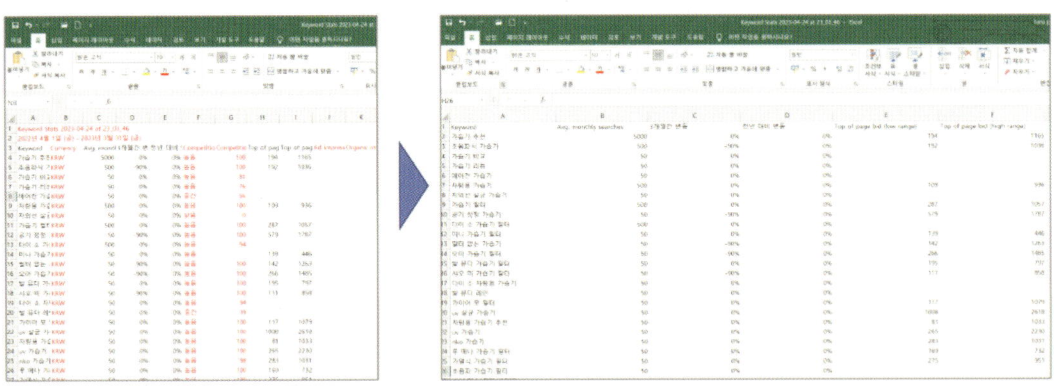

[그림18] 불필요한 항목 정리

영어로 돼 있는 각 카테고리를 알아보기 쉽도록 한글로 변경해준다.

⑰ 열 1 – 키워드, 열 2 – 1개월 트래픽, 열 3 – 3개월간 상승, 열 4 – 전년대비 상승, 열 5 – 광고단가 하한액, 열 6 – 광고단가 상한액이다.

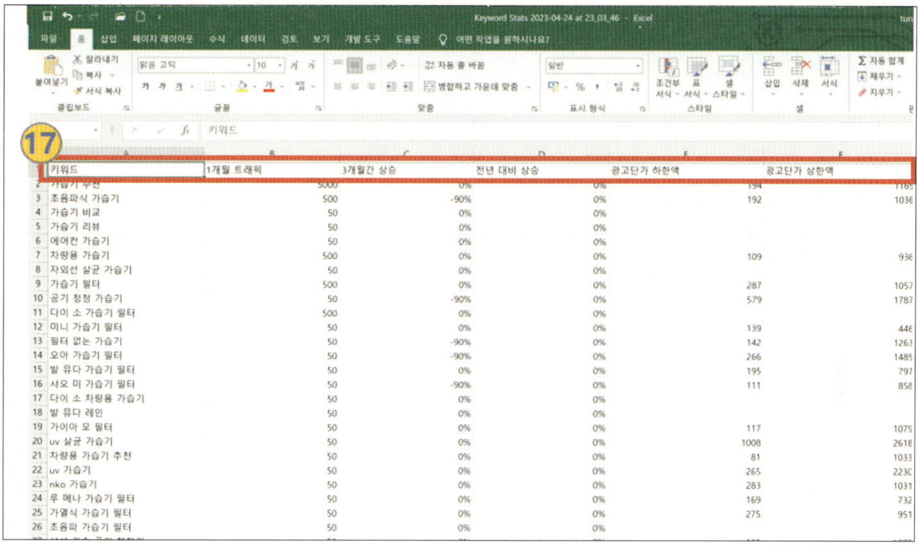

[그림19] 항목 이름 한글로 변경

이제는 피벗 테이블을 만들어 주고자 한다. 피벗 테이블이란 데이터의 정열 형태에 따라서 집계나 카운트 등의 계산을 하는 기능을 의미한다.

⑱ 첫 번째 행의 6개 항목을 선택한 후 'Ctrl+Shift+아래 화살표↓'를 누르면 전체가 선택된다.

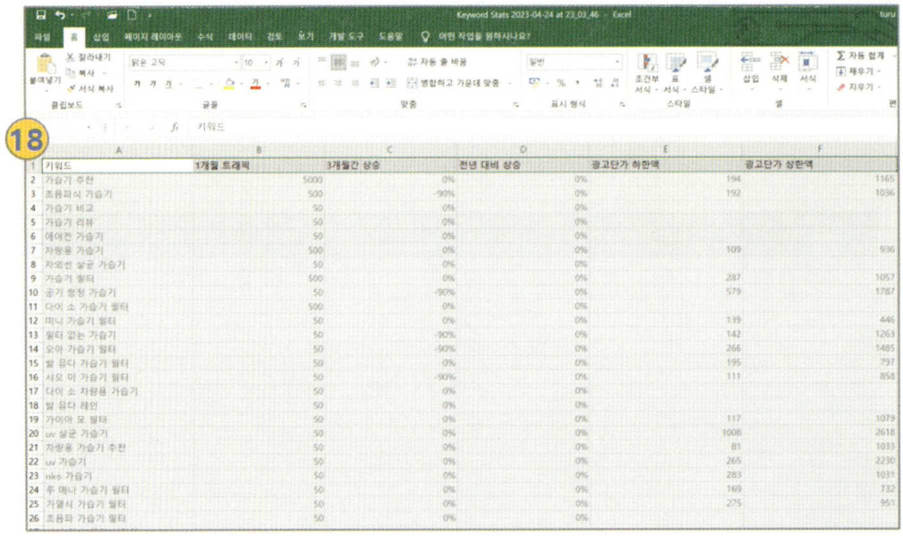


[그림20] 피벗 테이블 만들기 1

전체 선택 된 상태에서 'Ctrl+T'를 누르면 [그림21]과 같은 피벗 테이블이 만들어진다. (Mac의 경우는 'Command+T'이다.)

[그림21] 피벗 테이블 만들기 2

지금까지의 정보만으로는 어떤 키워드가 황금 키워드인지 식별해 내기가 어렵기 때문에, 별도의 매트릭스를 추가해야 한다. 표를 내려서 피벗 된 영역의 맨 아래 키워드의 오른쪽에 '◢' 모양을 클릭한 상태에서 오른쪽으로 천천히 당겨 5개의 열을 추가한다.

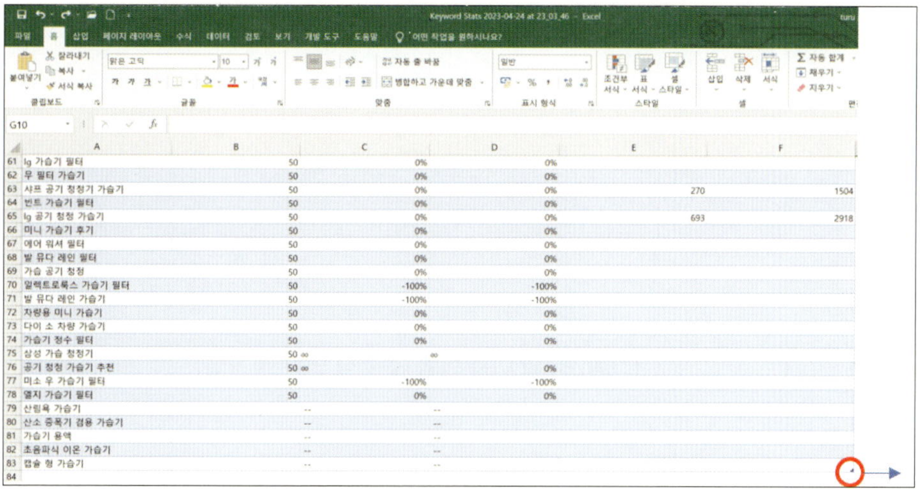


[그림22] 열 5개 추가하기

⑲ 이제부터 집중해야 한다. [그림23]처럼 5개의 열이 생성되면, 각 열의 이름을 다음과 같이 변경하고 수식을 입력한다.

열 1 : 평균 광고단가, 수식- (광고 단가하한액+광고 단가상한액)/2

열 2 : 한 달 광고비용, 수식- 1개월 트래픽×평균 광고단가

열 3 : 3개월 인기, 수식- 3개월간 상승×평균 광고단가

열 4 : 1년 인기, 수식- 전년대비 상승×평균 광고단가

열 5 : 황금 키워드 점수, 수식- 1개월 트래픽×전년대비 상승×평균 광고단가

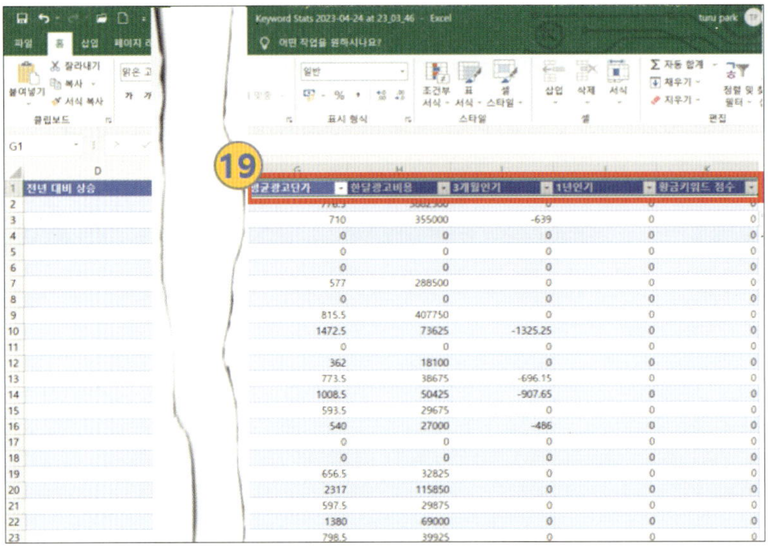

[그림23] 열 이름 변경 및 수식 입력

수식 입력 후 '3개월 인기'와 '1년 인기', ⑳ 칼럼에 '#VALUE!'라고 나오는 경우가 있는데, 이때는 '3개월 상승'과 '전년대비 상승'에 값이 없기 때문이다.(위 수식 참조) ㉑ 이런 경우에는 일괄 50%의 값을 각 '~상승' 칼럼에 수동으로 입력해 주면 된다.

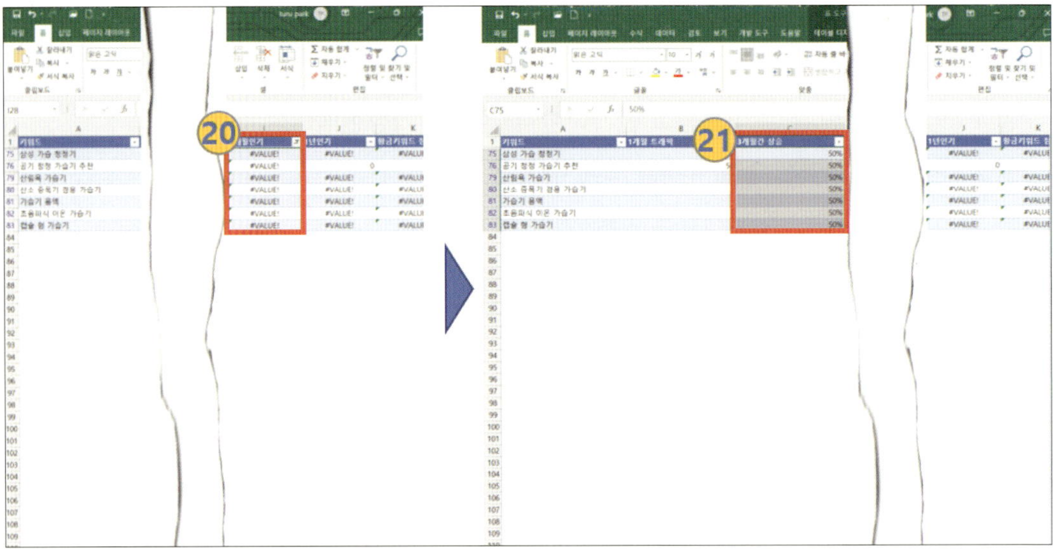

[그림24] '~상승' 칼럼에 임의의 값 입력

이제 거의 다 왔다. 데이터는 다 만들어졌다. 그런데 숫자로만 나와 있는 표를 보면서는 항목별 데이터의 높고 낮음, 전체적인 변화량 등을 가늠하기가 쉽지 않다. 그래서 가시성 좋은 데이터 막대를 삽입해 보겠다.

㉒ [그림25]의 '조건부 서식'을 클릭한 후 '데이터 막대'를 선택한다. '그라데이션 채우기'와 '단색 채우기' 중에 마음에 드는 표를 하나 선택해주면 엑셀에 반영된다. 필자는 '그라데이션 채우기'에서 빨간색을 선택했다.

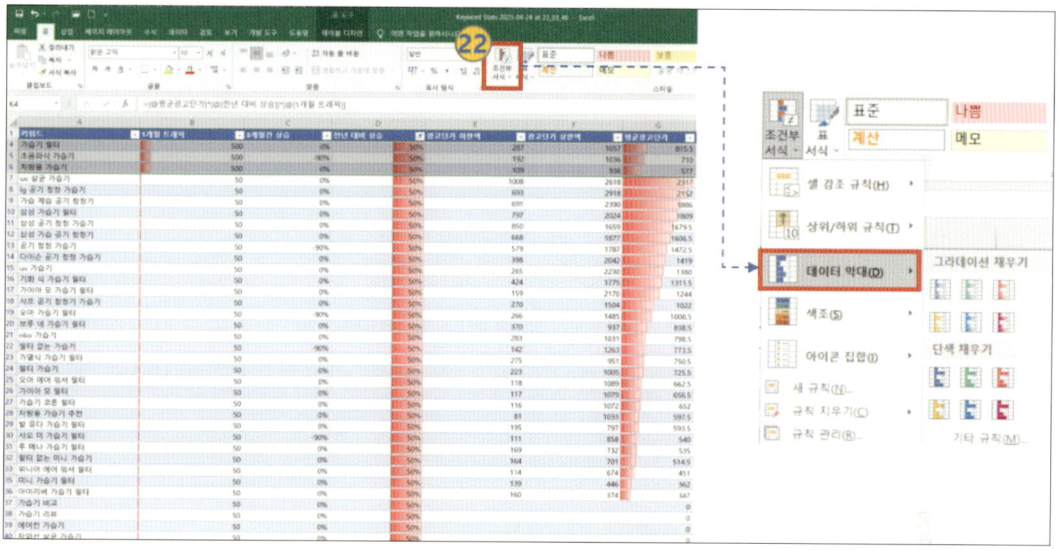


[그림25] 데이터 막대 삽입 방법

㉓ [그림26]의 황금 키워드 점수는 평균 광고단가(키워드의 검색량을 추정할 수 있는 지표), 전년대비 상승하는 추세(인기도를 추정할 수 있는 지표), 한 달 트래픽(최근 동향을 추정할 수 있는 지표)을 종합해 나온 점수이다.

따라서 이 모든 과정을 거쳐 나온 ㉔ 상위 3개의 지표는 반드시 포스팅에 사용해야 하는 황금 키워드이며, 점수를 보면서 상위 3개와 큰 차이가 없는 점수를 가진 키워드라면 되도록 사용하는 것을 권장한다.

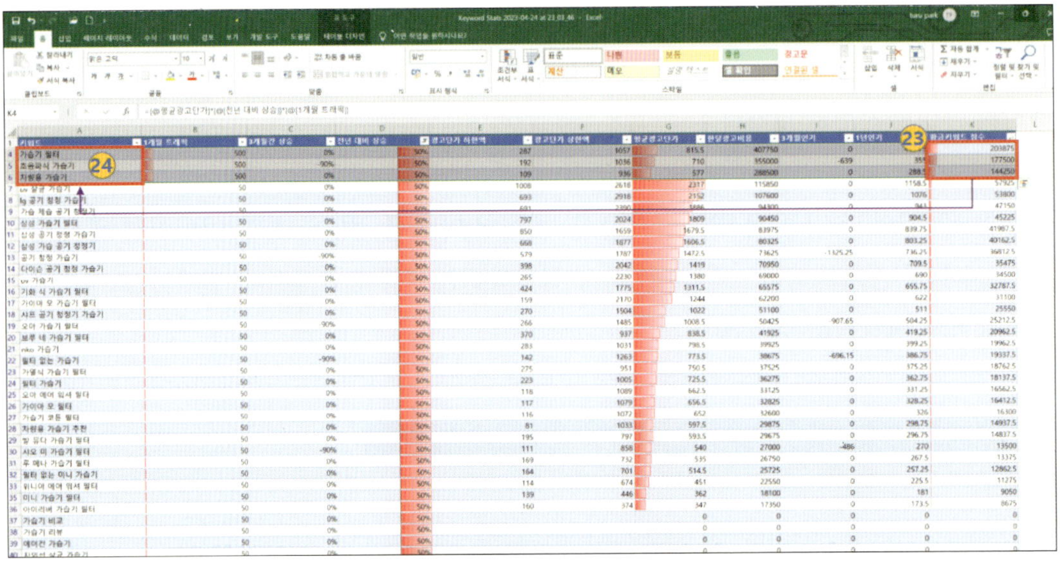

[그림26] 황금 키워드 추출하기

하지만, 주의할 점이 있다. 황금 키워드를 추출했다 하더라도 해당 키워드가 기업이나 브랜드업체에서 주로 사용하고 있다면 경쟁이 어려울 수 있다. 다음과 같은 방식으로 최종 확인을 거쳐주길 추천한다.

- 해당 황금 키워드를 구글에 검색
- 1페이지에 어떤 웹사이트가 있는지 확인
- 기업들 웹사이트(브랜드페이지)나 광고가 많다면 해당 키워드는 제외
- 일반 블로그나 개인 홈페이지로 보이는 곳들이 많다면 적극적으로 블로그에 활용

### (4) 챗GPT 활용하기

그럼 이렇게 추출한 황금 키워드를 갖고 챗 GPT에게 한 번 더 도움을 청해보겠다. ㉓ 먼저 상위 3개 키워드를 복사해 챗GPT에 붙여넣는다. 그리고 다음과 같은 프롬프트를 입력해 준다.

'당신은 가습기에 대한 전문지식을 갖춘 판매자이다. 가습기 관련 블로그를 올리려고 하는데 가습기 필터, 초음파 가습기, 자동차 가습기 등을 주요 키워드로 한 1,500자 정도를 전문 리뷰어 수준으로 올려주기를 바란다.'

① 내가 얻기를 원하는 정보를 누구에게 물었을 때 정확한 답변을 얻을지 생각해 본 후, 챗GPT에게 그 역할을 부여한다.

② 내가 그 글을 어떻게 활용할 것인지 알려준다.

③ 원하는 글자 수, 또는 페이지 수를 정확히 적어서 요청한다.

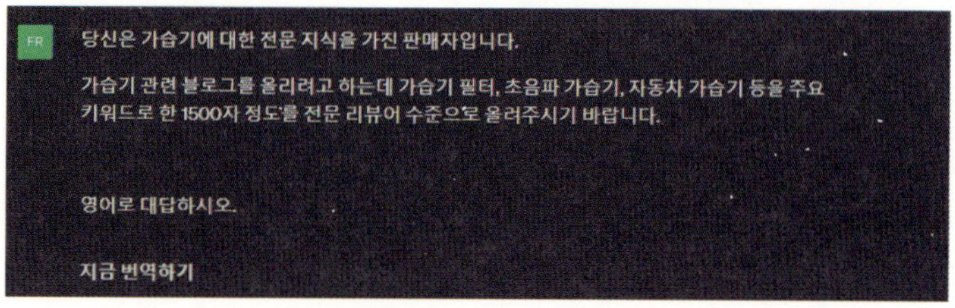


[그림27] 챗GPT에 블로그 포스팅을 위한 글 작성 요청

챗GPT에게 역할을 정의해주고, 얻고 싶은 내용을 정확히 구체적으로 요청했다면 [그림28]과 같이 요청에 정확히 부합하는 결과를 생성해준다.

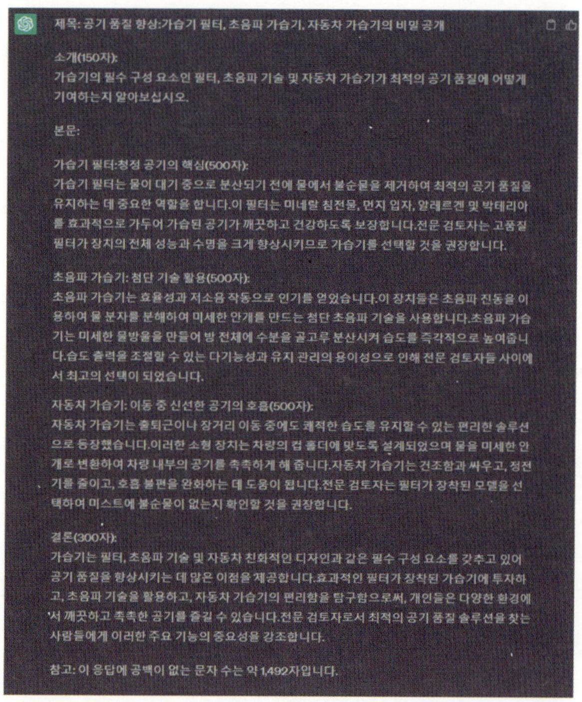


[그림28] 제목, 서론, 본론, 결론으로 구분해 작성한 블로그 글

어떠한가? 우리가 할 일은 다소 매끄럽지 않은 부분을 다듬고 최신 정보와 다른 부분이 있는지 정도만 검수한 후, 블로그에 붙여넣기 해 발행하면 된다.

## 5. 블로그 운영에 적합한 프로그램들

이번 장에선 블로깅에 유용한 몇 가지 도구를 소개하고자 한다.

### 1) 챗GPT 확장 앱

'크롬 웹스토어' 검색 후 '스토어 검색'에 확장 앱 이름 검색, 스토어에 유사한 이름의 다른 앱들이 많으니 정확히 확인 후 다운로드 받는다.

#### (1) 프롬프트 지니

질문은 영어로, 답변은 한국어로 해주는 확장프로그램이다. 'https://vo.la/PgROO'로 접속해서 다운로드를 받으면 된다.

#### (2) AIPRM

챗GPT에서 자주 사용할만한 프롬프트를 민들 만들어 놓은 프로그램이다. 활용법은 네이버나 유튜브에 잘 설명돼 있다.

### 2) 뤼튼

장문의 글 보다는 짧은 문구(제목이나 소개 글, 카피라이팅 등)에 적합한 한국형 챗 AI이다.

### 3) 자동 이미지 생성 도구

#### (1) 캣버드

구체적인 키워드들만 입력하면 관련 이미지를 76장까지 보여주는 프로그램이다. www.catbird.ai로 접속하면 된다.

### (2) Scribble Diffusion

보고 싶은 이미지를 간단히 스케치하고, 설명하면 최대한 비슷한 이미지를 생성해주는 프로그램이다. www.scribblediffusion.com로 접속하면 된다.

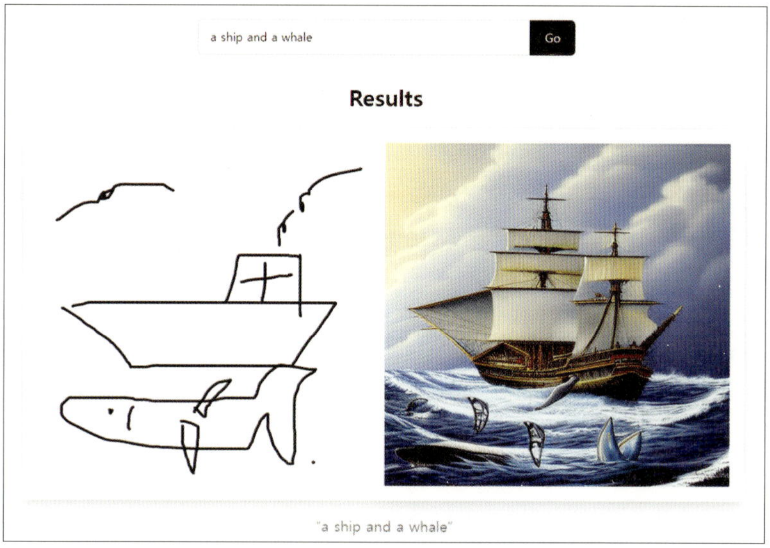


[그림29] scribble diffusion에서 스케치로 생성한 이미지

## 4) 영상 편집 도구

### (1) 아이코

쇼츠 영상 제작에 특화된 프로그램이다. AI가 반응이 좋을 구간을 자동으로 선택해 영상 편집을 해주고 자막까지 자동으로 넣어주는 프로그램. www.aico.tv으로 접속하면 된다.

### (2) 브루

음성을 인식해 자동으로 텍스트로 변환해 주는 영상 편집 프로그램이다. 다양한 AI 음성과 빠른 컷 편집 등, 간편한 사용이 장점이다. www.vrew.voyagerx.com/ko

## 6. 인공지능으로SEO 극대화

### 1) SEO 및 AI 개요

'SEO' 또는 '검색 엔진 최적화'는 검색 엔진 결과 페이지(SERP)에서 가시성과 순위를 높이기 위해 웹사이트나 블로그를 최적화하는 프로세스를 말한다. SEO의 목표는 관련 주제나 키워드를 검색하는 사용자가 사이트를 찾을 가능성을 높이는 것이다.

AI 알고리즘은 질의문(정보 수집을 요청하는 컴퓨터 언어) 및 사용자 행동을 포함한 많은 양의 데이터를 분석해 더 개인화되고 관련성 높은 검색 결과를 제공할 수 있다.

SEO에서 AI의 주요 이점 중 하나는 자연어와 의도를 이해하는 능력이다. 즉, 단순히 정확한 키워드를 일치시키는 것이 아니라 개별 사용자의 특정 요구와 관심에 일치하도록 검색 결과를 조정할 수 있다.

### 2) SEO를 극대화하기 위한 AI 활용 모범 사례

#### (1) AI 기반 키워드 조사 도구 활용

AI 기반 키워드 조사 도구는 놓쳤을 수 있는, 관련성이 높고 트래픽이 많은 키워드를 추출하는 데 도움이 될 수 있다. 이런 과정은 사용자 의도를 이해하는 데 도움이 될 수 있으므로 더 관련성 있고 가치 있는 콘텐츠를 만드는 데 도움이 될 수 있다.

#### (2) AI를 사용해 페이지 콘텐츠 최적화

AI 기반 콘텐츠 최적화 도구는 키워드 빈도, 가독성 및 유사성 등의 요소를 분석해 페이지 콘텐츠를 최적화하는 데 도움을 줄 수 있다. 이러한 도구는 이미지 추가 또는 제목 변경과 같은 콘텐츠 개선을 위한 제안을 할 수도 있다.

#### (3) 링크 구축에 활용

AI 기반 링크 구축 도구를 사용하면 백링크에 도달할 관련성 높은 고품질 웹사이트를 식별할 수 있다. 이러한 도구는 또한 경쟁업체의 백링크 프로필을 분석하고 개선 기회를 식별하는 데 도움이 될 수 있다.

### (4) 콘텐츠 생성에 사용

AI 기반 콘텐츠 생성 도구를 사용하면 고품질 콘텐츠를 대규모로 생성할 수 있다. 이러한 도구는 기존 콘텐츠를 분석하고 유사한 주제를 기반으로 새 콘텐츠를 생성하거나 처음부터 전체 기사를 작성할 수도 있다.

## 7. AI로 블로그 콘텐츠 최적화

### 1) 인공지능이 블로그 콘텐츠를 향상하는 방법

첫째, AI는 가장 관련성이 높고 인기 있는 키워드를 추출해 블로그 게시물에 활용하는 데 도움을 줄 수 있다. AI 도구는 블로그 콘텐츠를 스캔하고 다양한 검색 엔진 및 소셜미디어 플랫폼에서 특정 키워드의 성능을 분석할 수 있다. 이 분석은 블로그 게시물에 적합한 키워드를 선택하고 SEO 순위를 높이는 데 도움이 된다.

둘째, AI는 독자와 검색 엔진의 관심을 끄는 더 나은 헤드라인과 메타태그(검색 엔진이 정보를 찾을 때마다 활용하는 일종의 웹 페이지 내 이정표)를 작성하는 데 도움을 줄 수 있다. AI 기반 도구는 블로그 게시물의 콘텐츠를 분석하고 SEO에 더 매력적이고 최적화된 헤드라인과 메타태그를 제안할 수 있다.

셋째, AI는 블로그 콘텐츠의 구조와 가독성을 분석하는 데 도움을 줄 수 있다. AI 기반 도구는 문장과 단락의 길이, 능동태 및 수동태 사용, 콘텐츠의 전반적인 가독성을 분석할 수 있다. 이 분석은 더 나은 사용자 경험과 검색 엔진 순위를 위해 블로그 콘텐츠를 최적화하는 데 도움이 될 수 있다.

마지막으로 블로그 콘텐츠를 개인 맞춤화해 청중의 참여율을 높인다. AI 기반 도구는 청중의 행동과 선호도를 분석하고 관심사와 블로그와의 과거 상호 작용을 기반으로 개인화된 콘텐츠를 제안할 수 있다.

## 2) 콘텐츠 제작에서 AI의 역할

콘텐츠 아이디어 생성에 AI를 사용하면, 기존의 콘텐츠와 성능이 뛰어난 콘텐츠를 분석해 인기 있는 주제, 검색어 및 키워드를 식별해 새로운 아이디어를 제공할 수 있다. 예를 들어, AI 콘텐츠 제작 도구를 사용하면 제품, 브랜드, 산업 또는 관련 주제와 관련된 많은 블로그 게시물 아이디어를 생성할 수 있다.

AI를 사용해 작성된 콘텐츠를 개선하면 키워드 밀도, 문법, 맞춤법 및 논리적 일관성과 같은 다양한 측면에서 콘텐츠를 분석할 수 있다. 예를 들어, 문법 검사 도구를 사용해 콘텐츠의 문법과 맞춤법을 자동으로 검사하고 수정할 수 있다. AI는 또한 독자가 콘텐츠에서 찾는 정보를 식별하고, 콘텐츠를 더 읽기 쉽고 이해하기 쉽게 만드는 데 도움을 줄 수 있다.

또한 AI는 콘텐츠의 트래픽, 사용자 행동, 트렌드 및 다른 요인을 분석해 콘텐츠를 향상하는 데 도움이 된다. 예를 들어, 구글 Analytics를 사용해 AI 분석을 수행하면, 구글 검색 결과에서 사용자가 어떻게 반응하는지에 대한 정보를 수집할 수 있다. 이 정보를 사용해 콘텐츠를 개선하고, 사용자가 더 많이 클릭하고, 더 오래 머무르도록 만들 수 있다.

## 3) AI를 사용해 블로그 콘텐츠를 최적화하기 위한 모범 사례

### (1) 키워드 연구

AI를 사용해 블로그 게시물에 관한 키워드 연구를 수행하면 검색 엔진에서 웹사이트를 더 잘 찾을 수 있다.

### (2) 제목 생성

제목은 콘텐츠의 핵심을 나타내기 때문에 AI를 사용해 타이틀을 생성할 수 있다. AI는 고객이 더 많은 클릭을 유도하는 최적의 제목을 생성할 수 있다.

### (3) 콘텐츠 생성

인공지능을 사용해 콘텐츠를 자동으로 생성할 수 있다. 이를 통해 글쓰기 작업을 단순화하고, 시간을 절약할 수 있다. 그러나 콘텐츠의 질과 유용성을 검토해야 한다.

### (4) 구조화된 데이터

AI를 사용해 구조화된 데이터를 생성하면 구글에 노출되기 쉽고 검색 랭킹이 향상될 수 있다.

### (5) 글쓰기 보조

AI는 실시간으로 문장을 검사해 올바른 맞춤법과 문법을 사용하는 방법을 제안한다.

### (6) 이미지 선택

AI는 이미지를 자동으로 선택해 검색 엔진 최적화를 개선할 수 있다.

### (7) 내용 요약

긴 글에서 중요한 내용을 요약하는 데 AI를 사용할 수 있다. 이를 통해 대상 독자에게 필요한 정보를 쉽게 전달할 수 있다.

### (8) 댓글 모니터링

AI를 사용해 댓글을 모니터링하면, 부적절한 댓글을 신속하게 확인하고 대응할 수 있다.

### (9) 분석과 보고

AI를 사용해 콘텐츠의 성과를 추적하고 보고서를 생성하면, 개선점을 더 빠르게 파악하고 대응할 수 있다.

## 8. 인공지능으로 사용자 경험 향상

### 1) 사용자 경험의 중요성

사용자 경험(User Experience)은 웹사이트, 앱, 소프트웨어, 디바이스 등 사용자가 상호작용하는 모든 디지털 제품에 있어서 중요한 역할을 한다. 사용자 경험은 사용자가 제품과 상호작용하는 과정에서 느끼는 만족감, 편리함, 유용함 등을 종합적으로 평가한 결과를 의미한다.

블로그 또한 사용자가 접속하고 콘텐츠를 소비하는 디지털 제품 중 하나이며, 사용자 경험 역시 매우 중요하다. 좋은 사용자 경험을 제공하는 블로그는 사용자가 더 오래 머무르고, 더 많은 콘텐츠를 소비하며, 블로그를 다시 방문할 가능성도 커진다.

AI를 활용해 블로그 사용자 경험을 개선하는 방법은 다양하다. 예를 들어, 사용자가 원하는 콘텐츠를 더 쉽게 찾을 수 있도록 검색 기능을 최적화하거나, 사용자의 선호도에 맞는 맞춤형 콘텐츠를 추천하는 등의 방법이 있다. 또한 사용자가 콘텐츠를 보는 동안 더욱 편안하고 자연스러운 경험을 제공하기 위해 인공지능 기술을 활용한 디자인 요소를 추가하는 등의 방법도 있다.

긍정적인 사용자 경험을 제공하는 블로그는 검색 엔진 최적화(SEO)에도 긍정적인 영향을 미친다. 사용자가 더 많은 시간을 블로그에서 보내면서 더 많은 콘텐츠를 소비할수록, 블로그는 검색 엔진에서 더욱 높은 순위를 차지할 수 있다. 따라서 AI를 활용해 블로그 사용자 경험을 개선하는 것은 블로그의 성장과 성과 향상에 매우 중요한 역할을 한다.

### 2) 인공지능이 사용자 경험을 향상하는 방법

인공지능은 사용자 경험을 개선하는 다양한 방법으로 활용될 수 있다. 다음은 그 예시이다.

### (1) 맞춤형 추천 기능 제공

사용자의 검색어, 이전 검색 기록, 클릭 패턴 등을 분석해 개인 맞춤형 추천 콘텐츠를 제공한다.

### (2) 자동 번역 기능 제공

다국어 사용자들의 편의를 위해 자동 번역 기능을 제공해 다양한 언어 사용자가 쉽게 콘텐츠를 이해할 수 있도록 한다.

### (3) 자동 응답 기능 제공

챗봇이나 가상 어시스턴트와 같은 기술을 사용해 사용자가 질문을 할 때 즉각적인 응답을 제공한다.

### (4) 감성 분석을 통한 사용자 감정 파악

사용자 리뷰를 통해 제품을 사용하면서 느끼는 감정을 인공지능 기술을 활용해 파악한다. 이를 통해 사용자가 불만족스러운 부분이나 만족스러운 부분을 파악하고, 이에 따른 개선 방안을 제시한다.

### (5) 이미지 및 동영상 자동 태깅

이미지나 동영상에 관한 내용을 자동으로 분석해 태그를 달아줌으로써 사용자가 콘텐츠를 더 쉽게 찾을 수 있도록 한다.

### (6) UX 개선을 위한 A/B 테스트

인공지능 기술을 활용해 사용자들이 더 좋아하는 UI/UX 디자인을 파악하고 개선하는 A/B 테스트를 수행한다.

## 3) AI를 사용해 사용자 경험을 향상하는 모범 사례

사용자 경험을 향상하게 시키기 위해 AI를 사용하는 몇 가지 사례를 소개한다.

### (1) 챗봇

AI를 탑재한 챗봇은 사용자에게 즉각적인 지원과 지원을 제공할 수 있다. 자주 질문에 답변하고, 제품을 추천하며, 웹사이트나 앱에서 사용자를 안내할 수 있다.

### (2) 음성 어시스턴트

Alexa나 Google Assistant와 같은 음성 어시스턴트가 등장하면서 AI는 음성 검색을 위해 콘텐츠를 최적화하는 데 도움을 줄 수 있다. 자연스러운 언어 처리를 사용해 사람들이 말하고 질문하는 방식에 맞는 콘텐츠를 만들 수 있다.

### (3) 비주얼 검색

인공지능에 의한 비주얼 검색은 사용자가 찾고 있는 것을 빠르고 쉽게 찾을 수 있도록 도와준다. 사용자가 텍스트 대신 이미지를 검색할 수 있도록 함으로써 보다 직관적이고 매력적인 사용자 경험을 제공할 수 있다.

### (4) 예측 분석

AI는 사용자의 웹사이트나 앱과의 과거 상호작용을 바탕으로 사용자의 행동과 선호도를 예측할 수 있도록 도와준다. 예측 분석을 사용하면 각 사용자의 요구에 맞는 맞춤형 권장 사항과 콘텐츠를 제공할 수 있다.

### (5) 콘텐츠 자동 생성

AI는 고품질의 콘텐츠를 빠르고 효율적으로 만들 수 있도록 도와준다. 자연스러운 언어 생성을 사용하면 SEO에 최적화된 블로그 투고, 제품 설명 및 기타 유형의 콘텐츠를 작성해 청중의 관심을 끌 수 있다.

### (6) 동적 가격 설정

AI는 사용자의 행동과 시장 동향에 따라 가격 전략을 최적화하는 데 도움이 된다. 동적 가격을 사용하면 실시간으로 가격을 조정해 매출과 고객 만족도를 극대화할 수 있다.

### (7) 행동 타깃팅

AI는 사용자의 행동과 관심사에 따라 관련 콘텐츠와 추천 내용으로 사용자를 공략할 수 있도록 도와준다. 행동 타깃팅 기능을 사용하면 적절한 콘텐츠를 적절한 타이밍에 제공함으로써 사용자의 참여와 변환을 늘릴 수 있다.

# 9. AI로 블로그 성과 측정

## 1) 블로그 성과 측정의 중요성

### (1) 성과 파악

블로그 성과 측정을 통해 블로그의 방문자 수, 페이지 뷰 수, 전환율 등을 파악할 수 있다. 이를 통해 블로그가 성장하고 있는지, 문제가 있는 부분이 있는지 파악할 수 있다.

### (2) 전략 수립

블로그 성과 측정을 통해 블로그 운영에 대한 전략을 수립할 수 있다. 예를 들어, 방문자 수가 많은 페이지에 대한 콘텐츠 생산을 더욱 집중할 수 있다.

### (3) 효율성 향상

블로그 성과 측정을 통해 블로그 운영에 투입된 자원의 효율성을 파악할 수 있다. 예를 들어, 특정 콘텐츠 생산에 투입된 비용 대비 얻을 수 있는 수익을 비교해 효율성을 높일 수 있다.

### (4) 성과 평가

블로그 성과 측정을 통해 블로그 운영자들의 성과를 평가할 수 있다. 이를 통해 보상 등을 결정할 수 있다.

## 2) 인공지능이 성과 측정을 개선할 수 있는 방법

인공지능은 블로그 성과 측정에서 중요한 역할을 담당한다. 다음은 인공지능이 성과 측정을 개선하는 방법이다.

### (1) 데이터 수집 및 분석

인공지능은 블로그 성과를 측정하기 위한 데이터를 수집하고 분석하는 데 사용된다. 이를 통해 블로그의 트래픽, 방문자 행동, 콘텐츠 효과 등을 추적하고 측정할 수 있다.

### (2) 예측 분석

인공지능은 예측 분석을 통해 블로그 성과를 예측할 수 있다. 이를 통해 블로그의 방문자 수, 매출, 전환율 등을 예측하고, 이를 통해 블로그를 최적화할 수 있다.

### (3) 자동화된 보고서

인공지능은 자동화된 보고서를 생성하는 데 사용된다. 이를 통해 블로그 성과에 대한 보고서를 더 자주 생성하고, 보다 빠르게 대응할 수 있다.

### (4) 알고리즘 개선

인공지능은 블로그 성과 측정 알고리즘을 개선하는 데 사용된다. 이를 통해 더 정확하고 효과적인 성과 측정을 가능하게 하고, 블로그를 최적화할 수 있다.

## 3) AI를 사용해 블로그 성과를 측정하기 위한 모범 사례

AI를 사용해 블로그 성과를 측정하는 모범 사례는 다양한 방법으로 구현될 수 있다. 본문에서는 일부 일반적인 방법이 포함된다.

### (1) 트래픽 모니터링

블로그 트래픽을 모니터링하고 추적할 수 있다. 이를 통해 어떤 글이 더 많은 인기를 끌고 있는지, 어떤 글이 더 많은 유입 트래픽을 가져오고 있는지, 어떤 글이 더 많은 공유 및 좋아요를 받았는지 등을 파악할 수 있다.

### (2) 콘텐츠 분석

블로그의 모든 글을 분석할 수 있다. 이를 통해 어떤 글이 가장 많은 트래픽을 가져오고 있는지, 어떤 글이 가장 많은 공유 및 좋아요를 받았는지, 어떤 글이 가장 많은 댓글을 받았는지 등을 알 수 있다.

### (3) 소셜 미디어 모니터링

블로그 글이 소셜 미디어에서 얼마나 많이 언급되고 공유됐는지 추적할 수 있다. 이를 통해 글이 얼마나 성공적으로 홍보되고 있는지 파악할 수 있다.

### (4) 키워드 분석

검색 엔진에서 블로그의 키워드 순위를 파악할 수 있다. 이를 통해 블로그가 어떤 키워드에 대해 어떤 위치에 있는지, 어떤 키워드를 더 많이 타깃팅해야 하는지 등을 파악할 수 있다.

### (5) 퍼널 분석

블로그에서 발생한 트래픽의 전환율을 추적할 수 있다. 이를 통해 블로그의 어떤 콘텐츠가 얼마나 성공적으로 매출을 생성하고 있는지 파악할 수 있으며, 이는 블로그 방향성을 새롭게 만들어 가는 데 큰 역할을 한다.

## 10. AI 기반 블로그 노출의 윤리적 고려 사항

인공지능 기반 블로그 노출은 블로그 주인이 원하는 콘텐츠를 사용자에게 노출하기 위해 머신러닝과 딥러닝 알고리즘을 이용하는 것이다. 그러나 이에 따른 윤리적인 문제가 존재한다.

첫째, 인공지능 알고리즘이 블로그를 편향시킬 수 있다. 블로그 주인이나 블로거가 원치 않는 기준으로 알고리즘이 콘텐츠를 분류하거나 추천하는 경우가 있다. 예를 들어, 인공지능 알고리즘이 성별, 인종, 국적 등을 고려하지 않고 특정 주제의 콘텐츠를 추천하거나 제한하는 경우가 있다.

둘째, 개인 정보 보호 문제가 발생할 수 있다. 인공지능 알고리즘이 사용자의 검색 기록, 클릭 이력, 위치 정보 등을 수집해 개인화된 콘텐츠를 추천하는 경우, 이 정보들이 타인에게 노출될 수 있다.

셋째, 인공지능 알고리즘이 오작동할 가능성이 있다. 예를 들어, 인공지능 알고리즘이 추천하는 콘텐츠가 실제로 사용자의 관심사에 부합하지 않는 경우가 있다. 또한 인공지능 알고리즘이 블로그의 방문자를 정확하게 인식하지 못해 적절하지 않은 콘텐츠를 제공하는 예도 있을 수 있다.

따라서, 인공지능을 기반으로 하는 블로그 활동은 사용자의 프라이버시와 편향성 및 이념 등 윤리적 문제가 신중하게 고려돼야 한다.

### 1) 인공지능의 이점과 개인 정보 보호 문제의 균형 조정

인공지능은 블로그 노출과 SEO 성능 개선, 콘텐츠 최적화, 사용자 경험 향상 등 다양한 측면에서 블로깅에 큰 도움을 줄 수 있다. 그러나 이를 위해서는 사용자 개인 정보 보호 문제와 같은 윤리적 문제를 고려해야 한다. 인공지능 기술은 사용자의 개인정보와 데이터를 분석하고 수집할 수 있기 때문이다.

따라서 인공지능을 사용하는 블로거는 개인 정보 보호 정책을 엄격하게 준수하고, 사용자에게 개인정보 수집 및 활용에 대한 명확하고 투명한 정보를 제공해야 한다. 또한 이러한 정보를 수집하는 목적과 방법을 명확히 하고, 사용자의 개인정보를 안전하게 보호하는 방법을 고민해야 한다.

또한 블로거는 인공지능 기술을 사용해 사용자 경험을 개선하고 블로그의 성과를 측정할 때도 사용자 개인 정보 보호를 고려해야 한다. 인공지능을 사용해 개인정보를 수집할 때는 수집하는 데이터의 범위를 제한하고, 데이터 보안에 대한 책임을 다 져야 한다. 이를 통해 블로거는 인공지능을 효과적으로 활용하면서도 사용자의 개인 정보 보호를 지킬 수 있다.

## 2) 블로그 노출을 위해 AI를 사용하는 책임

인공지능을 사용해 블로그 노출을 최적화하는 것은 블로거나 마케터의 중요한 업무 중 하나이다. 효율적으로 더 많은 트래픽과 높은 노출 순위를 달성하고 매출을 높이는 데 큰 영향을 미치기 때문이다. 그러나 이러한 노출을 얻는 데 사용되는 데이터 및 알고리즘에 대한 책임도 동시에 수반된다.

먼저, 블로거나 마케터는 사용자의 개인 정보 보호를 고려해야 한다. 사용자 데이터를 수집하거나 처리할 때, 이를 합법적으로 수행하고 사용자의 동의를 받아야 한다. 또한 사용자 데이터를 처리하는 방식은 GDPR(시민들의 개인 정보 보호를 강화하기 위해 유럽의회에서 만든 통합 규정) 등의 법적 요구사항에 따라 안전하게 보호돼야 한다.

또한 인공지능 알고리즘의 편향성도 고려해야 한다. 예를 들어, 성별, 인종, 국적 등에 따라 검색 결과나 추천 내용이 차별적으로 나타나선 안 된다. 따라서 이러한 편향성을 방지하고 공정한 결과를 제공하기 위해 인공지능 알고리즘을 검증하고 수정하는 작업을 지속적으로 필요로 한다.

마지막으로, 블로거나 마케터는 블로그 노출을 위해 사용하는 인공지능의 성능 및 효과를 지속적으로 모니터링해야 한다. 블로그의 방문자 수, 구매량, 구매 단가 등의 데이터를 수집하고 분석해 인공지능의 성능을 평가하고 수정해야 한다. 이를 통해 사용자 경험과 비즈니스 성과를 모두 개선할 수 있게 된다.

### 3) 인공지능이 블로그의 미래에 미치는 영향

어느 분야에서나 그렇듯 인공지능은 온라인 산업에도 큰 영향을 미칠 것으로 예상된다. 이전에는 블로그를 작성하고 게시하는 것이 주된 목적이었지만, 이제는 블로그를 통해 데이터를 수집하고 분석해 의사 결정을 내릴 수 있는 기능이 중요해졌다. 이러한 데이터 수집과 분석은 블로거가 자신의 블로그를 개선하고 독자 경험을 개선하기 위한 방법을 찾을 수 있도록 도와준다.

또한 블로그의 개인화 된 콘텐츠 제공, SEO 최적화, 마케팅 자동화 등에 사용될 수 있다. 예를 들어, 인공지능은 독자의 관심사를 파악하고 이를 바탕으로 블로그 내용을 추천하는 것과 같은 개인화된 콘텐츠를 제공할 수 있다. 검색 엔진 최적화에도 사용될 수 있으며, 블로거가 자신의 콘텐츠를 검색 엔진에 최적화하는 데 도움을 준다.

하지만 인공지능이 블로그에 미칠 수 있는 부정적인 영향도 있다. 블로거가 문제의식이나 악의 없이 또는 인지하지 못한 채 독자 데이터를 임의로 수집하고 사용할 수도 있게 된다. 이는 독자의 프라이버시 문제를 일으킬 수 있고, 민·형사상의 법적 책임을 질 수 있으므로, 블로거는 이러한 문제를 충분히 고려해 구독자의 개인정보를 다뤄야 한다.

블로그 성과 향상과 독자의 개인정보보호와 같은 상충되는 문제 사이에서 적절한 활용지점을 찾는 것이 블로거의 과제가 될 것이다.

## Epilogue

인공지능 기반 블로그 노출의 가치는 다음과 같다. 첫째로, AI를 활용한 블로그 노출은 검색 엔진 최적화(SEO)를 개선할 수 있다. 검색 엔진은 AI 알고리즘을 사용해 웹 페이지를 분석하고 랭킹을 매긴다. AI를 사용하면 검색 엔진에 대한 더 나은 이해와 자동화된 검색 엔진 최적화를 가능하게 해 블로그의 검색 엔진 노출을 향상시킬 수 있다.

둘째로, 인공지능 기술을 활용해 블로그의 콘텐츠를 최적화할 수 있다. AI는 사용자 검색 쿼리, 키워드 밀도, 문법 오류 등과 같은 여러 가지 요소를 분석해 블로그의 콘텐츠를 개선할 수 있다. 더 나은 콘텐츠는 사용자가 블로그를 방문하고 유지하는 시간을 늘리며, 브랜드 인식을 개선하는 데도 도움이 된다.

셋째로, 인공지능은 사용자 경험을 개선할 수 있다. 블로그는 사용자와 상호작용하는 디지털 채널이다. AI를 이용하면 블로그의 사용자 경험을 개선하기 위해 사용자 데이터를 분석하고, 맞춤형 추천을 제공하고, 자동 응답 시스템을 사용해 빠른 응대가 가능하다.

넷째로, 인공지능은 블로그 성과 측정을 개선할 수 있다. AI를 사용하면 블로그의 성과를 정확하게 측정하고 분석할 수 있으며, 이를 통해 블로그의 성능을 개선할 수 있다. AI를 사용해 데이터 분석, 측정 및 보고를 자동화해 블로그 성과 측정에 대한 비용과 시간을 절감할 수 있다.

이러한 이점들로 인해 인공지능 기반 블로그 노출은 기업, 블로거, 마케터 등 모든 사용자에게 가치를 제공하며, 향후에도 블로그 산업에서 큰 역할을 할 것으로 예상된다.

이 책의 주요 요점은 인공지능이 블로그 성능을 향상하는데 어떻게 사용될 수 있는지에 관해 설명하는 것이다. 이를 위해 다음과 같은 내용들을 다뤘다.

인공지능을 사용해 검색 엔진 최적화(SEO)를 개선하는 방법으로는 이번 챕터에서는 AI가 블로그 SEO에 어떻게 활용될 수 있는지를 다뤘다. AI를 사용해 키워드 연구를 자동화하고, 콘텐츠의 자연스러운 키워드 사용과 구문 분석을 통해 높은 순위를 얻을 수 있다. AI를 사용해 블로그 콘텐츠를 최적화하는 방법은 이번 장에서는 AI를 사용해 블로그 콘텐츠를 개선하는 방법에 대해 다뤘다. AI를 사용해 헤드라인을 생성하고, 이미지를 선택하며, 글의 읽기 쉬운 정도를 평가할 수 있다.

인공지능 기술이 블로그 성과를 개선하고 사용자 경험을 향상하는 데 큰 역할을 할 수 있다는 것이다. 이를 위해서는 AI를 활용한 SEO 최적화, 콘텐츠 생성 및 수정, 블로그 노출 측면에서의 모니터링과 성과 향상 그리고 AI와 개인정보보호 사이의 균형을 이루는 것이 중요하다.

이 책에서는 이러한 내용을 바탕으로 AI를 활용한 블로그 운영에 대한 다양한 예시와 모범 사례를 제시하고 있으며, 이를 통해 이 책의 독자들이 국내의 블로그를 넘어 글로벌을 지향하는 구글 블로그에서의 성과를 높이는 방법을 충분히 배울 수 있기를 희망한다.

Chapter
09

# AI를 활용한 글로벌 양방향 생방송(키키방송)으로 수익 창출하기

이진호

Chapter

# 09

# AI를 활용한 글로벌 양방향 생방송 (키키방송)으로 수익 창출하기

## Prologue

### '모두가 주인공이 되는 시대, 키키방송'

세상은 언제나 변화하고 있다. 특히, 코로나19 팬데믹 이후로는 더욱 빠르게 변화하고 있다. 이러한 상황에서 우리는 언제, 어디서나 누구든지 참여할 수 있는 글로벌 양방향 생방송 서비스인 '키키방송'을 만났다.

이제는 일방적인 미디어 소비가 아닌 모두가 함께 참여하는 방식으로 인터넷 방송이 발전하고 있다. 또한 이제는 방송하는 주체도 시청하는 주체도 모두 일반인이 될 수 있다. 이러한 새로운 방식의 방송은 많은 이들에게 새로운 문화를 선도하고 있다.

틱톡, 유튜브, 인스타그램 등 외국의 미디어 플랫폼만 있는 상황에서 한국형 1인 양방향 멀티 방송의 활성화에 대한 노력이 필요한 시점에, 제3세대 방송·미디어 플랫폼으로 '키키스타 앱' 하나로 모든 방송이 가능하다.

키키방송 플랫폼은 글로벌 멀티미디어 통합 앱으로써 미디어 플랫폼을 방송국화 해서 글로벌 양방향 방송이 가능하며 전 세계인이 자신만의 방송국을 가질 수 있도록 하고 있다. 즉

언제, 어디서나 방송이 가능하며, delay time이 없이 즉각적으로 전 세계인과 영상 방송이 가능함으로써 방송이 매우 쉽고 편리하다.

키키방송을 하면서 유튜브, 페이스북, 트위치와 동시방송도 가능하기에 방송하는 사람의 입장에서는 키키방송을 하면서 다른 방송도 동시에 수행함으로써 매우 효율적인 방송을 통해 홍보가 가능하다.

이처럼 유튜브, 틱톡, 아프리카TV, 인스타, Zoom의 장점만을 모아 만든 플랫폼으로 이 모든 게 한 개의 앱에서 가능하다. 모든 분야의 1인미디어 창작자가 서로 연결돼 본인의 재능을 발휘한 만큼 수익을 창출할 수 있는 웹3.0 기업, 1인미디어 방송국이다.

활용 분야로는 개인방송국, 소상공인, 단체모임, 관광지역홍보, 광고, 부동산, 중고차, 선거 등 글로벌 모든 홍보에 활용이 가능한 매우 유용한 미디어 플랫폼 앱 서비스이다.

글로벌 미디어 플랫폼 시장에서는 이제 대한민국에서 개발한 키키방송을 활용해 K-콘텐츠의 우수한 제품들이 K-플랫폼인 키키방송 플랫폼과의 결합을 통해 세계 속의 대한민국으로 힘차게 나아가는 시발점이 되기를 바란다. 한편, 키키방송은 글로벌 미디어 플랫폼 중에서 배우기가 제일 쉽지만 1인 방송은 강력한 기능을 갖고 있다.

키키방송을 전 세계인들이 사용해 1인 1방송국 시대를 만들어, 진정한 자유민주주의 실현에 선도적인 역할을 할 수 있기를 바란다.

## 1. 글로벌 미디어 플랫폼 시장 개요

글로벌 미디어 플랫폼 시장은 인터넷을 통해 다양한 미디어 콘텐츠를 제공하는 기업들의 시장이다. 이 시장에서는 동영상, 음악, 이미지 등 다양한 미디어 콘텐츠가 제공되며, 이러한 기업들은 사용자들에게 미디어 콘텐츠를 제공하면서 수익을 창출한다.

이전에는 유튜브와 페이스북 등이 시장지배력을 갖고 있었지만, 최근에는 인스타그램, 틱톡과 같은 새로운 플랫폼들이 등장하면서 경쟁이 더욱 심해졌다. 이러한 새로운 플랫폼들은 사용자들에게 더욱 짧은 동영상을 제공하면서 더욱 큰 성장 가능성을 보여주고 있다.

또한 5G 기술의 발전으로 인해 더욱 빠른 인터넷 속도로 다양한 동영상 콘텐츠들이 만들어질 것으로 예상된다. 따라서 글로벌 미디어 플랫폼 시장은 더욱 발전하면서 변화할 것으로 예상된다.

현재 대한민국에서는 자체적으로 운용하고 있는 글로벌 미디어 플랫폼은 없다. 그러나 '네이버 TV 캐스트', '카카오 TV', '아프리카 TV' 등의 국내 스트리밍 서비스들이 있고, '유튜브'와 '페이스북'의 한국버전인 '유튜브 코리아'와 '페이스북 코리아'가 존재한다.

글로벌 미디어 플랫폼 시장은 글로벌 OTT 미디어 플랫폼 시장 규모가 1,058억 달러로 2024년까지 평균 14.7%의 높은 성장률을 통해 확장될 것으로 예상된다.

글로벌 플랫폼 기업들은 세계 콘텐츠 시장을 단일 시장으로 놓고 지역이나 국가별로 이용자 취향에 적합한 수많은 콘텐츠를 다양한 방식으로 조합하고 변형하는 현지화 방식을 활용한다.

미디어 플랫폼의 시장은 1등만이 살아남은 냉혹한 현실 속에서 대한민국에 글로벌 미디어 플랫폼이 없다 보니 우수한 K-콘텐츠 대부분이 외국의 플랫폼인 유튜브, 틱톡과 함께 글로벌 무대에 나아가고 있는 현실이다.

이러한 시점에서 대한민국에서 자체 개발한 제3세대 글로벌 미디어 양방향 방송시스템(키키방송)을 활용한다면 K-콘텐츠의 부가가치와 위상이 매우 높아질 것으로 생각한다.

따라서 글로벌 미디어 플랫폼 중에서 현재 많은 유저를 확보하고 있는 유튜브, 틱톡, Zoom의 마케팅에 대해 알아보고 난 후 이보다 더욱 성능과 효율이 뛰어난 키키방송 플랫폼에 대해 알아보겠다.

### 1) 유튜브 마케팅

유튜브는 매일 수천만 명의 사용자들이 이용하는 세계적인 동영상 공유 플랫폼이다. 다음은 유튜브의 특징, 유저 수, 마케팅 방안, 미래의 방향 그리고 기업의 가치에 대한 정보이다.

#### (1) 특징

유튜브의 특징은 ① 무료 동영상 공유 플랫폼 ② 사용자가 직접 동영상을 업로드할 수 있음 ③ 구글이 소유하고 운영함 ④ 광고 수익을 창출할 수 있다는 점이다.

#### (2) 유저 수

현재 국내 YouTube 사용자 수는 4,319만 명으로, 한국 전체 인구의 80%를 웃돈다. 월평균 사용 시간은 30시간 가량이다. 글로벌 경제분석기관 옥스퍼드 이코노믹스 기준 10만 명 이상 구독자 한국 유튜브 채널은 5,500개, 100만 명 이상은 500개 이상이 된다고 한다.

#### (3) 마케팅 방안

유튜브 마케팅 방안으로는 ① 유튜브 채널 생성 ② 유튜브 광고 활용 ③ 콘텐츠 마케팅 ④ 인플루언서 마케팅 ⑤ 유튜브 검색 엔진 최적화 등을 들 수 있다.

#### (4) 미래의 방향

유튜브가 지향해야 할 미래방향은 ① 더욱 짧은 동영상 콘텐츠 제공 ② 더욱 다양한 방식의 유료 콘텐츠 제공 ③ AI 기술을 활용한 더욱 개인화된 콘텐츠 제공이다.

### (5) 기업의 가치

유튜브 기업 가치는 ① 유튜브는 구글의 자회사로, 구글의 기술력과 인프라를 활용해 안정적인 서비스 제공 ② 광고 수익으로부터 큰 이익을 창출하고 있으며, 사용자들의 관심을 끌어내고 있다는 점이다.

유튜브는 매우 큰 규모의 사용자들을 보유하고 있으며, 다양한 마케팅 방안을 활용해 브랜드 인지도와 판매를 증진할 수 있다. 또한 더욱 짧은 동영상 콘텐츠 제공과 AI 기술 활용 등으로 미래에도 지속적인 성장이 예상된다.

## 2) 틱톡 마케팅

틱톡은 현재 가장 뜨거운 소셜 미디어 중 하나이다. 다음은 틱톡의 특징, 유저 수, 마케팅 방안, 미래의 방향, 그리고 기업의 가치에 대한 정보이다.

### (1) 특징

틱톡의 특징은 ① 짧은 동영상 콘텐츠 제공 ② 사용자가 직접 동영상을 제작할 수 있음 ③ 무료 앱 ④ 중국 기업인 바이트댄스가 운영한다는 점이다.

### (2) 유저 수

틱톡 유저 수는 2023년 1분기 기준, 월간 사용자 수는 전 세계 12억 명, 일일 사용자 수는 1억 명에 달한다.

### (3) 마케팅 방안

틱톡의 마케팅 방안으로는 ① 틱톡 챌린지 활용 ② 인플루언서 마케팅 ③ 콘텐츠 마케팅 ④ 광고 활용(인터스티셜 광고, 브랜드 테이크오버, 인플루언서 마케팅 등) 등이 있다.

### (4) 미래의 방향

틱톡의 미래방향은 ① 더욱 다양한 콘텐츠 제공 ② 더욱 정교한 AI 기술을 활용한 추천 알고리즘 제공 ③ 더욱 다양한 광고 옵션 제공 등에 있다.

#### (5) 기업의 가치

틱톡의 기업 가치는 ① 틱톡은 전 세계적으로 확대되고 있는 소셜 미디어 중 하나 ② 틱톡을 운영하는 바이트댄스는 중국에서 가장 큰 인터넷 기업 중 하나로, 기술력과 자금력을 보유 ③ 틱톡 대한민국은 2019년 1년간 1조 2,000억 원 이상의 경제 효과를 생산하며, 기업에게 많은 가치를 제공하고 있다는 점이다.

틱톡은 매우 큰 규모의 사용자들을 보유하고 있으며, 다양한 마케팅 방안을 활용해 브랜드 인지도와 판매를 증진할 수 있다. 또한 더욱 다양한 콘텐츠 제공과 AI 기술 활용 등으로 미래에도 지속적인 성장이 예상된다.

### 3) Zoom 소통 마케팅

Zoom은 현재 가장 인기 있는 비디오 콜 소프트웨어 중 하나이다. 다음은 Zoom의 특징, 유저수, 마케팅 방안, 미래의 방향, 그리고 기업의 가치에 대한 정보이다.

#### (1) 특징

줌의 특징은 ① 비디오 콜과 원격 회의 기능 제공 ② 안정적인 비디오 통화 기능 제공 ③ 무료 및 유료 버전 제공 ④ 쉬운 사용성 및 다양한 기능 제공 등에 있다.

#### (2) 유저 수

줌의 유저 수는 2023년 1분기 기준, 월간 사용자 수는 3억 6,000만 명 이상이다.

#### (3) 마케팅 방안

줌의 마케팅 방안은 ① 화상 회의를 통한 원거리 업무 지원 ② 온라인 강의나 온라인 이벤트를 위한 활용 ③ 새로운 기능 소개 및 마케팅 활동을 위한 블로그 포스팅, 소셜 미디어 활용 등을 꼽을 수 있다.

#### (4) 미래의 방향

줌 활용의 미래방향은 ① 더욱 다양한 비즈니스용 기능 제공 ② 더욱 안정적인 서비스 제공 ③ AI 기술을 활용한 보안 강화에 있다.

### (5) 기업의 가치

줌의 기업 가치는 ① Zoom은 코로나19로 인한 재택근무 환경에서 각광 받았으며, 매우 안정적인 서비스를 제공 ② 비즈니스용으로 개발된 많은 기능들을 제공하고 있어, 기업들에게 많은 가치를 제공한다는 점이다.

줌은 매우 안정적인 서비스를 제공하며, 다양한 비즈니스용 기능을 제공해 기업들이 더욱 효율적으로 업무를 수행할 수 있도록 도와준다. 더욱 안정적인 서비스 제공과 AI 기술 활용 등으로 미래에도 지속적인 성장이 예상된다.

## 4) 미디어 산업과 사용자들에게 미칠 영향과 마케팅 전망

### (1) 5G 기술 발전이 사용자들과 산업 전반에 미칠 영향과 시사점

미디어 산업에서 5G 기술의 발전이 사용자들과 산업 전반에 미칠 영향과 시사점은 ① 5G 기술을 활용해 사용자에게 더욱 맞춤화된 콘텐츠 제공 ② 5G 기술의 빠른 데이터 처리 속도와 대용량 데이터 처리 능력으로 인해 더욱 큰 규모의 미디어 콘텐츠를 제작하고, 대량의 데이터 처리 가능 ③ AR/VR 콘텐츠나 360도 동영상 등 새로운 콘텐츠 제작 방식의 등장 ④ 5G 기술을 활용해 더욱 매끄러운 스트리밍 가능 ⑤ 5G 기술을 활용해 더욱 다양한 기기에서 광고를 제공할 수 있게 된다는 점이다.

위와 같이 5G 기술의 발전은 미디어 산업에서 새로운 기회를 제공하며, 사용자들은 더욱 다양하고 퀄리티 높은 콘텐츠를 쉽게 접할 수 있게 될 것이다. 미디어 산업은 더욱 발전하게 되며, 사용자들 또한 더욱 편리한 콘텐츠 이용 환경을 경험할 수 있게 될 것이다.

### (2) 향후 고객들이 알아둬야 할 마케팅 전략

고객들이 알아둬야 할 마케팅 전략은 다음과 같다.

① **인터랙티브 콘텐츠 마케팅** : 상호활동적인 쌍방향의 콘텐츠 즉 반응형을 의미함(게임, 퀴즈, 여론조사, 가상현실, 설문조사, 시뮬레이션, 대화형지도 등)

② **AI 마케팅** : 개인화된 상품 추천, 콘텐츠 제작 등에 사용, AI가 생성한 크리에이티브 작업물 및 콘텐츠를 기반으로 주요 캠페인이 운영, 지능형 도구가 홈페이지형 블로그 제작

또는 회사 소개란의 소개를 작성 등

③ **라이브 스트리밍** : 방송을 진행하면서 사람들이 제품에 대해 알고 싶어 하는 것은 무엇인지, 잦은 질문에는 어떤 것이 있는지, 라이브 스트리밍의 어떤 점이 시청자의 참여를 이끌었는지에 대한 데이터 수집

④ **인플루언서와의 장기 파트너십** : 최근 많은 브랜드에서 여러 명의 인플루언서에게 돈을 지불하고 자신들의 비즈니스와 관련된 콘텐츠를 단기적으로 제시하는 것보다 소수의 인플루언서를 선정해 장기적인 파트너십을 이어 나가는 것을 선호하고 있음

⑤ **사용자 경험 기반 제품 홍보**

⑥ **미디어 마케팅** : 마케팅을 위한 블로그, 유튜브 채널 또는 그 외 채널을 사용해 마케팅 전략에 미디어를 반드시 포함해야 한다.

## 2. 키키방송 플랫폼의 이해

### 1) 키키방송 플랫폼이란?

키키방송 플랫폼은 글로벌 멀티미디어 통합 앱으로써 미디어 플랫폼을 방송국 화해서 글로벌 양방향 방송이 가능해 전 세계인이 자신만의 방송국을 가질 수 있도록 하고 있다. 언제, 어디서나 방송이 가능하며, 지연시간 없이 즉각적으로 전 세계인과 영상 방송이 가능함으로써 방송이 매우 쉽고 편리하다.

키키방송을 하면서 유튜브, 페이스북, 트위치와 동시방송이 가능함으로써 방송자의 입장에서는 키키방송을 하면서 다른 방송을 동시에 수행함으로써 매우 효율적인 방송을 통해 홍보가 가능하게 되는 것이다.

방송국의 혁명으로 개인들의 자주권을 확보함으로써 1인 방송국 시대를 만든 것이며, 키키방송 플랫폼 안에 인공지능의 기능을 탑재해, 메타버스 기능 및 방송의 메이크업 등이 가능하다. 전 세계인이 지도 위에 대한민국을 찾아오는 가상현실이 아닌 현실 세계에서 자신이 있는 곳이 방송국이 가능하도록 구현했다.

방송·미디어 플랫폼의 변화로는 1세대는 기존 방송국의 일방적인 방송 형태이며, 2세대는 카톡, 페이스북, 유튜브 등의 독자와의 댓글로 소통하는 방송이다. 3세대 방송은 키키방송 플랫폼과 같이 기존의 2세대 방송을 모두 포함하면서, 화상으로 독자와의 양방향 방송이 가능한 기능을 제공하고 있다.

[그림1] 방송/미디어 플랫폼 산업의 변화추이

## 2) 키키방송 플랫폼의 특징

키키방송은 대한민국에서 개발된 글로벌 미디어방송국 플랫폼으로 세계적인 미디어 기술력을 확보하고 있는 기업이다. 생방송, 숏폼, 화상회의, 화상교육, 양방향 기술까지 최고의 기술로 K-콘텐츠와 K-상품이 전 세계와 함께하는 국민 방송으로 거듭나고 있다. 특징은 다음과 같다.

### (1) 생방송

모바일로 어디서든지 쉽게 양방향 개인 방송이 가능하고, 와주자 엔진에 모든 코덱 기술을 갖췄으며, 한국에서 SI를 구축해 3,000곳에서 경험하고 있고, 당사의 엔진은 100만 명 동시 접속이 가능하다.

### (2) 숏트 동영상

UCC에서 짧은 동영상 서비스에서 지연과 버퍼렁이 없는 쇼트 영상 숏폼 시대에 기술력이 확보됐다.

### (3) V 커머스

틱톡의 V 커머스 기능이 한국 안에서 활용돼 중소상인 및 자영업자들과 연결 돼 진입장벽 없이 거래가 가능하다.

### (4) 양방향 멀티 방송

양방향 커뮤니케이션 경험이 36년 이다. 화상회의, 화상교육, 오마이러브까지 실시간에서 전 세계가 지연 없이 가능하다.

### (5) 메타버스 3D

양방향 라이브 메타버스 구현이 가능하다. 양방향 글로벌 기술에서 메타 환경 기술로 언제든지 메타 환경 구축이 가능하다.

### (6) 웹3.0 기업

구독경제 수익 중 60%를 고객에게 환원해줘 웹3.0의 가치경제를 실현했다.

이처럼 키키방송은 유튜브, 틱톡, 아프리카TV, 인스타, Zoom의 장점만을 모아 만든 플랫폼으로 이 모든 게 앱 한 개에서 가능하다. 모든 분야의 1인미디어 창작자가 서로 연결돼 본인의 재능을 발휘한 만큼 수익을 창출할 수 있는 웹 3.0 기업, 1인미디어 방송국이다.

활용 분야로는 개인방송국, 소상공인, 단체모임, 관광, 지역 홍보, 광고, 부동산, 중고차, 선거 등 글로벌 모든 홍보에 활용이 가능한 매우 유용한 미디어 플랫폼 앱 서비스이다.

2010년도 오마이러브(화상 채팅)를 운영하며 화상회의, 화상교육, 인터넷방송 양방향 프로그램 개발. 서비스를 제공한 경력이 있으며 키키 플랫폼의 기술력은 다음과 같다.

가. 코텍 : H.264, Mpeg4, 4K 지원
나. 양방향 미디어 기술 확보 전 세계 0.2m(현재 최고)
다. 쇼트 영상 반응속도 최고 0.2m
라. 영상. 음성 코덱에 에코/하우링 기술 100% 적용(줌과 Skype 동일)
마. 대용량 미디어 서버 병렬 기술과 로드. 분산 기술 확보
바. 국내 및 해외 전 세계 CDN 기술 확보
사. 얼굴인식 라이브에서 반응 속도 최고 0.2m
아. 다중채널 다중 인코팅 API 개발 적용
자. 인코딩 기본 내장, MPEG Player 기술

키키방송 플랫폼은 세계 최고의 기술력으로 양방향 믹싱과 가장 빠른 반응속도로 글로벌 서비스가 가능한 미디어 기술이 가장 큰 장점이라고 할 수 있다.

### 3) 키키스타와 타사 서비스 비교

틱톡, 유튜브, 인스타그램 등 외국의 1인 방송 피해가 속출하는 가운데, 한국형 1인 양방향 멀티 방송의 활성화에 대한 노력이 절실하다. ICT 환경에 약한 시니어를 포함, 남녀노소 누구나 쉽게 이용할 수 있는 1인 양방향 멀티 방송이다. 중소상공인 매출 증대와 올바른 언론 방송 환경을 조성하며, 타사와의 기능적인 측면에서 비교 시 타사의 장·단점을 비교 분석해 개발한 제3세대 방송미디어 플랫폼으로 키키스타 앱 하나로 모든 방송이 가능하다.

**키키스타** 와 타사 서비스 비교

| 항 목 | KiKiSTAR 키키스타 | 아프리카TV | 틱톡/유튜브 | 장.단점 설명 |
|---|---|---|---|---|
| 회원 로그인 | SNS로그인 | 회원가입 | SNS로그인 | |
| 생방송(라이브) | O | PC Only | X 불편 | HD급 세로방송 |
| 쇼트클립 UCC | O | PC 형태 | O | No Buffer |
| V커머스 연결 | O | X | X | 쇼핑몰 연결 |
| 글로벌 사용 | O | X | O | 세계로 K상품 |
| 개발서비스국가 | 한국 | 한국 | 중국/미국 | 대한민국 1호 |
| 쇼핑몰/카톡연결 | O | X | X | C2C사업화 |
| 입체 이모티콘 | O | X | X | 별풍선과 차별 |
| 채팅 · 댓글 · 좋아요 | O | O | O | 클릭바로가기 |
| 글로벌 결제 | O | X | O | 인앱 + 코인 |
| 추가 결제 연결 | O | X | X / X | 세계 가상화폐 |
| 사용자 편리UX | O | X | O / X | 100배 효과 |
| 터치 슬라이드 | O | X | O / X | 100배 효과 |
| 환전/포인트실시간 | O | X | X / X | 돈버는 방송 |
| 총판/추천인 수당 | O | X | X | 지사 · 지점 모집 |
| 공유시 포인트 | O | X | X / X | 누구나 웹공유 |
| 웹공유와 콘텐츠 | O | X | O / X | APP - WEB - APP |
| 영상통화/유료방송 | O | X | X | 양방향 참여 |
| 실시간알림 PUSH | O | X | O / X | 팔로우 알림 |

최신 멀티미디어 서비스로 중소(소상)공인도 비디오커머스를
젊은층이 촬영 · 제작 · 편집 · 기획하는 미디어 홍보 · 광고 · 매출까지

[그림2] 키키방송 플랫폼과 타사 서비스 비교(출처 : 키키방송 사이트)

## 3. 키키방송 플랫폼 설치 및 구성

지금부터 키키방송 플랫폼 활용법에 대해 하나씩 알아보도록 하겠다.

### 1) 앱 설치하기

키키방송 플랫폼은 모바일에서만 사용이 가능하므로 아이폰은 '앱 스토어'에서, 안드로이드폰은 'play 스토어'에서 '키키스타'로 검색 후 '설치'를 터치해 진행한다.

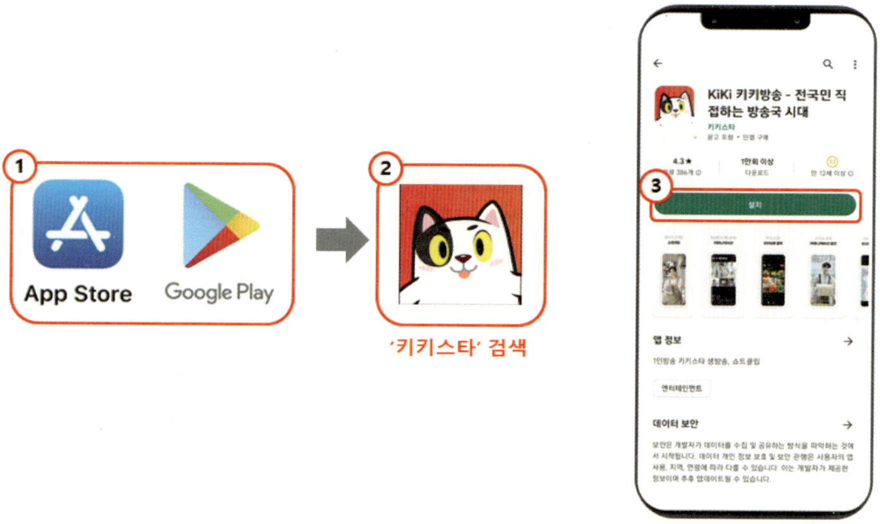


[그림3] '키키방송' 앱 열기 및 실행하기

### 2) 회원 가입 및 로그인하기

회원 가입은 KaKao, Naver, Google, Facebook, Wechat 계정 중 하나를 이용할 수 있으며, 한 계정으로 다른 기기에 중복 로그인은 불가능하다. 여기서는 KaKao 계정으로 로그인하는 방법으로 안내를 하도록 하겠다.

① 'KaKao'를 클릭하면 회원 가입 없이 간편 로그인 가능

② 로그인이 완료되면 바로 키키스타 접속

[그림4] 회원 가입 및 로그인하기

## 3) 메인 화면구성

메인 화면 상단에는 생방송, 쇼트클립, V커머스, 특별방송이 있다.

① '생방송' 보기는 현재 실시간으로 방송하고 있는 것을 시청할 수 있는 곳이다.

② '쇼트클립'은 재미있는 숏폼 동영상을 볼 수 있는 곳이다.

③ 'V커머스'는 개인이나 소상공인이 제품설명이나 광고 또는 동영상으로 홍보를 통해 제품을 판매할 수 있는 곳이다.

④ '특별방송'은 비밀 방송, 쿠폰 방송, 유료 방송으로 다양한 방송을 즐길 수 있다.

[그림5] 메인 화면 상단 구성

메인 화면 하단에는 홈 옆에 타임라인, +(방송하기), 라이브앱, 마이가 있다.

① '타임라인'은 사진이나 동영상을 올려놓아 회원들이 공통으로 확인이 가능한 곳이다.
② '+(방송하기)'는 생방송 하기, 쇼트클립 올리기, 대용량 영상 올리기가 가능한 곳이다.
③ '라이브 앱'은 실시간 생방송으로 방송자의 위치가 표시되는 곳이다.(국내, 해외)
④ '마이'는 등록한 방송자의 모든 내용 및 수익을 창출하는 사항 등을 확인하는 곳이다.

[그림6] 메인 화면 하단 구성

## 4. 키키방송(생방송 & 멀티 방송하기)

### 1) 일반방송 들어가기(양방향 생방송)

① 메인 화면에서 '+(방송하기)' 버튼을 클릭한다.

② 생방송 버튼을 클릭한다.

- 방송 종류 : 일반방송, 비밀방송, 쿠폰방송, 유료방송, 멀티방송, 멀티비밀방송
- 일반방송을 클릭한다.

③ 방송 제목을 입력한다.

④ 방송 시작을 클릭한다.

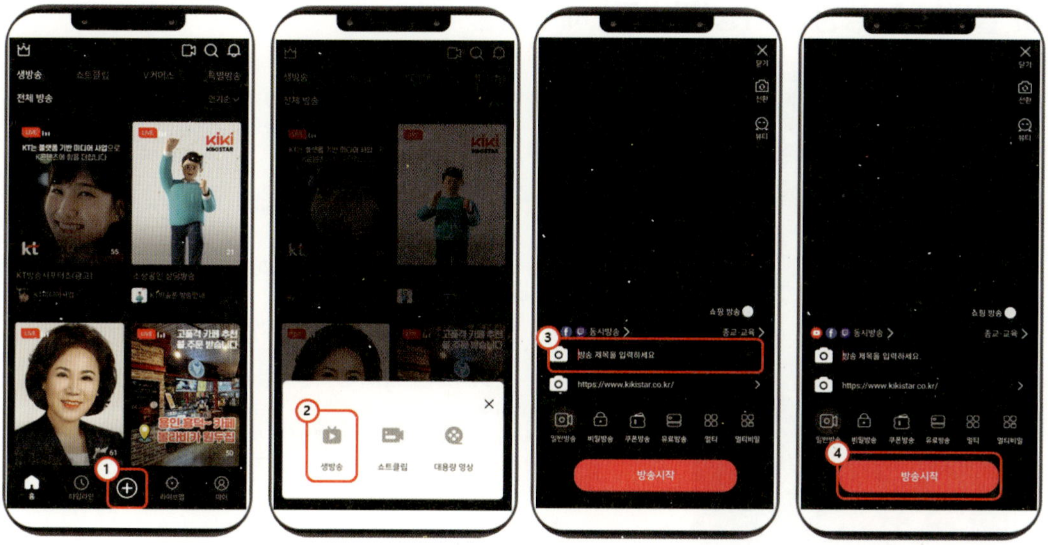


[그림7] 일반방송 들어가기

## 2) 일반방송 생방송 기능(방송자) 기본기능

| | |
|---|---|
| 프로필 | 클릭시 방송자 프로필 페이지로 이동 |
| 시청자 | 시청자 프로필 사진 클릭시 시청자 홈페이지로 이동 |
| 포인트 | 클릭시 받은 선물 기록으로 이동 |
| 방송시간 | 방송한 시간 표시 |
| 대화 | 클릭하여 다른 사람과 대화 하기 |
| 메시지 | 클릭하여 메시지 확인 |
| 마이크 | 클릭하여 마이크 끄기 , 클릭하여 마이크 켜기 |
| 더보기 | 클릭하여 숨겨진 세부기능들 확인하기<br>* 전환, 플래시, 영상통화, 뷰티, 음악, 공유,<br>화면공유, 합동방송 등 |
| 풀스크린 | 클릭하여 아이콘 없애기,<br>클릭하여 아이콘 가져오기 |

[그림8] 일반방송 생방송 기능(방송자)

## 3) 일반방송 생방송 기능(방송자) 세부기능

① 전환: 전면카메라와 후면카메라로 변경됩니다.
② 플래시 : 전면카메라에서만 사용가능합니다.
③ 영통on : 영상통화 수신을 항상허용 , 조건부 허용 및 항상 거부로 설정 할 수 있는 기능입니다.
④ 안내음 : 사용자가 접속할때 '키키' 라는 소리를 제거할 수 있는 기능입니다.
⑤ 뷰티 : 가면기능과 화장기능 특수효과기능을 사용할 수 있습니다.
⑥ 음악 : 노래를 검색하여 다운로드 받아 방송중에 노래를 틀 수 있습니다.
⑦ 공유 : 카카오톡, 트위터 등 다른 사람에게 해당 방송링크를 공유합니다.
⑧ 화면공유 : 방송자의 핸드폰 화면을 시청자에게 공유합니다.
⑨ 합동방송 : 다른사람과 시청자 수를 겨루며 방송할 수 있습니다.
⑩ 보너스 : 라이브 방에 보너스를 보냅니다.
⑪ 미러 : 거울모드로 카메라의 좌우반전을 시킵니다.
⑫ 방송자막 : 라이브 방에 방송자막을 송출합니다.

[그림9] 일반방송 생방송 기능(방송자) 세부 기능

## 4) 일반방송 생방송 기능(시청자) 기본기능

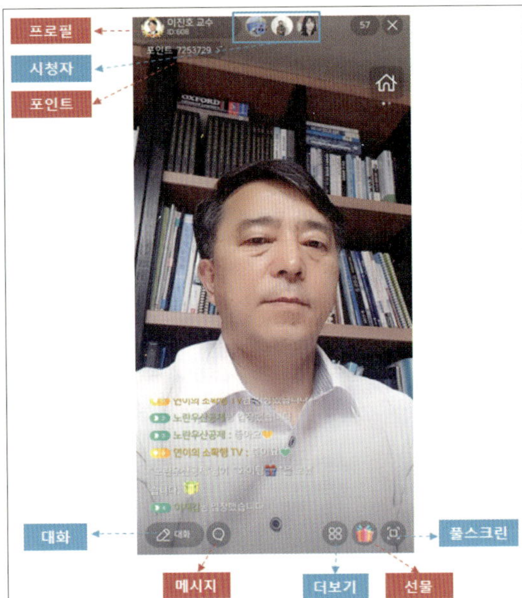


| | |
|---|---|
| 프로필 | 클릭시 방송자 프로필 페이지로 이동 |
| 시청자 | 시청자 프로필 사진 클릭시 시청자 홈페이지로 이동 |
| 포인트 | 클릭시 받은 선물 기록으로 이동 |
| 대화 | 클릭하여 다른 사람과 대화 하기 |
| 메시지 | 클릭하여 메시지 확인 |
| 더보기 | 클릭하여 숨겨진 세부기능들 확인하기<br>* 영상통화, 공유, 보너스 |
| 선물 | 클릭하여 선물 보내기 |
| 풀스크린 | 클릭하여 아이콘 없애기,<br>클릭하여 아이콘 가져오기 |

[그림10] 일반방송 생방송 기능(시청자) 기능

## 5) 일반방송 생방송 기능(시청자) 세부기능

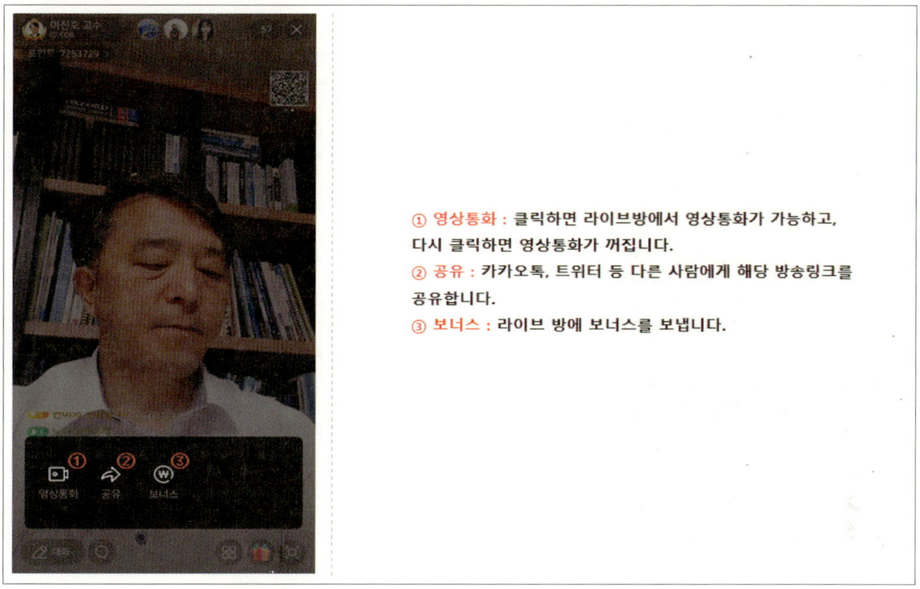


[그림11] 일반방송 생방송 기능(시청자) 세부기능

## 6) 일반방송 생방송 기능 합동방송(PK) 기본기능

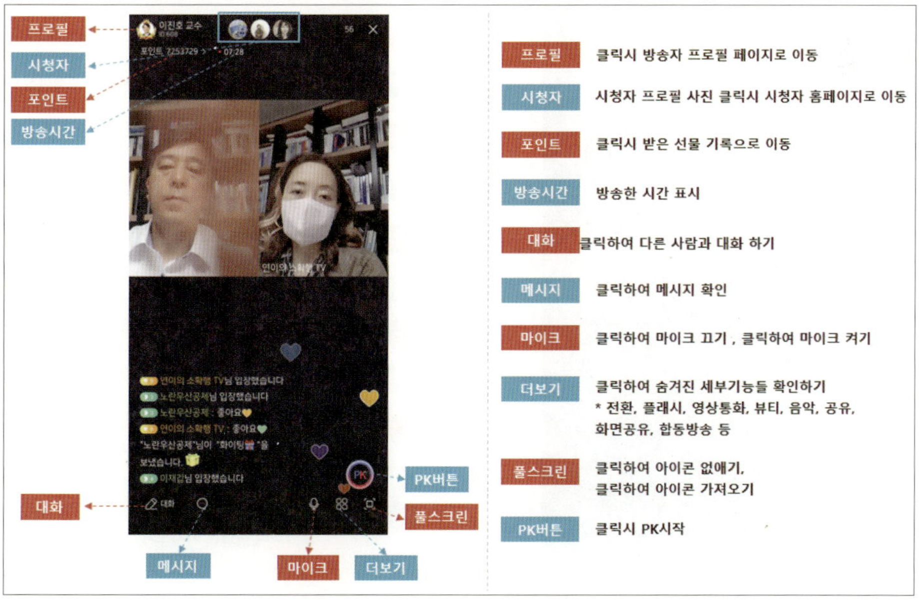


[그림12] 일반방송 생방송 합동방송 기본기능

## 7) 일반방송 생방송 기능 합동방송(PK) 세부기능

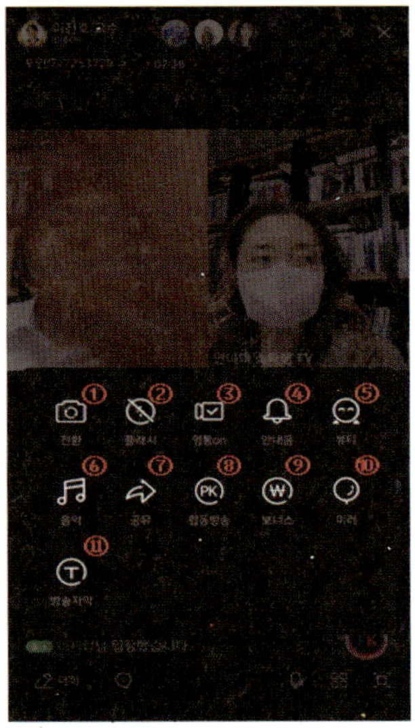

① 전환: 전면카메라와 후면카메라로 변경됩니다.
② 플래시 : 전면카메라에서만 사용가능합니다.
③ 영통on : 영상통화 수신을 항상허용 , 조건부 허용 및 항상 거부로 설정 할 수 있는 기능입니다.
④ 안내음 : 사용자가 접속할때 '키키' 라는 소리를 제거할 수 있는 기능입니다.
⑤ 뷰티 : 가면기능과 화장기능 특수효과기능을 사용할 수 있습니다.
⑥ 음악 : 노래를 검색하여 다운로드 받아 방송중에 노래를 틀 수 있습니다.
⑦ 공유 : 카카오톡, 트위터 등 다른 사람에게 해당 방송링크를 공유합니다.
⑧ 합동방송 : 다른사람과 시청자 수를 겨루며 방송할 수 있습니다.
⑨ 보너스 : 라이브 방에 보너스를 보냅니다.
⑩ 미러 : 거울모드로 카메라의 좌우반전을 시킵니다.
⑪ 방송자막 : 라이브 방에 방송자막을 송출합니다.

[그림13] 일반방송 생방송 합동방송 세부기능

## 8) 멀티(화상, 교육)방송 - 방송자(호스트) 기본기능

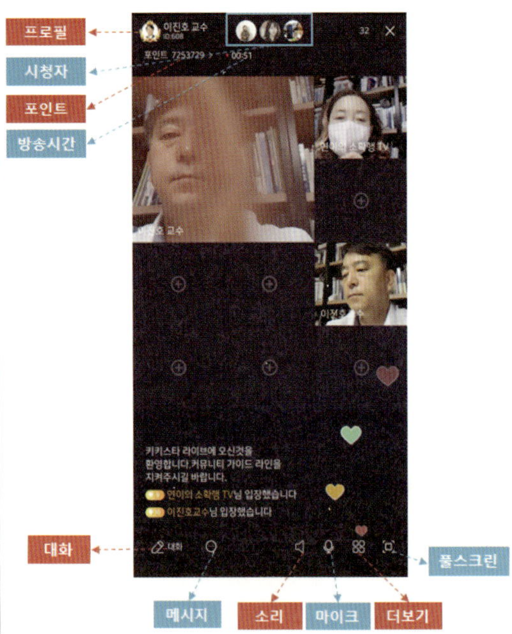


| | |
|---|---|
| 프로필 | 클릭시 방송자 프로필 페이지로 이동 |
| 시청자 | 시청자 프로필 사진 클릭시 시청자 홈페이지로 이동 |
| 포인트 | 클릭시 받은 선물 기록으로 이동 |
| 방송시간 | 방송한 시간 표시 |
| 대화 | 클릭하여 다른 사람과 대화 하기 |
| 메시지 | 클릭하여 메시지 확인 |
| 소리 | 클릭하여 소리 끄기 , 클릭하여 소리 켜기 |
| 마이크 | 클릭하여 마이크 끄기 , 클릭하여 마이크 켜기 |
| 더보기 | 클릭하여 숨겨진 세부기능들 확인하기<br>* 전환, 플래시, 영상통화, 뷰티, 음악, 공유, 화면공유, 합동방송 등 |
| 풀스크린 | 클릭하여 아이콘 없애기,<br>클릭하여 아이콘 가져오기 |

[그림14] 생방송 멀티방송(호스트) 기본기능

## 9) 멀티(화상, 교육)방송 - 방송자(호스트) 세부기능

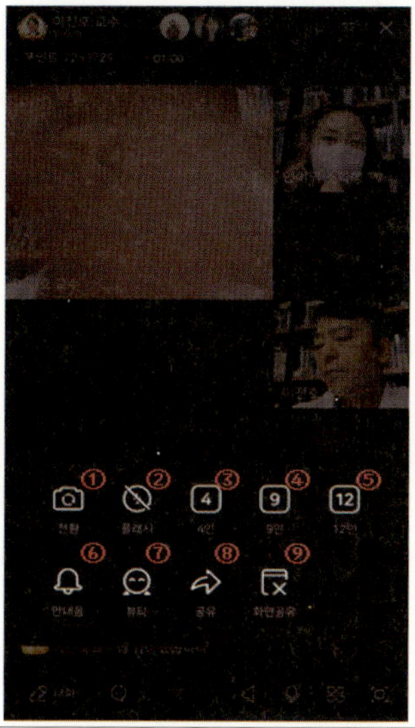


① 전환: 전면카메라와 후면카메라로 변경됩니다.
② 플래시 : 전면카메라에서만 사용가능합니다.
③ 4인 : 멀티방송 참여자수를 4인으로 합니다.
④ 9인 : 멀티방송 참여자수를 9인으로 합니다.
⑤ 12인 : 멀티방송 참여자수를 12인으로 합니다.
⑥ 안내음 : 사용자가 접속할때 '키키' 라는 소리를 제거할 수 있는 기능입니다.
⑦ 뷰티 : 가면기능과 화장기능 특수효과기능을 사용할 수 있습니다.
⑧ 공유 : 카카오톡, 트위터 등 다른 사람에게 해당 방송링크를 공유합니다.
⑨ 화면공유 : 방송자의 핸드폰 화면을 시청자에게 공유합니다.

[그림15] 생방송 멀티방송(호스트) 세부기능

## 10) 멀티(화상, 교육)방송 시청자 기본기능

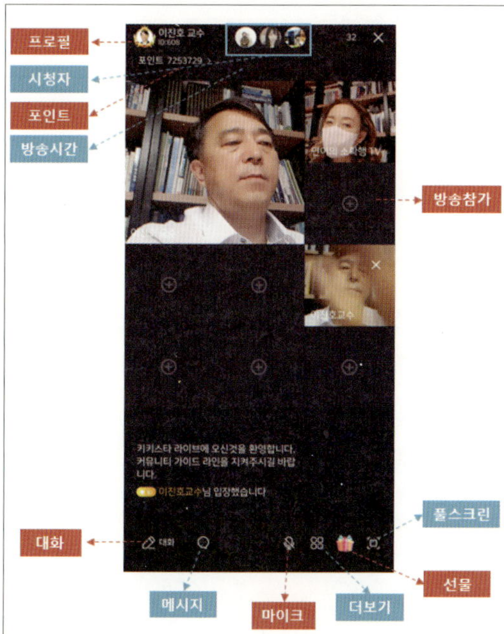


| | |
|---|---|
| 프로필 | 클릭시 방송자 프로필 페이지로 이동 |
| 시청자 | 시청자 프로필 사진 클릭시 시청자 홈페이지로 이동 |
| 포인트 | 클릭시 받은 선물 기록으로 이동 |
| 방송시간 | 방송한 시간 표시 |
| 대화 | 클릭하여 다른 사람과 대화 하기 |
| 메시지 | 클릭하여 메시지 확인 |
| 마이크 | 클릭하여 마이크 끄기 , 클릭하여 마이크 켜기 |
| 더보기 | 클릭하여 숨겨진 세부기능들 확인하기<br>* 전환, 플래시, 영상통화, 뷰티, 음악, 공유, 화면공유, 합동방송 등 |
| 선물 | 클릭하여 선물 보내기 |
| 풀스크린 | 클릭하여 아이콘 없애기,<br>클릭하여 아이콘 가져오기 |
| 방송참가 | 클릭시 멀티방송 참가하기 |

[그림16] 생방송 멀티방송(시청자) 기본기능

## 11) 멀티(화상, 교육)방송 시청자 세부기능

① 뷰티 : 가면기능과 화장기능 특수효과기능을 사용할 수 있습니다.
② 영상통화 : 클릭하면 라이브방에서 영상통화가 가능하고, 다시 클릭하면 영상통화가 꺼집니다.
③ 전환 : 전면카메라와 후면카메라로 변경됩니다.
④ 공유 : 카카오톡, 트위터 등 다른 사람에게 해당 방송링크를 공유합니다.

[그림17] 생방송 멀티방송(시청자) 세부기능

# 5. 키키방송, 유용한 주변 기능 활용하기

## 1) 쇼트클립

① 메인 화면에서 '+(방송하기)' 버튼을 클릭한다.

② '쇼트클립' 버튼을 클릭한다.

③ '녹화 버튼'을 클릭해 15초간 영상을 찍고, 동영상 변환 후 다음 버튼을 클릭한다. – 매우느림, 느림, 정상, 빠름, 매우 빠름

④ 텍스트 입력, 동영상 카테고리 선택, 개인정보 수집 동의 후 등록을 클릭한다.

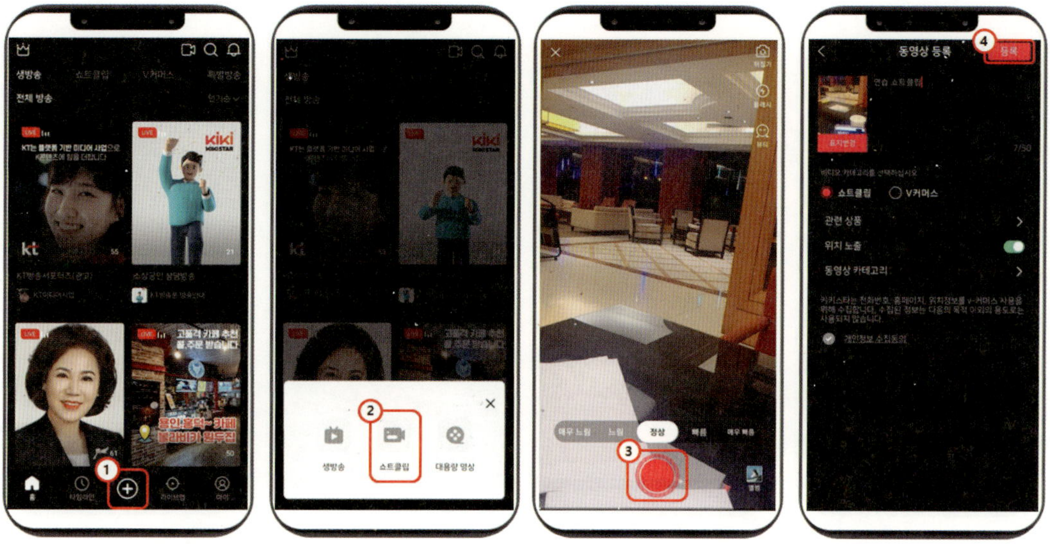


[그림18] 쇼트클립 만들고 올리기

## 2) 대용량 영상 올리기

① 메인 화면에서 '+(방송하기)' 버튼을 클릭한다.

② '대용량 영상' 버튼을 클릭한다.

③ 개인별 핸드폰에 저장된 영상 중에서 1개를 선택한다.

④ 텍스트 입력, 동영상 카테고리 선택, 개인정보 수집 동의 후 등록을 클릭한다.

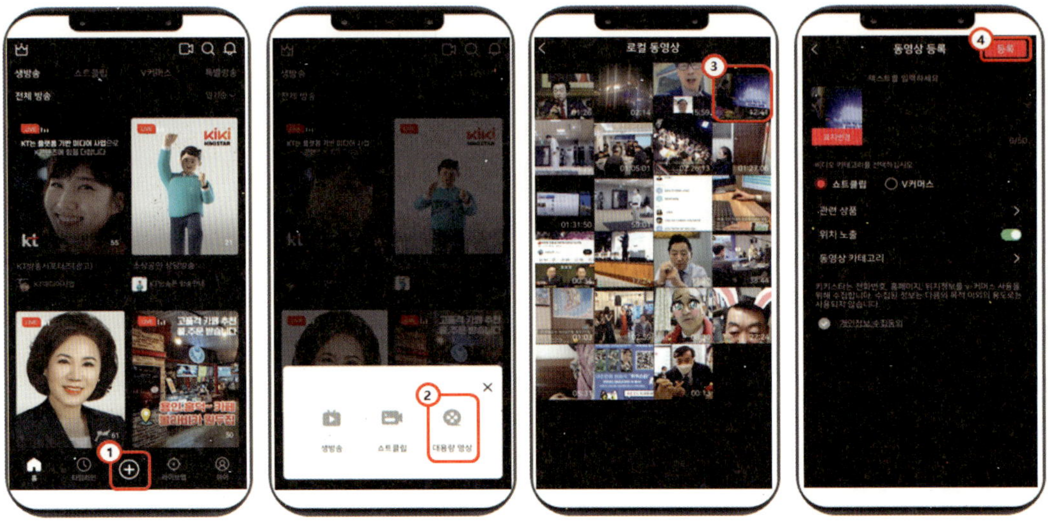

[그림19] 대용량 영상 올리기

### 3) 라이브맵 활용하기

① 메인 화면에서 '라이브맵' 버튼을 클릭한다.

② '생방송/전체회원' 클릭으로 위치 파악이 가능하다.

③ '카카오맵(국내용)', '구글맵(글로벌용)'으로 확인이 가능하다.

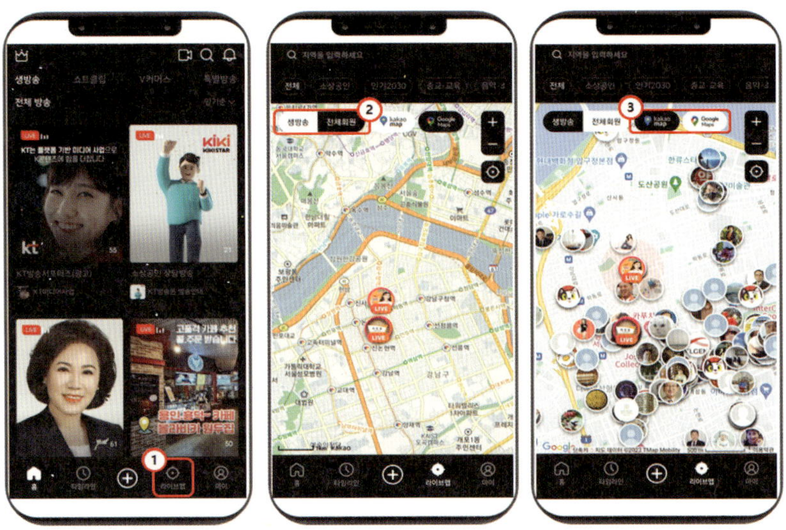

[그림20] 라이브맵으로 국내/해외 방송자 보기

### 4) 마이 기능 활용하기

① 메인 화면에서 '마이' 버튼을 클릭한다.

② 상단 기능 확인하기

- 메시지 : 회원들에게 메시지를 보낼 때 사용한다.
- 지갑/충전 : 지갑을 충전 시 활용하는 기능이다.
- 내역 : 선물을 보낸 이의 내역을 확인하는 기능이다.

③ 동영상 : 본인이 업로드한 동영상을 확인하는 기능이다.

④ 타임라인 : 본인이 업로드한 타임라인의 내용을 확인하는 기능이다.

⑤ 멤버십 가입(구독경제) : VIP 회원으로 가입하는 기능이다.

⑥ 추천인 정보 : 본인의 1차, 2차 추천인 확인이 가능하고, 타인에게 보낼 수 있는 기능

⑦ 포인트 출금 : 본인의 총 포인트 및 인출 가능 포인트를 확인하는 기능

⑧ 프로필 편집 : 본인의 프로필과 배경을 설정하는 기능

[그림21] 마이 기능 활용하기

# Epilogue

## '키키방송, 지금까지는 없던 새로운 미디어 플랫폼'

키키방송은 새로운 방식의 글로벌 양방향 생방송 서비스로, 모든 사람들이 주인공이 될 수 있는 시대를 열어주고 있다. 유튜브, 틱톡, 인스타그램 등 외국의 미디어 플랫폼이 주를 이루는 상황에서, 키키방송은 국내에서 개발된 제3세대 방송/미디어 플랫폼이다.

코로나19 팬데믹 이후로 더욱 가속화되는 변화 속에서, 키키방송은 전 세계 누구나 참여할 수 있는 글로벌 멀티미디어 통합 앱으로써, 글로벌 양방향 생방송을 가능하게 해, 전 세계인이 자신만의 방송국을 가질 수 있도록 하는 등, 새로운 문화를 선도하고 있다.

키키방송의 활용 분야는 방송 및 홍보의 모든 분야에 가능함에 따라 1인 개인방송국, 중소 소상공인의 홍보 및 매출, 개인 및 단체의 홍보, 여행 상품의 관광 홍보 등 전기를 공급하면 전기를 활용해 모든 분야에 활용하듯 키키방송 플랫폼을 활용해 글로벌 홍보에 활용이 가능한 미디어 플랫폼이다.

키키방송은 1인 1방송국 시대를 만들어, 진정한 자유민주주의 실현에 선도적인 역할을 할 것이다. 이제 대한민국에서 개발된 키키방송국을 활용해 K-콘텐츠의 우수한 제품들이 K-플랫폼과의 결합을 통해 대한민국의 저력을 세계 속으로 힘차게 펼쳐 나아가는데 견인차 역할을 할 것이다.